D1726706

Roderich Menzel, 7 x 7 Weltwunder

Roderich Menzel

7 x 7
Weltwunder

**Die 49 Weltwunder
unserer Zeit**

Herrn und Frau H. Kreuzer

ISBN - 3 - 7779 - 0133 - 4

Lizenzausgabe mit Genehmigung des Hoch-Verlages, Düsseldorf
für die Europäische Bildungsgemeinschaft Verlags-GmbH, Stuttgart
für Bertelsmann, Reinhard Mohn OHG, Gütersloh
und für die Buchgemeinschaft Donauland Kremayr & Scheriau, Wien.

Diese Lizenz gilt auch für die Deutsche Buch-Gemeinschaft
C. A. Koch's Verlag Nachf., Berlin · Darmstadt · Wien

© by Hoch-Verlag, Düsseldorf

Schutzumschlag- und Einbandgestaltung: Dieter Rapp
Printed in Germany · Bestellnummer: 03705

12.80

Die 49 Wunder der modernen Welt

1. Kap Kennedy — Raketenbahnhof zum Weltraum . . 9
2. Das Riesenauge des Mount Palomar 38
3. Die Radioteleskope von Jodrell Bank 53
4. Das entfesselte und gebändigte Atom 57
   Der Geigerzähler 84
   Die Atomuhr enthüllt die Vergangenheit 85
5. Die schwimmende Atomstadt „Wagnis" 89
6. Der Eisbrecher „Lenin" 92
7. Atom-U-Boot „Nautilus" unter dem Nordpol . . 93
8. Die bunten Vögel im Weltall (Farbfernsehen) . . 100
9. Der Moskauer Fernsehturm und Londons POT . . 118
10. Laserstrahlen — Dolche aus Licht 124
11. Das wunderbare Elektronengehirn 129
12. Das Elektronenmikroskop 141
13. Das magische Auge — die Fotozelle 147
14. Ultraschall — Diener, Helfer, Zerstörer 149
15. Die Schlange auf dem Meeresgrund (Die Überseekabel) 155
16. 2500 m unter dem Gipfel des Montblanc 158
17. Radar 160
18. Öl . . . Öl . . . Öl! 170
19. Hassi Messaoud, Ölstadt in der Wüste 174
20. Bohrinsel „Sea Quest" 178
21. Die Transsibirische Eisenbahn 183
22. Die Alaskastraße — 2500 km Einsamkeit . . . 194
23. Der Panamakanal 198
24. Der St.-Lorenz-Seeweg 207
25. Brasilia — Hauptstadt aus der Retorte 214
26. McMurdo — Stadt in der Antarktis 221
27. Deltaplan und Zuidersee 228
28. Das vergessene Dorf in der Taiga (Bratsk) . . . 232
29. Das Gezeitenkraftwerk St. Malo 237
30. Schiphol III, Europas modernster Flughafen und Idlewild 242

31. Das schnellste Flugzeug der Welt 245
32. Tokios Alwegbahn 247
33. 11 000 m unter der Meeresoberfläche 250
34. Die Riesen wachsen nicht mehr 254
35. Brücken für die Ewigkeit 256
36. Das größte Schiff der Welt 258
37. Die erste U-Bahn der Welt 260
38. Die höchsten Seilbahnen der Welt 263
39. Der Eiffelturm 265
40. Das Empire State Building 271
41. Der Torbogen von St. Louis 275
42. Die Oper von Sydney 279
43. Die 4 Präsidenten in Stein 282
44. Der Louvre — Schatzkammer der Menschheit . . . 284
45. In 2 Stunden um die Welt 294
46. Das große Welttheater (Salzburg) 297
47. Die Kongreßbibliothek von Washington 300
48. Die Mayo-Klinik, das größte Unfallkrankenhaus und
die Herzverpflanzungen von Kapstadt 304
49. Der Naturschutzpark Serengeti 313

Vorwort

49 Weltwunder — gibt es die überhaupt? Hat die moderne Technik wirklich so viele Werke geschaffen, die wir so bezeichnen dürfen?

Das Altertum nannte nur 7 Bauwerke, die sich durch besondere Pracht und Größe auszeichneten, „Weltwunder": Die ägyptischen Pyramiden, die Hängenden Gärten der Semiramis, den Artemistempel zu Ephesos, die Zeusfigur von Phidias, das Mausoleum zu Halikarnassos, den Koloß von Rhodos und den Leuchtturm zu Alexandria. Übertrifft unser Jahrhundert denn 5 Jahrtausende Kultur, die ihm vorangegangen sind? Die Frage ist falsch gestellt. Zweifellos haben uns neuzeitliche Maschinen, haben uns Dampf, Gas, Benzin, Öl, Elektrizität, Atomkraft und elektromagnetische Wellen in den Stand gesetzt, Werke zu schaffen, von denen unsere Urahnen höchstens träumten. Aber nicht der höchste Turm, das stärkste Kraftwerk, das schnellste Flugzeug oder die Rakete, die am weitesten fliegt, sind das Wunder, sondern der Geist, der sie entstehen und nutzen läßt. Die altgriechischen Theater von Athen oder Megalopolis waren, so gesehen, größere Weltwunder als die Oper von Sydney, die wir heute dazu rechnen. Denn diese muß ihren Auftrag erst erfüllen, während jene den dramatischen Gedankenflug der attischen Klassiker jahrhundertelang kunstverständigen Zuschauermengen vermittelt haben. Auch waren die antiken Tempel und die Kathedralen des Mittelalters nur, sofern wahre Frömmigkeit sie erfüllte, zu den Wundern der

7

Welt zu zählen. Und so werden wir „das Höchste, Größte und Schnellste" unserer Zeit auch nur dazu rechnen dürfen, wenn wir es im friedlichen Wettbewerb und zum Wohle aller Menschen handhaben.

Bei der Darstellung der modernen Weltwunder ist uns so recht klar geworden, in welch reicher Zeit wir leben. Manche Kritiker neigen dazu, die Vergangenheit auf Kosten der Gegenwart zu verherrlichen und die lebenden Geschlechter als schwächlich oder gar entartet hinzustellen. Aber eine Epoche, die ein neues Weltbild prägen konnte und solche Weltwunder, wie sie das vorliegende Buch schildert, geschaffen hat, wird in der Geschichte der Menschheit ohne Zweifel einen hervorragenden Platz einnehmen.

Bei der Auswahl der Weltwunder haben wir uns nicht auf Bauwerke beschränkt. Wer würde das Elektronenmikroskop, die Fotozelle, das Fernsehen, Radar und Ultraschall nicht ebenfalls dafür ansehen? Manch einer mag in den Herzverpflanzungen des Dr. Barnard sogar „der Wunder größtes" erblicken. Es durften aber auch die Schatzkammern der Menschheit hier nicht fehlen: der Louvre, das Musée de l'Homme und die Kongreßbibliothek, und auch nicht die unvergleichliche Festspielstadt Salzburg, stellvertretend für viele bedeutende Stätten der Kunst.

Die lange Reihe der Weltwunder wird sich in den kommenden Jahren noch beträchtlich erweitern: In Pakistan entsteht ein Stauwerk (der Tarbela-Damm), das an Größe und Bedeutung jenes von Bratsk in der Sowjetunion noch übertrifft. Der Tunnel unter dem Ärmelkanal wird vorbereitet. Die Tankerriesen wachsen weiter. Bald werden wir in Zügen mit 500—800 km/st Geschwindigkeit reisen. Amerikaner und Russen werden den Mond erobern und weiter in den Weltraum vorstoßen. Über Satelliten wird man an jedem Ort der Welt bunte Fernsehprogramme empfangen können. Die Lebenszeit der Menschen wird verlängert werden.

Wenn all das geschieht, damit unser Dasein weniger mühselig wird und wir Zeit für Einsichten und Erkenntnisse gewinnen, ist unser Streben aller Mühen und Opfer wert.

8

Kap Kennedy -
Raketenbahnhof zum Weltraum

Auf einer schmalen, langgestreckten Landzunge an der Ostküste Floridas liegt Kap Kennedy, der Bahnhof zum Weltraum.
Man erreicht das Kap auf einem Damm, der vom Festland
zur Merrit-Insel führt. Das ist die typische Gliederung der mit
Dünen, Sandbänken und Strandlagunen besetzten Atlantikküste
des südlichsten USA-Staates. Noch heute ist ein großer Teil der
Merrit-Insel Sumpf- und Gestrüpplandschaft.

Von der Pressetribüne aus sind es noch 5 km bis zu den
Arbeits- und Abschußrampen; weiter dürfen nur die Geheimnis-
träger des amerikanischen Raumfahrtprogrammes. Der Blick war
noch Anfang der sechziger Jahre enttäuschend. Man sah ein paar
hohe Gerüste, Gebäude und Hütten — der Leuchtturm nahebei
erregte mindestens ebensoviel Interesse. Jeder Großstadtbahnhof
war eindrucksvoller. Das änderte sich, als die Amerikaner auf der
Merrit-Insel den Komplex 39, populärer „Mondhafen" genannt,
mit einem Kostenaufwand von über 400 Millionen DM errichteten. Der Mondhafen liegt inmitten eines 35 000 ha großen Geländes. Er besteht aus der 158 m hohen, 208 m langen und 155 m
breiten Raketen-Montagehalle, drei fahrbaren Starttürmen, der
Abschußrampe sowie einem Industriegebiet mit Verwaltungs- und
Versorgungsgebäuden, Laboratorien, Tanklagern u. m. Hier ist in
wenigen Jahren eine Stadt entstanden, in der weder das obligate
Warenhaus noch die „drug stores" (Pillenläden) fehlen — auch
die Wissenschaftler sollen schnell so grausame Dinge wie „Heiße
Hunde" (Würstl) essen und schlabbrigen Kaffee trinken können.
Der Tag ist nicht mehr fern, da Kap Kennedy sich in eine weit
auseinandergezogene Hafengroßstadt verwandelt haben wird. Ihr
Wasserweg für den Transport der Raketenstufen wird schon bald
zu eng sein. Hier wird das erregendste Kapitel der menschlichen
Geschichte geschrieben, ein Kapitel, das die Zukunft unseres
Geschlechts mitbestimmen wird.

Niemand außer Fischern und Anglern kannte in den vier-

9

ziger Jahren diesen Platz. Wer von Ostflorida sprach, meinte Palm Beach oder Miami, die vornehmen Winterkurorte mit ihrer subtropischen Pflanzenwelt. Heute gibt es in der zivilisierten Welt wohl niemanden, der noch nichts von Kap Kennedy gehört hat. Und doch machen sich viele von dem Raketenbahnhof falsche Vorstellungen. Kap Kennedy war lange Jahre nur der Startplatz der Raumfahrzeuge. Entworfen und konstruiert werden sie anderswo, in Huntsville (Alabama) z. B. oder an der Pazifischen Küste. Weithin unbekannt ist auch, daß viele aufsehenerregende Raketenstarts von Kap Kennedy erst durch Versuchsflüge auf der Wallops-Insel — vor der Küste Virginias — ermöglicht werden. In 15 Jahren fanden hier über 5000 Raketenstarts statt. Auch der Flug der beiden Rhesus-Affen, Mr. und Mrs. Sam, im Dezember 1959 und Januar 1960, ging von der Wallops-Insel aus.

Die Station für den Weltraum untersteht der amerikanischen Luftwaffe; betrieben wird sie aber von den Pan American World Airways, die gemeinsam mit der amerikanischen Radiogesellschaft das Radar- und Nachrichtenübermittlungsnetz unterhalten.

Als Kap Kennedy erstmals Schlagzeilen machte, hatten die Russen — im Herbst 1957 — schon zwei Satelliten, „Sputnik 1 und 2", in den Weltraum geschossen. An Bord des zweiten umkreiste die Hündin Laika eine Woche lang die Erde, mußte dann aber getötet werden. „Sputnik 1", nur 83 kg schwer, verglühte Anfang Januar 1958 in der Erdatmosphäre. Das Unternehmen brachte den Sowjets einen ungeheuren Propagandaerfolg. Während die Amerikaner ihr Projekt schon jahrelang angekündigt hatten, hatten die Russen geschwiegen. Und als die Amerikaner ihre erste 3-Pfund-Rakete starten wollten, kippte sie, 1,10 m über der Abschußrampe zur Seite und brach auseinander. Der russische Raketenfachmann Blagonrawow meinte dazu: „Eine Henne sollte erst gackern, wenn sie das Ei gelegt hat." Nun rächte es sich, daß die Amerikaner, im Besitz der Atombombe und einer überlegenen Luftwaffe, das Raketenprogramm vernachlässigt hatten und sich mit dem führenden deutschen Raketenspezialisten Hermann Oberth, den sie erst 1955 für wenige Jahre nach den USA kommen ließen, nicht verständigen konnten. Auch sein

Schüler Wernher von Braun dient ihnen mehr als Aushängeschild und Organisator. Die russischen Flugkörper, die mit weit größerer Schubkraft in den Raum geschossen wurden, waren fast zwanzigmal schwerer als der amerikanische „Explorer", der nach knapp 4 Monaten seine Sendungen wieder einstellte. Diesem ersten Forschungssatelliten folgt die „Vanguard I" (Vorhut), durch die die Birnenform der Erde festgestellt wurde. Erst nach sechs Jahren hörten ihre Funksignale auf. Andere Forschungssatelliten entdeckten einen Gürtel erhöhter ionisierender Strahlung um die Erde, den „Van-Allen-Gürtel", sowie eine von der Sonne kommende Röntgenstrahlung; auch klärten sie das Phänomen des Sonnenwindes auf: den von ihr stammenden Strom von Partikelchen, deren Ladung nun gemessen wurde.

Am 28. Februar 1959 gelang es den Amerikanern, den Satellit „Discoverer 1" (Entdecker) auf eine Umlaufbahn zu bringen, die über beide Pole verläuft. Damit war das Überfliegen — und die Inspektion — aller Gebiete der Erde gewährleistet. Am 7. August startete der 65 kg schwere „Explorer 6", der das erste Foto aus dem Weltraum lieferte. Dann kam ein schwerer Rückschlag: Am 21. August zerschellte vor der Wallops-Insel eine Versuchskapsel für den bemannten Raumflug. Ihre Trägerrakete war gar nicht erst gezündet worden.

Die Russen geben den Ton an . . .

Immer noch waren es die Russen, die in der Raumfahrt den Ton angaben. Nachdem „Luna 1" den Mond verfehlt hatte, schossen die Sowjets Mitte September 1959 eine 350 kg schwere Sonde ab; sie landete nach einem Flug von $33\frac{1}{2}$ Stunden auf dem Mond. Es war ein sogenannter harter Aufschlag, der Flugkörper mit seinen Meßinstrumenten zerschellte bei der Landung. Anfang Oktober gelangen dafür „Luna 3" die ersten Aufnahmen von der Rückseite des Mondes; sie machten allen Spekulationen, ob auf unserem Trabanten Leben sei, ein Ende.

1960 war ein Jahr gewaltiger Fortschritte, aneifernder Mißerfolge und erschreckender Unfälle. Im März starteten die Amerikaner den ersten künstlichen Planeten „Pioneer 5". Seine Funksignale konnten noch aus einer Entfernung von über 35 Mill. km aufgefangen werden. Die Amerikaner ließen auch die ersten Wetter-, Steuerungs- und Frühwarn-Satelliten aufsteigen. Aber am 29. Juli brach auf Kap Canaveral ihre „Mercury-Atlas-Rakete" zusammen. Der Zwischenfall verzögerte das Raumfahrtprogramm der USA um mehr als ein halbes Jahr. Schrecklichere Folgen hatte die unbeabsichtigte Beschleunigung eines zweifellos bemannten russischen Raumschiffes. Statt zur Erde zurückzukehren, flog es in eine höhere Umlaufbahn und verglühte $5^1/_2$ Jahre später. Und als Nikita Chruschtschow im Herbst bei einer UN-Vollversammlung in New York weilte — er trommelte damals mit seinem Schuh wütend auf dem Sitzpult herum —, schossen die Russen „Sputnik 5" ab. Nachdem er eine Höhe von 160 km erreicht hatte, stürzte er zur Erde zurück. Aus den aufgeregten Diskussionen in den Ostblockstaaten schien hervorzugehen, daß auch diesmal ein Kosmonaut in der Rakete verbrannt sei. Man sprach sogar von zwei Männern und einer Frau, die 1960 mißglückten russischen Raumfahrten zum Opfer gefallen seien. Auch mit „Sputnik 6" hatten die Russen kein Glück. Zwei Versuche der Amerikaner scheiterten auf der Wallops-Insel und auf Kap Canaveral.

Dann kam der große Triumph der Sowjets! Nachdem sie zwei neue Sputniks mit Hunden an Bord glücklich zur Erde zurückgebracht hatten, startete am 12. April 1961 in Baikonur nordöstlich des Aralsees der russische Major Juri Gagarin mit dem Raumschiff „Wostok 1". In einem über $1^3/_4$ stündigen Flug umkreiste er die Erde. Kurz vor der Landung bei Smelowka ließ er sich mit dem Schleudersitz aus der Kapsel herauskatapultieren.

$3^1/_2$ Wochen später folgten die Amerikaner den Russen in den Weltraum. Allerdings dauerten die Flüge von Alan Shepard und V. I. Grissom nur etwas über 15 Minuten. Shepards „Mercury-Redstone 3" erreichte 186 km Höhe, Grissoms „Mercury-Redstone 4" flog 4 km höher. Beide Astronauten waren nur 485 km bzw. 490 km unterwegs. In dem Wettrennen zwischen der Sowjetunion und den Vereinigten Staaten lagen also die Russen weit voran.

Den Weltraum erobern — die Erde vernachlässigen?

Der Jubel um diese ersten Vorstöße in den Weltraum übertönte zunächst alle kritischen Stimmen. Aber immer öfter wurde die Frage gestellt: „Warum wollen wir eigentlich in den Weltraum eindringen, bevor wir die Erde ganz erforscht und befriedet haben? Die Kosten des Weltraumprogramms sind so ungeheuerlich hoch, daß wir alle Wüsten, Sumpf- und Dschungelgebiete kultivieren und fruchtbares Land für Hunderte Millionen schaffen könnten, würden wir die Gelder dafür verwenden. Das Projekt „Apollo", das drei Männer in einem Raumschiff zum Mond bringen soll, wird 30 Milliarden Dollar verschlingen — die gesamten Einnahmen der USA in einem Halbjahr! Und sollten wir auch den Mond oder gar den Mars erreichen, wo es höchstens Moose und Flechten gibt, so würden diese Weltkörper ja doch nur für militärische Zwecke genutzt werden." Und die Republikanische Partei stellte während des Wahlkampfes 1964 die Frage: „Ist eine Handvoll Mondstaub wirklich so wichtig für jene 17 Millionen Amerikaner, die hungrig zu Bett gehen müssen?"

Aber nur weil die USA den Russen dicht auf den Fersen blieben, ja, sie auf einzelnen Gebieten in der Satellitentechnik sogar übertrafen, stimmten die Sowjets im Oktober 1963 der feierlichen Verpflichtung zu, keine Atomwaffenträger oder Raketen mit Massenvernichtungsmitteln im Weltraum zu stationieren. Innerhalb der Vereinten Nationen wurde eine 9-Punkte-Erklärung formuliert. Darin waren bereits die Grundzüge eines künftigen Weltraumrechtes enthalten.

Zweifellos hat das Ringen um die Weltherrschaft die Entwicklung der Raumfahrt stark beschleunigt. Dabei sind jedoch Fortschritte erzielt worden, die allen Staaten und Völkern zugute kommen. Dank der Tiros-Satelliten, die nach dem Fernsehprinzip Bilder von Wolkenschichten zur Erde schicken, können Wirbelstürme schon im Entstehen entdeckt werden. Dadurch ist es möglich geworden, die Bevölkerung der betroffenen Gebiete rechtzeitig zu warnen und so Menschenleben und Sachgüter zu retten. Mit „Telstar" und „Relay", den aktiven Nachrichten-

13

satelliten, wird die Übertragung von Fernsehsendungen und drahtlosen Telefongesprächen von Erdteil zu Erdteil ermöglicht.

Leben im Kosmos?

Mit der bemannten Raumfahrt ist die Frage aktuell geworden, ob wir im Kosmos auf Leben oder gar auf eine Zivilisation stoßen werden, die der unseren ähnlich, wenn nicht überlegen, ist. Seit wir wissen, daß um viele Fixsterne Planeten kreisen, können wir nicht länger annehmen, daß menschliche Wesen nur auf der Erde existieren. Das wäre dieselbe Anmaßung, die uns einstmals glauben ließ, die Erde sei der Mittelpunkt des Weltalls. Sobald wir außerhalb des atmosphärischen Dunstes Sternwarten kreisen lassen können, werden uns Fernrohre und Spiegelteleskope genaue Aufschlüsse über ferne Welten geben.

Am 25. Mai 1961 gab Präsident Kennedy im Kongreß das Startzeichen für erhöhte amerikanische Anstrengungen in der Raumschiffahrt. „Ich glaube, wir sollten zum Mond", erklärte er. Das bedeutete: „Wir werden auf dem Mond landen!" Denn es stand außer Frage, daß das reiche Land mit all seinen Mitteln hinter dem neuen Programm der Regierung stehen würde, was immer bestimmte Persönlichkeiten oder Gruppen dagegen einwenden mochten. Für die Vereinigten Staaten war es nicht nur eine Frage des Ansehens in der Welt, ob amerikanische oder russische Raumfahrer als erste den Mond betreten würden — es mochte über den Weiterbestand der westlichen Zivilisation entscheiden.

„Es könnte sein, daß unsere Bemühungen im Weltraum an die Grundlagen nicht nur unseres Schicksals, sondern an die der Geschicke aller freien Menschen rühren", sagte in diesem Zusammenhang Wernher von Braun, der Direktor der Raumflugbehörde in Huntsville (Texas). Er fügte aber auch hinzu, daß bei der Erforschung des Weltalls etwas Höheres im Spiel sei als das Wettrennen zwischen den USA und der Sowjetunion. Je weiter der Mensch den Kosmos durchdringe, um so tiefer würde er die

14

große Ordnung des Universums und damit den göttlichen Willen verstehen.

Brauns alter Lehrer, Professor Oberth, entwarf ein phantastisch anmutendes Bild der Möglichkeiten, die uns in die Hand gegeben sind, wenn wir uns auf dem Mond einrichten können. „Wir brauchen ihn als Zwischenstation, um Bauten im Weltraum zu errichten und Raumschiffe vor ihrer Weiterfahrt zu anderen Planeten mit Treibstoff zu versorgen", erklärte er. Dazu müßten wir riesige Vorratslager aufbauen. Oberth sah schon die Zeit kommen, da im Weltraum Spiegel aus Mondmaterial aufgehängt würden; mit ihrer Hilfe könnte man das Klima aller unwirtlichen Gegenden verbessern, Stürme ablenken, Sumpfgebiete austrocknen u. v. m. Wer eine solche Zukunftsvision für reine Utopie hält, sollte daran denken, wie viele einst belächelte Voraussagen des altösterreichischen Raumfahrtpioniers inzwischen schon eingetroffen sind. Nicht zuletzt verdankt auch Wernher von Braun seinen Optimismus und die weit vorausschauende Sicht in die Zukunft der Raumschiffahrt seinem Lehrmeister Oberth.

Und Kennedy muß davon ergriffen gewesen sein, als er in einer Rede in Houston ausführte: „Wir haben geschworen, nicht zuzulassen, daß der Weltraum mit Waffen zur Massenvernichtung bestückt wird, sondern mit Instrumenten für die Forschung.*) Dieses Gelöbnis können wir aber nur einlösen, wenn wir die ersten auf dem Mond sind."

Kennedy sagte weiter, daß der Etat für die Weltraumforschung atemberaubend sei; die aufgewendeten Milliarden seien aber immer noch geringer als die jährlichen Ausgaben der Bevölkerung für Zigaretten und Zigarren.

Die größte Prüfung des Menschengeschlechts

Für die Astronauten bedeutet die Raumfahrt aber mehr als ein Abenteuer; es ist die größte Prüfung, die je Menschen auferlegt

---

*) Nicht umsonst hatte Nikita Chruschtschow nach den ersten Satellitenflügen der Sowjetrussen erklärt: „Wir gehen in den Weltraum und werden dort ein Damokles-Schwert aufhängen!"

wurde, und die Torturen, denen sie sich unterziehen müssen, kann man nur mit mittelalterlichen Folterungen vergleichen. „Die Astronauten sind ein neuer Menschentyp", behaupten amerikanische Ärzte. „Da sie im Weltraum ganz anderen Lebensbedingungen ausgesetzt sind, als sie auf der Erde herrschen, müssen sie Prüfungen bestehen, die normal gesunde Männer mit dem Leben bezahlen würden." So bewirkt der ungeheure Andruck beim Start, daß die Stützgewebepartien der Augen nachgeben, so daß diese aus ihren Höhlen quellen. Die Wangen hängen schwer herab, der Unterkiefer fällt herunter. Brustkorb, Herz und Lungen werden zusammengepreßt, viele der feinen Kapillargefäße reißen. Mit blutunterlaufenen Augen und Körperstellen machen dann manche Prüflinge den Eindruck, als hätten sie eine schwere Prügelei hinter sich.

Eine ganz schwache Vorstellung von der Wirkung des Andrucks bekommt man im Auto, wenn der Fahrer plötzlich anfährt und den Motor schnell auf Touren bringt — man wird dann gegen die Sitzlehne gepreßt. Durch die Beschleunigung beim Raketenstart wird der Raumfahrer einem Andruck von 7—8 g ausgesetzt. (g ist die Abkürzung für Schwerebeschleunigung.) Ein Astronaut, der auf der Erde 70 kg wiegt, wird beim Raketenstart eine halbe Tonne wiegen und infolgedessen weder Arme noch Beine rühren können. Am Rande einer Ohnmacht, wird er weder richtig sehen noch klar denken.

Auf einem Raketenschlitten, der bei einer Geschwindigkeit von über 1000 km/st jäh angehalten wurde, ertrug der amerikanische Arzt Dr. Stapp einen Andruck von 40 g, das Sechsfache des Andrucks beim Start einer Rakete. „Ich hatte den Eindruck, als sei ich mit dem Wagen gegen eine Wand gerast", berichtete er. Eine Weile sah er nur hellrote Nebel. Er brauchte Tage, um sich von dem Schock zu erholen. Andere Versuchspersonen wurden schon bei einem Andruck von 8 g bewußtlos. Juri Gagarin, der erste Mann im Weltraum, überstand einen Andruck von 12 g. Der amerikanische Fliegermajor Beeding soll auf einem Raketenschlitten sogar einen Andruck von über 80 g ausgehalten

16

haben. Der Druck, der dabei auf seinem Brustkorb lastete, entsprach einem Gewicht von 5 Tonnen.

Die Anfangsgeschwindigkeit einer mit chemischem Treibstoff gezündeten Rakete beträgt 1 m/sec. Schon nach 5 Sekunden hat sie sich auf das Zehnfache erhöht, und nach 4 Minuten, wenn die Rakete ihre Umlaufbahn erreicht hat, beträgt sie 7917 m/sec. Das sind 28 500 km in der Stunde. Am schlimmsten wirkt sich die Belastung für den Raumfahrer aus, wenn eine Raketenstufe ausgebrannt ist und eine neue gezündet wird. Das plötzliche Aufhören und das Wiedereinsetzen der Beschleunigung stellt auch an den gesündesten Organismus härteste, ja, grausame Anforderungen. Wenn beim Rückflug zur Erde die Bremsraketen gezündet werden, das Raumschiff wieder in die Atmosphäre eintritt und dann der Fallschirm es mit einem Ruck stabilisiert, kommt es sekundenweise erneut zu Belastungen von 10 g und darüber.

Moderne Folterkammern

Nicht umsonst heißen die Prüfstellen der Raumfahrer Folterkammern. In asbest-überzogenen Metallöfen müssen sie einer Hitze von 90—100° standhalten. Dabei steigert sich die Herztätigkeit auf 140 Schläge in der Minute und mehr. In anderen Kammern werden die Prüflinge bei orkanartigem Wind abwechselnd großer Hitze und extremer Kälte ausgesetzt. Diese Versuche sind nötig, um festzustellen, ob sie überleben können, wenn ihr Raumschiff zu einer plötzlichen Landung gezwungen wird. Beim Eintauchen in die Atmosphäre würde es dann in einen Feuerofen verwandelt werden. Alle Versuchspersonen vertrugen stärkste Hitzegrade leichter, wenn die Temperatu srchnell anstieg.

Um die Raumfahrer an das Gefühl der Schwerelosigkeit zu gewöhnen, müssen sie in einem Taucheranzug viele Stunden in einer wassergefüllten Kabine zubringen. In ihr schweben sie infolge einer genau berechneten Auslastung frei herum und empfinden sich als schwerelos. Wirklich schwerelos werden sie dagegen in einem Düsenflugzeug, das der Pilot mit hoher Geschwindigkeit in einem Gipfelbogen nach oben zieht. Dann heben sich Anziehungskraft der Erde und Fliehkraft auf, und es tritt für höchstens 40 Sekunden eine echte Schwerelosigkeit ein. Wären dabei die Astronauten nicht angeschnallt, würden sie im Flugzeug (und im Raumschiff) frei schweben. Kein Muskel braucht dann einen ausgestreckten Arm oder Fuß zu halten; sie verharren in dieser Stellung, bis sie wieder angedrückt werden. Diese Versuche sind nur Notbehelfe. Denn wie sich die Organe des Körpers bei lang andauernder Schwerelosigkeit, also bei 0 g, verhalten, zeigt sich erst im Weltraum. Durch die Gewichtlosigkeit kommt es bei vielen Prüflingen zu starken Magen- und Darmbeschwerden. „Geborene Raumfahrer" dagegen empfinden die Schwerelosigkeit als angenehm.

Weitere Torturen für die Astronauten: Man setzt sie ohrenbetäubendem Lärm und sofort darauf völliger Stille aus. Auch beim Raumflug folgt ja dem Aufheulen der Raketenmotoren, das 4—8 Minuten dauert, ein erschreckendes Verstummen. Sowohl der Lärm wie die Stille können schwere Reaktionen hervorrufen. In schalldichte Zellen eingeschlossene Männer bekamen Halluzinationen. Sie meinten, es wimmle in dem Raum von Schlangen oder es brenne. Sie verhaspelten sich bei den einfachsten Handgriffen. Was sie für das Rauschen eines Wasserfalles hielten, war das Summen ihres Blutes, und was ihnen wie Sturm vorkam, waren ihre Atemzüge. Prüflinge, die markerschütternden Sirenentönen ausgesetzt waren, konnten die einfachsten Aufgaben nicht mehr lösen. Ihre Arme und Beine wurden gefühllos, ihre Sehkraft war gestört.

Auch der Weltraum-Simulator *) gehört zu den Foltergeräten für zukünftige Astronauten. Hier werden sie mit hoher Geschwindigkeit herumgewirbelt, Schaukel- und Kreiselbewegungen verstärken noch die Belastung. Ein Gerät, das die Versuchspersonen beim Herumwirbeln auf den Kopf stellte und sie zugleich in verschiedene Richtungen zog, wurde ausgeschieden, weil die Männer gesundheitliche Schäden davontrugen. Einige leiden seither noch

---

*) Simulator-Gerät, in dem bestimmte Bedingungen und Lebensverhältnisse herstellbar sind.

immer an Gleichgewichtsstörungen. Man sagt, daß Shepard und Glen, die ersten amerikanischen Astronauten, durch die Schleuder- und Purzelbaumtrommel schwerer mitgenommen wurden als im Weltraum.

Die Lehrgänge, die die Astronauten absolvieren müssen, kommen einer Universitätsausbildung gleich. Im allgemeinen werden nur Männer eines bestimmten Intelligenzgrades ausgewählt, die den Problemen der Raketentechnik, Astronomie, Strahlenkunde, Chemie und Medizin gewachsen sind. Daß nur Männer von großer Entschlußkraft und mit guten Nerven zur Raumfahrt zugelassen werden, versteht sich von selbst.

Dramatische Steigerung des Weltraumwettlaufs

Der Wettlauf Amerikas und Rußlands in den Weltraum erfuhr am 18. März 1965 eine dramatische Steigerung. Wenige Tage vor dem angekündigten Start einer amerikanischen 2-Mann-Kapsel umkreisten die russischen Kosmonauten Beljajew und Leonow in ihrem Raumschiff „Woschod 2" siebzehnmal die Erde. Dabei verließ der 30jährige Oberstleutnant Alexej Leonow $1^1/_2$ Stunden nach dem Start das Raumschiff und hielt sich, frei schwebend, etwa 20 Minuten in der Kälte des Weltraums auf. Mit einer Leine, die 5 m weit aus der Kapsel herausing, gesichert, schwebte er wie ein Taucher waagrecht über der Kapsel, schlug ein paar Purzelbäume, untersuchte die Außenfläche des Satelliten und stellte eine Filmkamera ein. Er schwamm wie ein komischer kosmischer Fisch im Weltraum. Er hatte einen unförmigen silbernen Raumanzug an, auf seinem weißen Helm standen in kyrillischen Lettern die Buchstaben CCCP, die Abkürzung für Union der Sozialistischen Sowjetrepubliken. Auf dem Rücken trug er eine große Sauerstoffflasche.

Nach einem 26stündigem Flug landete „Woschod 2" am Freitag um 10.22 Uhr mitteleuropäischer Zeit in der Nähe der Industriestadt Perm, westlich das Ural. Kommandant Beljajew brachte das Raumschiff durch Handsteuerung wieder zur Erde zurück;

allerdings landete er 1280 km weiter als vorgesehen. Beim Wiedereintritt in die Erdatmosphäre war „Woschod 2" infolge der Reibungshitze, die durch den falschen Eintauchwinkel noch erhöht wurde, in Flammen gehüllt. Die Außenantennen verbrannten, die Radioverbindung zur Erde riß zeitweise ab. Als sich aber die Bremsfallschirme über dem tonnenförmigen Raumschiff entfalteten, wurde die Verbindung wiederhergestellt. Die „Woschod 2" landete, beschädigt, im tiefen Schnee. Da in Perm niemand die Kosmonauten erwartet hatte — ihre Landung war ja auf dem Startplatz Baikonur vorgesehen gewesen —, fanden sich zunächst nur ein paar hundert Menschen ein, um Beljajew und Leonow zu feiern.

Vier Tage später bereiteten die Moskauer den beiden Kosmonauten, die zu Helden der Sowjetunion ernannt wurden, einen triumphalen Empfang. Von 20 Salutschüssen wie Könige begrüßt und durch das Abspielen der Hymne geehrt, wurden sie mit Wogen von Blumen und Fähnchen überschüttet. Der russische Kosmonaut Popowitsch, der 1962 die Erde 48mal umkreist hatte, kündigte an, daß die Kosmonauten bald ohne Sicherungsseil im All spazierengehen würden; sie würden sich mit Hilfe von kleinen Antriebsdüsen im Weltraum bewegen und sich von ihnen zum Raumschiff zurückschießen lassen. Der Raumfahrtmediziner Dr. Kritschagin gab bekannt, daß der Druck in Leonows Raumanzug 0,4 Atmosphären, also nur halb soviel wie der Luftdruck auf der Erde, betragen habe. Um einen so niedrigen Druck auszuhalten, mußte aus seinem Blut der Stickstoff entfernt werden, bevor er den Raumanzug anlegte. Im Raumanzug, der eine dicke Wärme-Isolierschicht besitzt, wurde er mit reinem Sauerstoff versorgt.

Die „Woschod" stammte aus der Werkstatt des Chefkonstrukteurs der sowjetrussischen Raumfahrt Sergej Korolew.* Ihr Gewicht einschließlich der Endstufe der Trägerrakete betrug 6,17 Tonnen. Die Raumkapsel hatte einen Durchmesser von 2,3 m und wog 2,4 Tonnen.

---

*(Korolew starb Anfang 1967 im Alter von 59 Jahren nach einer Krebsoperation an Herzversagen.

20

Das „Gemini-Programm".

Während Rußland über den Triumph seiner Kosmonauten jubelte, bereiteten die Amerikaner auf dem Startkomplex 19 in Kap Kennedy den Flug ihrer „Gemini-Raumkapsel" vor, die von einer „Titan 2-Rakete" auf eine Erdumlaufbahn befördert werden sollte. Am 25. März 1965 stiegen Major Virgil Grissom und Kapitänleutnant John Young von Kap Kennedy auf und landeten nach drei Erdumkreisungen und einem Flug von 4,9 Stunden Dauer im Atlantik. „Gemini" heißt im Englischen das Sternbild der Zwillinge mit Kastor und Pollux, den „Unzertrennlichen", als größten Himmelskörpern. Nach ihnen hat man auch die Astronauten Weltraumzwillinge genannt. Obzwar das Unternehmen der Russen den amerikanischen Flug in Schatten stellte, erzielten Grissom und Young doch einen entscheidenden Fortschritt: Durch Handsteuerung konnten sie ihre Kapsel im Weltraum bewegen und auch ihre Bahnhöfe verändern.

Am 3. Juni 1965 überrundeten die Amerikaner McDivitt und White in ihrem 5,79 m langen Raumschiff mit 66 Erdumkreisungen und einem Flug von 97,9 Stunden Dauer die Sowjetrussen. White unternahm dabei einen Weltraumspaziergang von 21 Minuten. Das Mannöver, ein Rendezvous mit der auf gleicher Bahn fliegenden, ausgebrannten 2. Raktenstufe herbeizuführen, mißlang allerdings. Die Geschwindigkeit der leeren Raketenhülse hatte sich bereits verringert, so daß sie sich immer weiter von der Kapsel entfernte und der Erde zuraste. Vorgesehen war, daß Luftwaffenmajor James McDivitt die Kapsel durch Handsteuerung bis auf 6 m an die ausgebrannte Raketenstufe heranmanövrieren sollte. Dann sollte White aussteigen und sich mit Hilfe eines Rückstoßmotors, der sich am Ende einer 7$^1/_2$ m langen Leine befand, an die Raketenstufe heranzuarbeiten.

Aber auch so war es eine überwältigende Leistung. White fühlte sich in seinem 30 Pfund schweren Raumanzug, der 25 000 Dollar gekostet hatte, im Kosmos so wohl, daß er die wiederholten Aufforderungen McDivitts, wieder in die Kapsel zurückzukehren, nicht beachtete. „Das ist der traurigste Augenblick meines Lebens", sagte er, nachdem er sich zur Luke zurückgeangelt hatte. In seinem Übermut versetzte er dem Raumschiff einen Tritt.

Schon am 21. August starteten die USA mit „Gemini 5" ein neues, über 3 Tonnnen schweres Raumschiff. Die Astronauten waren der 38jährige Weltraumveteran Gordon Cooper und der 35jährige Neuling Charles Conrad, beide Offiziere der Luftwaffe. Es wurde ein dramatischer Flug an der Grenze einer Katastrophe! Drei Stunden nach dem Start arbeiteten die Brennstoffzellen, die den Satelliten mit Strom versorgen sollten, nicht mehr einwandfrei; sie produzierten zu wenig Strom und dann zuviel Wasser. Erst am zweiten Tag arbeiteten sie wieder normal. Dafür funktionierten einige Meßgeräte nicht, und die Heizung fiel aus. Das schlimmste aber: Da die Stabilisierungsraketen versagten, rollte die Kapsel im Weltraum wie ein schlingerndes Schiff. Cooper gab dazu ein paar ärgerliche Kommentare, die in dem gereizten Satz gipfelten: „Das ist aber eine armselige Planerei!"

Und doch wird der Flug trotz aller Widrigkeiten zu einem großen Erfolg, auch wenn die Astronauten nur ein Scheinrendezvous mit einem Phantasie-Satelliten durchführen können — das richtige Manöver wurde wegen der genannten Schwierigkeiten vom Kontrollturm in Houston abgeblasen. Nach 128 Erdumkreisungen und einer Flugdauer von fast acht Tagen landeten Cooper und Conrad sicher im westlichen Atlantik, nördlich der Grand-Turk-Insel. Damit waren aber auch die Behauptungen angesehener Wissenschaftler: Kein Mensch könne länger als fünf Tage im schwerelosen Zustand am Leben bleiben, glänzend widerlegt worden. Cooper und Conrad hatten zwar unter Schlaflosigkeit, steifen Gliedmaßen, Hautjucken und Kälte zu leiden, waren aber, als sie mit einem Hubschrauber zum Flugzeugträger „Lake Champlain" gebracht und dort sofort untersucht wurden, in ausgezeichnetem Gesundheitszustand.

Das Rendezvous im Weltraum

Ihren größten Erfolg auf dem Weg zum Mond erzielten die Amerikaner im Dezember 1965. Zum erstenmal in der Geschichte der Raumfahrt gelang es, zwei bemannte Satelliten bis auf 1,8 m Abstand zusammenzuführen. Der gemeinsame Flug der beiden Raumschiffe „Gemini 6 und 7" hat erwiesen, daß das Aneinanderkoppeln mehrerer Weltraumkapseln und damit die Montage einer Weltraumstation keine großen Probleme mehr bietet. Die hochkomplizierten Steuerungsmanöver mit der notwendigen Überführung der Satelliten von einer elliptischen in eine kreisförmige Bahn und umgekehrt wurden mit äußerster Präzision durchgeführt.

Die Helden dieses bisher unübertroffenen Weltraumabenteuers waren Walter Schirra und Thomas Stafford („Gemini 6") und Frank Borman und James Lovell („Gemini 7"). Borman und Lovell waren am 4. Dezember gestartet und landeten nach 220 Erdumkreisungen am 18. Dezember nach einer Flugdauer von insgesamt 330,6 Stunden. Schirra und Stafford, die am 15. Dezember um 14.37 MEZ aufstiegen, jagten sechs Stunden hinter ihren bereits elf Tage im Raum kreisenden Kameraden her, bis sie sich ihrem Schwesterschiff bis auf Armeslängen genähert hatten. Immer wieder korrigierte „Gemini 6" durch hochkomplizierte Raketenmanöver den Kurs und die Geschwindigkeit. Dann rasten beide Kapseln mit eingezogenen Antennen in 297 km Höhe fünf Stunden lang einträchtig um die Erde. Einmal näherten sie sich sogar bis auf 30 cm!

In den ersten Morgenstunden des 16. Dezembers löste sich „Gemini 6" wieder von der Zwillingskapsel und landete südlich der Bermuda-Inseln, nur 12 Seemeilen von dem Flugzeugträger „Wasp", dem Mutterschiff der Bergungsflotte, entfernt. „Gemini 7" blieb noch zwei Tage länger im Weltraum. Der Flug hat endgültig bewiesen, daß ein entsprechend trainierter Organismus eine auch über Wochen andauernde Schwerelosigkeit ertragen kann. Die gefürchtete Knochenerweichung und der Muskelschwund kommen nach einigen Tagen zum Stillstand. Die Strahlendosis, der die Weltraumfahrer ausgesetzt werden, ist etwa so hoch wie die oberste Toleranzgrenze, die man auch Arbeitern in Atomkraftwerken zumutet. Allerdings sinken Zahl und Lebensdauer der roten Blutkörperchen, aber nicht in gesundheitsgefährdendem Maß.

Der Rekordflug der Gemini-Kapseln brachte noch eine Reihe weiterer Erfolge: Zum ersten Mal gelang mit Hilfe von Laserstrahlen * eine lichttelefonische Verbindung von der Erde zu einem Raumschiff. Ein Elektronengehirn, das von Stafford laufend mit Zahlen und Meßwerten gefüttert wurde, errechnete Zeit und Dauer der nötigen Steuerungsmanöver. Schirra, der Flugkommandant, mußte dann nur noch die entsprechenden Knöpfe am Steuerknüppel drücken.

Christopher Kraft, der Flugdirektor in Houston, erklärte nach dem Abschluß des Rendezvous-Manövers, daß jetzt auch das eventuell nötige Auftanken und die Reparatur von Raumschiffen möglich geworden sind. Auch könne man Inspektionssatelliten ausschicken und, wenn nötig, feindliche Satelliten vernichten. Die Fahrt zu anderen Planeten mit Zwischenstationen auf dem Mond und künstlichen Raumkörpern sei nicht länger mehr utopisch. Raumstationen, die aus Dutzenden nacheinander abgeschossenen Riesenraumschiffen bestehen, würden wohl schon in einigen Jahren von Raumfahrtmechanikern zusammengebaut werden. Damit wäre eine weitere Prophezeiung von Professor Oberth erfüllt.

Die nächsten Gemini-Flüge bestätigten, daß die Amerikaner den Vorsprung der Sowjetrussen in der bemannten Raumfahrt mehr als wettgemacht hatten. Dem 35jährigen Zivilpiloten Neil Armstrong gelang am 16. März 1966 das Ankoppeln seines Raumschiffes „Gemini 8" an eine Agena-Rakete, die $^3/_4$ Stunden vor der Zweimann-Kapsel gestartet worden war. Dann allerdings gerieten Gemeini-Kapsel und Raketenstufe durch Kurzschluß in einem Steuersystem ins Schlingern und torkelten wie bockende Rummelplatzapparate durch das All. Auch nachdem die Ver-

---

*) Siehe 10. Kapitel

bindung zwischen ihnen gelöst war, drehte sich „Gemini 8" noch immer um die eigene Achse. Das bedeutete Lebensgefahr für die beiden Astronauten Armstrong und Scott! Erst nach einer halben Stunde gelang es Armstrong, den Flug der Kapsel zu stabilisieren. Dabei war aber so viel Treibstoff verbraucht worden, daß der Weltraumflug abgebrochen werden mußte. Es bestand nämlich die Gefahr, daß die Kapsel beim Wiedereintritt in die Atmosphäre nicht mehr gedreht werden konnte. Damit hätte sie ihr Hitzeschild nicht mehr geschützt, und sie wäre mit den beiden Raumfahrern verbrannt. Armstrong erhielt deshalb den Befehl, den Flug sofort abzubrechen und die Bremsraketen zu zünden. Eine halbe Stunde später schwebte die Kapsel an der Fallschirmglocke nieder und landete im Pazifischen Ozean, östlich von Okinawa. Bald darauf machte ein Wasserflugzeug sie aus, und der herbeidirigierte Zerstörer „Mason" nahm die beiden Astronauten auf.

Um den Mond zu erreichen und die Nutzlast der Kapsel von ca. 45 Tonnen hinaufzubefördern, mußte über vier Zwischenstufen eine gigantische Trägerrakete entwickelt werden: „Saturn 5". Sie ist über 110 m hoch, ihr Startgewicht beträgt 2700 Tonnen. Fast 90% davon macht der Brennstoff aus. Das Mondlandefahrzeug LEM (lunar-excursion-module), auch Mondkäfer genannt, befindet sich in der Spitze der 3. Raketenstufe. Über ihm ist die Apollo-Kommandokapsel, in der drei Astronauten Platz haben.

Mit „Saturn 5" ist die Schubkraft der russischen Raketen übertroffen. Im Zentrum für die bemannte Raumfahrt in Houston arbeitete ein Heer von 574 Elektronengehirnen *) an der Vorbereitung der Mondreise. Sie werteten hunderttausende Daten für die Wissenschaftler aus, ohne sie wäre ein Weltraumflug eine Fahrt ins Blaue. Beim Umschalten vom Gemini- zum Apollo-Programm haben die Elektronenhirne den Mathematikern Rechnungen erspart, für deren Lösungen die Männer zehn Jahre gebraucht hätten.

------

*) Siehe 11. Kapitel

Die Katastrophe

Mit einem 14tägigen Probeflug sollte Mitte März 1967 das Apolloprogramm eröffnet werden. Bevor es soweit war, erlitt die Raumfahrt den schwersten Rückschlag in ihrer kurzen Geschichte. Die amerikanischen Astronauten Virgil Grissom, Edward White und Roger Chaffee verbrannten auf der Startrampe 32 von Kap Kennedy, 66 m über dem Erdboden, bei einer Startübung in der Kabine ihres Raumschiffes „Apollo 1". Von der Kapsel blieb nur das ausgeglühte Gehäuse übrig.

Um 18.30 Uhr ertönte über ein Tonband die Stimme eines Mannes in der Rakete: „Feuer — ich rieche einen Brand!" Ein, zwei Sekunden danach hörten die Überwacher der Übung, wie White rief: „Feuer im Cockpit!" Dann ein Schrei: „Ein fürchterliches Feuer ist im Raumschiff!" Und nach qualvollen Augenblicken: „Wir brennen — holt uns hier 'raus!" Im selben Moment zuckte ein Blitz über die Bildschirme im Kontrollbunker — die Verbindung war abgebrochen. Erst nach fünf Minuten kam die Rettungsmannschaft an das qualmende Raumschiff heran. Aber niemand konnte den Astronauten mehr helfen — sie waren in der sauerstoffgesättigten, künstlichen Atmosphäre der Kapsel, die sich durch einen Funkenschlag entzündet hatte, verbrannt. In der raucherfüllten Kabine wurden nur noch ihre verkohlten Leichen gefunden.

Der 40jährige Oberstleutnant Grissom war 1961 der zweite Amerikaner gewesen, der in der Mercury-Kapsel „Liberty Bell" (Freiheitsglocke) einen ballistischen Flug unternommen hatte. Der 36jährige Oberstleutnant White hatte 1965 den ersten Spaziergang des US-Raumprogramms, 200 km über der Erde, absolviert. Korvettenkapitän Chaffee, 31 Jahre alt, war der Neuling der Apollomannschaft. „Ich kann mir nicht helfen, ich bin etwas erregt", hatte er vor dem Start geäußert. Und auch Grissom hatte gesagt: „Es gibt immer die Möglichkeit einer Katastrophe. Sie kann beim ersten Flug genauso eintreten wie beim letzten."

Eine Woche später gab die amerikanische Weltraumbehörde (NASA) eine Verlautbarung heraus, die den genauen Zeitablauf der Katastrophe widerspiegelte. Danach lief bis 18.30,7 Uhr alles normal. Dann kam Chaffees Meldung: „Feuer im Raumschiff!" Eine Sekunde später wurden im Kontrollturm auf den Bildschirmen heftige Bewegungen in der Kapsel beobachtet; auch stieg die Temperatur in der Kabine sprunghaft an. Noch einmal meldete Chaffee, daß das Feuer stark sei. Er verstärkte die Beleuchtung der Instrumente und schaltete die Bordbatterien ein. Nach einem Schmerzensschrei, den die Techniker noch vernommen haben wollen, verstummte die Sprechanlage. Um 18.31,17 Uhr hatte der Druck in der Kabine das Sechsfache des Normalwertes erreicht, so daß die Kapselwand platzte. In der Verlautbarung der Weltraumbehörde wird festgestellt, daß die drei Astronauten noch versucht hatten, die Einstiegluke zu öffnen; sie erreichten aber den Sperriegel nicht mehr.

Die Trauer der amerikanischen Nation um drei ihrer tapfersten Männer wurde von der ganzen Welt geteilt. Gegen die Verantwortlichen des Raumfahrtprogramms erhoben sich aber auch Vorwürfe. Schon 1964 hatte die NASA über Brände in Sauerstoffkapseln berichtet. So hatte sich eine mit reinem Sauerstoff gefüllte Kapsel im Luftwaffenstützpunkt Brooks durch die Überhitzung des Kunstharz-Sockels der Bildröhre eines Fernsehmonitors entzündet. Der Geruch des verkohlenden Kunststoffes hatte jedoch den Mann an Bord gewarnt, so daß das Experiment rechtzeitig abgebrochen werden konnte. Als 1962 in derselben Kapsel Raumanzüge erprobt worden waren, war ein Brand ausgebrochen, der aber schnell gelöscht werden konnte. In Philadelphia erlitten im selben Jahr mehrere Männer im Ausrüstungslaboratorium für Flugpersonal Verbrennungen 2. Grades, als aus der Isolation einer elektrischen Leitung eine Flamme herausschoß und ihre Kleider in Brand setzte. Auch sie hatten in einer reinen Sauerstoffatmosphäre und bei einem Druck von 0,33 Atü gearbeitet.

Optimismus zu neuem Start

Der finanzielle Verlust bei der Apollo-Tragödie betrug 1 Milliarde Dollar. In diesem Betrag sind nur 50 Millionen für das

27

Raumschiff selbst enthalten; das Übrige muß für Produktionsverschiebungen und Leerlaufkosten angesetzt werden.

Ein Vierteljahr nach der Katastrophe der amerikanischen Raumschiffahrt kam es auch in der Sowjetunion zu einem tragischen Kosmonauten-Unglück. Wladimir Komarow, der 1964 mit dem Raumschiff „Woschod" 16mal die Erde umkreist hatte, stürzte mit seiner Kapsel „Sojus 1" ab, nachdem er schon die Landung eingeleitet hatte. Zu diesem Zeitpunkt rissen zwei der Stahltrossen, durch die das Raumschiff mit seinem Fallschirm verbunden war. Dieser konnte die Kapsel nicht mehr tragen, die wie ein Geschoß zur Erde sauste und zerschellte. Komarow wurde an der Kreml-Mauer beigesetzt und von den sowjetischen Staatsführern als treuer Sohn des Vaterlandes und mutiger Erforscher des Weltraums gerühmt. Bis zuletzt hatte er Funksignale gegeben und das unabwendbare Ende mit stoischer Gefaßtheit angenommen. US-Präsident Johnson nannte das Unglück eine Tragödie für alle Nationen der Erde.

Die neue Mannschaft wurde von dem Raumfahrtveteranen Walter Schirra geleitet, der schon 1962 sechsmal und 1965 siebzehnmal die Erde umkreist hat. Seine Kameraden waren der 36jährige Luftwaffenmajor Don Eisele und der Physiker Walter Cunningham.

Den amerikanischen Raumfahrern stehen ausgezeichnete Mondkarten zur Verfügung, seitdem zwei ihrer Fotosatelliten klare Aufnahmen von dem Erdtrabanten zur Erde gefunkt haben. Die Bilder zeigten, daß die Mondoberfläche für die Landung eines Raumschiffes fest genug ist. Wissenschaftler hatten befürchtet, daß ein Landefahrzeug im Mondstaub versinken würde. Die Mondsonde „Surveyor" (Inspektor), die am 2. Juni 1966 nach 63stündiger Fahrt auf dem Mond (im „Meer der Stürme") weich gelandet war, hatte über eine Entfernung von 341 572 km mehrere tausend Bilder zur Erde gefunkt. Die 3 m hohe und fast 1 Tonne schwere Mondsonde erhielt von der Bodenstation in Kalifornien ein Funksignal, als sie noch 3200 km vom Mond entfernt war. Daraufhin drehte sie sich, so daß ihre Rückstoßraketen nun auf den Mond gerichtet waren. 800 km von ihm entfernt, verlangsamten Bremsraketen ihren Flug. 8,5 km vor der Mondoberfläche wurden die Raketen abgestoßen, bis kleinere Bremsdüsen die Geschwindigkeit des stark erleichterten „Surveyor" bis auf 4,8 km/st. herabsetzten.

Den Russen war nach mehreren mißglückten Versuchen schon am 3. Februar 1966 mit ihrer Sonde „Luna 9" die weiche Mondlandung geglückt. Vorher waren neun russische und amerikanische Flugkörper auf der Mondoberfläche zerschellt. Das russische Programm sieht vor, den Mond mit größeren Raumschiffen, die in einer Erdumlaufbahn zusammengesetzt werden, zu erobern. Einer ihrer Kosmonauten, German Titow, erklärte nach der Landung von „Luna 9", daß die Sowjetunion zuerst Tiere und dann Menschen auf den Mond schicken würde. Trotz dieser Einschränkung prophezeite Titow, daß auf dem Mond Siedlungen mit Vorratslagern, Treibhäusern, Laboratorien und Fabriken entstehen würden. Die Schaffung eines künstlichen, erdähnlichen Klimas sei kein Problem mehr.

Die erste Mondlandung

Am 16. Juli 1969 begann ein neues Zeitalter. An diesem Tag, einem Mittwoch, starteten drei amerikanische Astronauten mit dem Raumschiff Apollo 11 vom Raktenbahnhof Kap Kennedy zu der ersten Mondfahrt der Menschheit. Vier Tage später, am Sonntagabend, landeten Armstrong und Aldrin mit der Mondfähre „Eagle" (Adler) im „Meer der Ruhe" zwischen den Kratern Sabine und Moltke, und Montagfrüh, kurz vor 4 Uhr, setzte Neil Armstrong als erster Mensch seinen Fuß auf einen anderen Planeten. Bald danach folgte ihm Edwin Aldrin, während der dritte Astronaut, Michael Collins, mit Apollo 11 weiterhin den Mond umkreiste.

Das historische Ereignis fand seinen Niederschlag in hymnischen Artikeln und Kommentaren, die in den Überschriften gipfelten: „Der Mensch hat den Mond erobert — jetzt steht ihm das Weltall offen!" In Wirklichkeit haben wir erst einen Fuß vor unsere Haustüre gesetzt, und ehe wir einen Spaziergang über den Hof unternehmen können, werden noch Jahrzehnte vergehen. Auch der rd. 384 000 km von uns entfernte Mond ist natürlich noch lange nicht erobert, die Errichtung einer Weltraumstation auf unserem Trabanten liegt noch in der Ferne. Trotzdem ist der erste und wichtigste Schritt in den Weltraum getan. Sobald es uns gelingt, von einer Station auf dem Mond in den Kosmos zu starten, werden wir wirklich j e d e s Ziel erreichen können. Wie der geniale österreichische Raumfahrtforscher Prof. Sänger schon in den Fünfzigerjahren nachwies, können im reibungslosen Weltraum Raketen durch die Abstrahlung von Photonen (masselosen Lichtquanten) mit vervielfachter Lichtgeschwindigkeit fortbewegt werden.

Als die fünf Triebwerke der Apollo-Startstufe um 14 Uhr 32 mitteleuropäischer Zeit das Raumschiff mit einer Schubkraft von 3000 Tonnen, erst langsam, dann immer schneller, in die Höhe wuchteten, verfolgten 600 Millionen Zuschauer das einzigartige Geschehen mit angehaltenem Atem an den Fernsehschirmen. Auf Kap Kennedy selbst waren außer Vizepräsident Agnew und einer großen Zahl von Ehrengästen 250 Kongreßmitglieder und 3000 Reporter anwesend, um den Aufbruch des Menschen zu einem anderen Planeten mitzuerleben. Unter der Gewalt der freiwerdenden Energien erzitterte die Erde im Umkreis von mehreren Kilometern, und ein Donnern wie aus zusammenstoßenden Gewitterfronten ließ die Luft erdröhnen. Schon nach einer halben Minute hatte Apollo 11 eine Höhe von 50 km erreicht. Nach 2 Minuten und 41 Sekunden wurde die erste Stufe der Rakete abgesprengt und die zweite gezündet. 9 Minuten nach dem Start wurde die dritte Stufe gezündet, und rd. 3 Minuten später hatte das Raumschiff in 190 km Höhe die Erdumlaufbahn erreicht. Um 17 Uhr 16 schwenkte es nach einer zweiten Zündung der dritten Raketenstufe bei einer Geschwindigkeit von nunmehr 39 000 km pro Stunde in die Flugbahn zum Mond ein.

Am Samstag, dem 19. Juli, kurz vor 18.30 Uhr, erreichte

Apollo 11 die Mondumlaufbahn. Einen Tag später wurde die Mondfähre, mit Armstrong und Aldrin an Bord, vom Mutterschiff getrennt. Eine Zeitlang kreisten die beiden Flugkörper dicht nebeneinander, bis Collins das Triebwerk des Mutterschiffs kurz in Gang setzte und bald einen gewaltigen Vorsprung hatte. Um 21.19 Uhr — zwei Sekunden früher als vorgesehen — setzte die Landefähre „Eagle" auf dem Mond auf. Der Landung ging ein Funkgespräch zwischen den Astronauten und der Bodenkontrolle in Houston bzw. Collins im Mutterschiff voraus. Darin spiegelt sich die Dramatik des Ereignisses eben so knapp wie packend wider.

Houston: „Sie haben Erlaubnis für Mondabstieg — kommen!" — Aldrin: „Verstanden. Abstiegserlaubnis." — Houston: „Sie können wenden." — „Aldrin: „Wir wenden." — Houston: „Wir haben Lautstärkeverlust, empfehlen Rollbewegung von 10 Grad nach rechts und neuen Impuls." — Collins: „Ihr habt Erlaubnis für Zündung der Bremsrakete." — Houston: „Noch 3,30 bis zur Zündung. Bis Zündung noch 3,30. Es sieht gut aus, alles sieht sehr gut aus. Kommen!" — Aldrin: „Gashebel zurück. Es geht besser als im Simulator. Die Oberfläche kommt näher." — Houston: „Die Höhe ist jetzt 21 000 Fuß (knapp 7000 m). Geschwindigkeit runter auf 2700 Fuß pro Sekunde." — Armstrong: „Schalte auf Automatik." — Houston: „Ihr habt Landeerlaubnis." — Aldrin: „Okay, Landeerlaubnis. Höhe 3000 Fuß ... 2000 Fuß ... wir gehen in den Notschaltbereich, 47 Grad." — Houston: „Höhe ist 1600 ... 14000 Fuß. Sieht ausgezeichnet aus." — Aldrin: „35 Grad, 700 Fuß ... 30 Grad ... 540 Fuß. Sinkgeschwindigkeit 9 (Fuß in der Sek.), 250 Fuß, sinken mit 4 Fuß Vorwärtsgeschwindigkeit ... 200 Fuß Höhe ... 120 Fuß ...... 75 Fuß — alles sieht gut aus, sinken mit anderthalb, vorwärts sechs ... noch 60 Sekunden, sinken mit zweieinhalb. Wir wirbeln Staub auf ... vorwärts, vorwärts mit vier ... treiben ein wenig nach rechts ..." Armstrong: „Kontaktlicht an. Okay, Triebwerk aus, Fluglagekontrolle entsperrt. Beides auf Automatik geschaltet. Abstiegstriebwerk-Übersteue-

31

rung aus. Triebwerkzündschalter aus. 313 eingeschaltet. Houston, hier Station der Ruhe. Eagle gelandet!" — Houston: „Ruhe. Unsere Gesichter sind blau angelaufen. Jetzt kriegen wir wieder Luft. Danke." — Collins: „Ich habe alles gehört. Gute Sache. Phantastisch." — Houston: „Wie steht's mit dem Öffnen der Ausstiegsluke?" — Armstrong: „Warten nur darauf, daß der Kabinendruck abnimmt." — Aldrin: „Druck jetzt auf 4,9 Pfund auf Quadrat-Inch gesunken." — Armstrong: „Jetzt geht gleich die Gymnastik los." — Aldrin: (nach der Entriegelung der Luke) „Ich möchte die Gelegenheit benutzen, um alle Menschen zu bitten, eine kleine Pause einzulegen, um sich die Ereignisse der letzten Stunden durch den Kopf gehen zu lassen und dafür zu danken."

So planmäßig und reibungslos die Mondlandung den Fernsehzuschauern erschien, wurde doch bald bekannt, daß der Computer der Landefähre pausenlos rote Warnsignale hatte aufleuchten lassen — infolge der vielen Rechnungsgänge war er völlig überlastet. In Houston war schon befürchtet worden, daß der Flugrechner ganz ausfallen oder wirre Zahlenreihen ausspucken würde. Die Astronauten und die Bodenkontrolle wurden der gefährlichen Lage gemeinsam Herr. Da das überforderte Rechengehirn die Landefähre auf ein Felsengebiet zusteuerte, übernahm Armstrong die Steuerung selbst, während Aldrin die Abstiegsgeschwindigkeit zur Erde durchgab. Trotzdem lag das Kommando „Abbruch und Rückkehr" schon auf den Lippen von Flugdirektor Eugene Kranz in Houston. Ein Navigationsirrtum von 23 km im Kursrechner der Mondlandefähre hätte katastrophale Folgen für Armstrong und Aldrin haben können. Wären sie dem Rechengehirn gefolgt, wären sie unweigerlich an den spitzen Felsbrocken eines Mondkraters zerschellt. Zu diesem Zeitpunkt war nur noch Treibstoff für 80 Sekunden Flug im Tank des „Eagle". In 30 m Höhe über dem Mond wirbelten Staubfahnen auf — die Astronauten hatten keine Sicht mehr nach unten! Um den Rückstoßstrahl vom Mondboden abzulenken, schwenkte Armstrong die Landefähre herum und steuerte einen ebenen Landeplatz an. Der Tank war praktisch

Der Weltraumbahnhof Kap Kennedy (Florida, USA). Von einer der Abschuß-rampen startet im Morgen-grauen eine Rakete zu ihrer Forschungsreise. *Bild: USIS*

In diesen Anzügen fliegen die amerikanischen Astro-nauten in den Weltraum. Das Bild zeigt von links die Astronauten John W. Young, Virgil L. Grissom, Walter M. Schirra und Thomas P. Stafford. Gris-som verbrannte am 28. Ja-nuar 1967 mit zwei Kame-raden auf dem Startplatz in der Raumkapsel.

dpa Bild

Die beiden Raumschiffe Gemini VI und Gemini VII bei ihrem Rendezvous im Weltraum (15. Dezember 1965). *dpa Bi*

Das war Oberstleutnant Edward White! Er unternahm 1965 den ersten Spaziergang im Weltraum. Das goldene Seil verband ihn mit der Kapsel Gemini IV. Zwei Jahre später fiel White dem tragischen Brandunglück in der Kabine des Raumschiffes Apollo I zum Opfer. *dpa Bi*

leer, als der „Eagle" aufsetzte. Unten, in Houston, trommelte Mr. Kranz vor Erleichterung und Begeisterung mit den Fäusten auf sein Kontrollpult.

Und dann der große, der unvergeßliche Augenblick, als Armstrong am Montag, dem 21. Juli, um 3 Uhr 51 seinen Fuß auf die oberste Leitersprosse der Ausstiegsluke setzte und langsam zur Monderoberfläche hinabstieg. Um 3 Uhr 56 setzte er den linken Fuß in den Mondstaub, 18 Minuten später stand auch Aldrin auf dem Boden des Mondes. Da die beiden Männer hier nur ein Sechstel ihres Körpergewichts auf der Erde wogen und in ungefügen Raumanzügen staken, bewegten sie sich so täppisch dräuend wie das Ungeheuer Frankenstein in der Sandwüste des toten Planeten.

Armstrongs erste Worte vom Mond zur Erde hinab waren: „Ein kleiner Schritt für einen Menschen, ein großer Sprung für die Menschheit." Pathetischer drückte sich Präsident Nixon in Washington aus. Er rief den Astronauten, die sich eben anschickten, die amerikanische Flagge auf dem Mond zu hissen, zu: „Durch eure Tat ist der Himmel ein Teil der Menschenwelt geworden!" Auch die Inschrift auf einer Plakette am Bein der Landefähre, das auf dem Mond zurückblieb, war leicht pathetisch: „Hier setzten Menschen vom Planeten Erde erstmals ihren Fuß auf den Mond. Juli 1969 A. D. Wir kamen in Frieden für die ganze Menschheit." Angesichts des Blutbades in Vietnam, der Kämpfe im Nahen Osten und um Biafra, der drohenden Revolutionen in Südamerika und der nicht abreißenden Fehden des Kalten Krieges besitzt der zweite Satz der Botschaft wenig Glaubwürdigkeit. Armstrong und Aldrin ließen sich übrigens von keiner Gefühlsregung überwältigen. Im Känguruh-Schritt hüpften sie auf dem Mond herum, stellten ihre Geräte, darunter einen Laserstrahl-Reflektor und ein Sonnenwindsegel, auf und sammelten Mondgestein in ihre Plastkbeutel. Armstrong beförderte die Behälter mit Seilzug in die Kabine; die Kraftanstrengung dabei war so groß, daß sein Herz 160 Schläge in der Minute machte.

Die Mondsteine wurden dann zu einer großen Enttäuschung für die Wissenschaftler. Von einem feinkörnigen schwarzen Film überzogen, gaben sie keinen Aufschluß über die Beschaffenheit des Erdtrabanten, der nicht schon vorher bekannt gewesen wäre. „Jahrelang haben wir uns auf diesen großen Augenblick vorbereitet, und nun können wir nur sagen, daß wir schwarze Klumpen sehen", erklärte Dr. King vom Zentrum Houston, als die Astronauten nach ihrer Rückkehr die Mondfracht vor ihm ausbreiteten. Aber noch war es ja nicht so weit, noch standen Armstrong und Aldrin nach einem 2¼stündigen Aufenthalt auf der Mondwüste vor der schwierigsten Aufgabe: dem Aufflug der Aufstiegsstufe des „Eagle" und dem Koppelungsmanöver mit der Kommandokapsel. Alles verlief wie vorausberechnet. 8 Minuten nach der Zündung des Triebwerkes erreichten die beiden Planetenfahrer die Mondumlaufbahn, 14 Minuten nach dem Start hatte die Aufstiegsstufe die erforderliche Höhe für ihre Ankoppelung. Auch dieses schwierige Manöver ging nach einigen Kurskorrekturen planmäßig vor sich. Am Mittwoch, dem 23. Juli 1969, um 17.50 Uhr mitteleuropäischer Zeit, ging der historische Flug des amerikanischen Raumschiffs zu Ende. 195 Stunden und 18 Minuten nach dem Start schlug es, an drei riesigen Fallschirmen hängend, mit dem Kopf voran im Pazifischen Ozean auf. Ein Froschmann überreichte den Mondfahrern Isolieranzüge, die sie überstreifen mußten, bevor sie an Bord des Hubschraubers gingen, der sie zu dem Bergungsschiff, dem Flugzeugträger „Hornet", brachte. Auch Präsident Nixon, der zu ihrer Begrüßung an Bord der „Hornet" gekommen war, durfte ihnen nur durch trennende Scheiben zuwinken. Dann verschwanden sie in einer fahrbaren Quarantänestation. Um die Möglichkeit einer Mondepidemie durch unbekannte Bakterien auszuschalten, mußten Armstrong, Aldrin und Collins noch bis zum 11. August in Houston in Quarantäne bleiben.

Inzwischen flog der Ruhm der Mondfahrer um die Welt. Der 38jährige Zivilist Neil Armstrong, Vater von zwei Söhnen, war als Flieger im Koreakrieg abgeschossen worden, seinen Gegnern aber entkommen. Als Testpilot erreichte er mit einem Raketenflugzeug eine Geschwindigkeit von über 6000 km/st. und eine Höhe von 64 000 m. Als Astronaut zum ersten Male im März 1966 eingesetzt, brachte er die wild schlingernde Gemini-Kapsel durch Handsteuerung wieder unter Kontrolle. Armstrong ist ein ausgezeichneter Segelflieger, sein größtes Steckenpferd außer Fliegen ist die Musik.

Der 39jährige Oberst Edwin (Buzz) Aldrin, Vater von drei Kindern, war Jagdflieger in Deutschland, bevor er Astronautik studierte und seinen Doktor machte. Mit einer Schauspielerin verheiratet, ist er überaus gesellig und gibt noch heute Unterricht in einer Sonntagsschule. Als Astronaut hatte sich Aldrin mit der Gemini-12-Kapsel 5 Stunden 37 Minuten außerhalb des Raumschiffes im Kosmos aufgehalten. — Der 38jährige Oberst Michael Collins ist ebenfalls Vater von drei Kindern und wissenschaftlich ausgebildeter Testpilot.

Die 2. Mondlandung

Viel weniger Publizität bekamen die nächsten Mondfahrer, die Marineoffiziere Charles Conrad, Alan Bean und Richard Gordon, die am Freitag, dem 14. November 1969, von Kap Kennedy aus eine 248stündige Planetenfahrt antraten. Obgleich sie mehr und bedeutsamere Experimente als ihre Vorgänger ausführten, teilten sie das Schicksal so vieler Nachfolger, deren Leistungen gegenüber denen der Pioniere zurücktreten, ja, die früher oder später vergessen werden. Dabei hatte ihr Flug schon höchst dramatisch begonnen. Kurz nach dem Start wurde „Apollo 12" von zwei Blitzen getroffen, und das elektrische Verteilersystem fiel eine Zeitlang aus. Ziel der zweiten amerikanischen Mondexpedition war das „Meer der Stürme", wo im April 1967 die 282 kg schwere Surveyor-Sonde gelandet war, die mehrere Tausend Bilder zur Erde gesendet hatte. Conrad und Bean montierten einige Teile der Sonde zur Untersuchung auf der Erde ab. Die Farbfernsehkamera allerdings, die sie aufstellten, funktionierte nicht mehr, als sie in das grelle Sonnenlicht gerichtet wurde. Auf dem Mond zurück ließen die Astronauten eine wissenschaftliche Station im Wert von 25 Millionen Dollar.

Das Riesenauge des Mount Palomar

Am 10. September 1956 war der Mars „nur" 56 Millionen Kilometer von der Erde entfernt — seine größte Entfernung beträgt 377 000 000 km. Nirgendwo löste die Erdnähe des roten Planeten eine so fieberhafte Tätigkeit aus wie auf dem Palomar-Berg, 106 km nordöstlich von San Diego in Kalifornien. Hier steht die Sternwarte mit dem größten Spiegelteleskop der Welt, einem Parabolspiegel von 5 m Durchmesser. Tausendemale fotografierte das Riesenauge auf dem Mount Palomar den vierten Planeten unseres Sonnensystems, der schon immer die Neugier des Menschen erregt hat.

Marskanäle und Marsmenschen

Der italienische Astronom Schiaparelli glaubte im Jahre 1877, er habe Kanäle auf dem Mars entdeckt, sie wurden von vielen als Werke menschenähnlicher Wesen gedeutet. Die Marsmenschen wurden ein beliebtes Thema der Pseudowissenschaft und der Witzblätter. Auch als die angeblichen Kanäle schon längst als optische Täuschungen erkannt waren und es feststand, daß der Mars höchstens Flechten und Algen aufweist, stürzten Marsmenschen einen ganzen Kontinent in Aufregung. Das war 1941, als der amerikanische Rundfunk das Hörspiel eines damals noch unbekannten Autors und Schauspielers namens Orson Welles ausstrahlte. In Form einer Reportage schilderte Welles die Landung von Marsschiffen in den Vereinigten Staaten und die Zerstörung amerikanischer Großstädte durch Riesenroboter und Hitzestrahler. Die Marsmenschen wurden als scheußliche eiskalte Bestien von der Größe eines Bären dargestellt, von denen die Erdbewohner wie Fliegen zerdrückt wurden. Zwei Millionen Amerikaner glaubten die haarsträubende Utopie. Besinnungslos vor Angst flüchteten Tausende aufs Land. Viele erlitten Nervenzusammenbrüche, einige starben vor Erregung. Als die Leute erfuhren, daß das Hörspiel nur der Einfall eines sensationslüsternen Autors war, drohten einige, ihn zu lynchen. Was für ein Licht warf es aber auch auf die geistige Verfassung eines Mannes und seiner Hörer, sich die Marsmenschen nur als grausame Scheusale vorzustellen! Warum sollten Wesen anderer Planeten, die das Problem der Raumfahrt gelöst hatten, die Vernichtung der Menschen betreiben wollen? Wenn es höherentwickelte Wesen gab, würden sie sich uns doch eher als Freunde und Lehrer nahen, folgerten ein paar vernünftige Köpfe.

Die Diskussionen über den Marsmenschen erhielten neuen Auftrieb, als der russische Astronom Schklowskji behauptete, die beiden Marsmonde Phobos und Deimos*) seien Hohlkörper und höchstwahrscheinlich die Raumstationen hochintelligenter Lebewesen. Seit ihrer Entdeckung geben Phobos und Deimos den Astronomen Rätsel auf. Sie umkreisen den Mars in 9370 km bzw. 23 460 km Entfernung; der Abstand ist also gering. Da die Monde 1862, als der Mars wegen seiner damaligen Erdnähe besonders intensiv beobachtet wurde, nicht entdeckt worden waren, nimmt Schklowskji an, daß sie erst später gebaut und in den Raum geschossen wurden. Auch die Lichtblitze auf dem Mars deuten angeblich auf die Existenz von Leben auf dem roten Planeten hin. Gegen die Annahme spricht aller-

---

*) 1877 von dem ehemaligen Zimmermann und späteren Astronomen A. Hall entdeckt.

dings der Mangel an Wasser: Alles Wasser auf dem Mars würde zusammen kaum die halbe Adria füllen.

Mit dem Spiegelteleskop vom Mount Palomar hat man die weißen Marswolken als Eiskristalle und die gelben Wolken als Staubfahnen bestimmt. Rauchfahnen am Marsäquator hält man für vulkanische Ausbrüche. Aber der große Parabolspiegel der Palomar-Sternwarte ist nicht für die Erforschung naher Himmelskörper geschaffen worden; dazu genügen schon Linsenöffnungen von 50—80 cm Durchmesser. Vielmehr haben die amerikanischen Astronomen gehofft, mit Hilfe dieses Riesenauges in die unerforschten Tiefen des Weltenraumes vorzudringen, in Entfernungen bis über 1 Milliarde Lichtjahre.

Die berühmteste Sternwarte der Welt

Über dem Plateau des Mount Palomar sind rund ein Dutzend Gebäude verstreut, darunter eine Kraftstation, ein Wasserwerk und „das Kloster" mit den Unterkünften für die Professoren und Techniker. Die Sternwarte mit dem 5-m-Teleskop ist ein 41 m hoher Bau, der einer modernen Kathedrale gleicht. Das hochempfindliche Spiegelglas ist durch ein luftdicht-schließendes Rolldach geschützt, damit die Sonne es nicht erwärmt; würde es sich auch nur um den Bruchteil eines Millimeters ausdehnen, so wichen die Messungen der Astronomen um Millionen Kilometer ab.

Erst nach Sonnenuntergang wird das Dach der Kuppel aufgeklappt. Sogleich beginnen Ventilatoren zu surren und wirbeln einen Luftstrom unter die Bodenfläche des 300 Zentner schweren Parabolspiegels, um ihn auf die Außentemperatur abzukühlen. Um die Ostdrehung der Erde auszugleichen, dreht ein Motor das Teleskop langsam westwärts; das in Öl schwimmende Instrument bewegt sich dabei völlig geräuschlos.

Als Vater des größten Spiegelteleskops der Welt gilt der 1938 verstorbene Astrophysiker George Hale, der führende Sonnenforscher seiner Zeit. Seit 1897 Direktor der Chikagoer Stern-

Der schwierigste Glasguß in der Menschheitsgeschichte
Nun mußte der Scheibenboden in ein Gitterwerk aufgelöst
werden. Dabei gab es eine Kette entmutigender Unglücksfälle.
So schmolzen die Drähte, die die Ziegelkerne für die gitterartigen
Aussparungen des Scheibenbodens festhielten, im flüssigen Glas
— die Ziegel schwammen plötzlich oben. Man baute deshalb ein
bienenkorbähnliches Haus, in dem man die 40 Zentner flüssige
Glasmasse von 1650° Hitze täglich um $1/17°$ abkühlen konnte.

Als Ende März 1934 die erste Gußpfanne mit flüssigem Glas
in die Form floß, brannten die Befestigungen der Stahlbolzen
durch, und wieder schwammen die Zementkerne des Scheibenbodens auf der Masse. Trotzdem ließ der Chefingenieur weiter-
gießen und die fehlerhafte Scheibe bei offener Ofentüre 30 Tage
lang abkühlen. Das Ergebnis: Blasen über Blasen!

Man mußte wieder von vorne beginnen. Diesmal verwendete
man zum Festhalten der Zementkerne hohle Stahlbolzen, die
innen mit Wasser gekühlt waren. Und jetzt glückte der phanta-
stische Guß! Aber im Sommer 1935 drohte der Hochwasser
führende Chemungfluß, an dem die Glasfabrik liegt, den Kühlofen zu überschwemmen. Die Flut riß die schützenden Sandsäcke
weg, bis zum Bauch im Schlamm nagelten Zimmerleute eine
Verschalung für eine sichernde Zementmauer. Mit riesigen Krä-
nen wurde der Transformator für die elektrische Beheizung des
Ofens auf ein schnell errichtetes Stahlgerüst gehoben. Alle Bemühungen schienen umsonst, als das Wasser die elektrischen
Leitungen überschwemmte und der Kühlofen 72 Stunden strom-
los war. Mußte die Unterbrechung den heißen Glasbrei nicht
unrettbar schädigen? Endlich, nach drei Monaten — im Dezember 1935 — wurden die Ofentüren aufgesperrt, die Scheibe her-
ausgezogen und die Zementkerne herausgeklopft. Die verantwortlichen Männer hielten den Atem an — der Guß war vollendet
gelungen, so weit Menschenwerk vollendet sein kann!

Abenteuerliche Reise des Glasriesen
Wie aber brachte man dieses höchst verletzliche Wunderwerk
über Tausende Kilometer nach Kalifornien? Die Scheibe wurde

in Watte gepackt und aufrecht in einen gefütterten Eisenbahnwagen gestellt, der eine besondere Federung hatte. Um jede Erschütterung zu vermeiden, wich die Lokomotive allen Kreuzungen und Übergängen aus, so daß sie riesige Umwege machte und erst nach einer Reise von 15 Tagen in Pasadena ankam. Hier wurde sie in den Optischen Werken noch einmal zurechtgeschliffen; dabei wurden mit 31 Tonnen feinsten Schleifmaterials noch $5^1/_4$ Tonnen Glas entfernt; das Gewicht der Scheibe beträgt nun nur noch 14,5 Tonnen. Die Scheibenmitte ist zwischen 10,16 cm und 12,70 cm dick, die Dicke an den Seiten beträgt 60,96 cm.

Die Kuppel für das Teleskop der Palomar-Sternwarte wurde 1938 fertiggestellt. Der Zweite Weltkrieg unterbrach die Arbeiten an dem Parabolspiegel, der erst am 18. November 1947 von Pasadena in einem Speziallastwagen auf den 1655 m hohen Berg geschafft wurde. Die ersten Aufnahmen der Himmelstiefen wurden im Januar 1949 gemacht. Hale, nach dem das Teleskop genannt wurde, erlebte den Triumph nicht mehr. Mit einer Lichtempfindlichkeit, die 360 000 mal größer als die des menschlichen Auges ist, dringt der Parabolspiegel über 2 Milliarden Lichtjahre in das Weltall ein. Mit Hilfe der berühmten Sternkamera des Deutschen Bernhard Schmidt wurden 1957 drei Viertel des gesamten Himmels aufgenommen. 1700 Fotos wurden dann zu einem 8bändigen Himmelsatlas zusammengestellt.

Wenn man die Sternwarte auf dem Mount Palomar betritt, findet man sich zunächst völlig im Dunkeln. Mit einem Fahrstuhl steigt man 20 m hoch in den Kuppelbau. Durch die Öffnung des Daches scheinen die Sterne herein, bläulich-milchiges Licht erfüllt den Beobachtungsraum. Der Beobachter sitzt in einem engen zylindrischen Käfig in der Höhe des Kuppeldaches auf einer freien Plattform. Mit den Augen am Okular, steuert er den Glasriesen so, daß er das Himmelsobjekt immer im Fadenkreuz behält. Über eine Rufanlage zählt der Instrumentenwart die Beleuchtungszeiten der Fotoplatten ab: „Noch 1 Minute, noch 40 Sekunden, 30, 20, 15, 10 . . . 5, 4, 3, 2, 1 — zu!" Der Beobachter schließt die Kassette, zieht sie heraus und schiebt eine andere ein, die ebenfalls eine Stunde oder länger belichtet wird.

Der 300 Zentner schwere gläserne Refraktor, der die Strahlen der Sterne sammelt und nach oben in die Kamera spiegelt, hat 17 Quadratmeter Spiegelfläche. Das unvorstellbar-schwache Licht mancher dieser fotografierten Sterne war schon aufgeflammt, bevor unsere Erde geboren wurde. Jetzt zeichnet es sein Bild in die lichtempfindliche Schicht der Platten. Aber mit dem Riesenauge von Palomar wird auch das Aufflammen neuer Sterne beobachtet. So bildeten sich im Andromeda-Nebel im Laufe eines Jahres fünfzehn neue Sterne, und auch im Spiralnebel des Großen Bären ist ständig Feuerwerk. Da dieses Licht, das uns Kunde von solchen Geburten bringt, oft viele Millionen Jahre alt ist, wissen wir nicht, ob diese Sterne, die noch unseren Ururenkeln in einer fernen, fernen Zukunft leuchten werden, in Wirklichkeit schon wieder zerstört und zerstoben sind.

Ein Hexenmeister der Optik

Die Kamera, mit der das Weltall aufgenommen wird, ist selbst wieder ein Wunderwerk der Technik, und ihr Hersteller wird nicht umsonst „der Hexenmeister der Optik" genannt. Die Linsen und Spiegel, die er in Mittweida in Deutschland hergestellt hatte, waren von so hervorragender Qualität, daß er einen Ruf an die Bergedorfer Sternwarte erhielt und von da nach Amerika verpflichtet wurde.

Bernhard Schmidt gelang es als erstem, eine Spiegelkamera zu konstruieren, mit der so große Abschnitte des Firmaments „eingefangen" wurden, daß beispielsweise das ganze Sternbild des Großen Bären fotografiert werden konnte. Bis dahin hätte man Millionen Aufnahmen machen müssen, um Aufschlüsse über die fernen Welten im Kosmos zu erhalten; die Arbeit hätte sich über Tausende Jahre erstreckt. Welche Bedeutung die Schmidtsche Himmelskamera hat, mag ein Beispiel erhellen: Zwischen den Sternen der Milchstraße treiben Wolken von Weltraumstaub, die den Blick in die dahinterliegenden Welten zudecken. Dieser kosmische Treibsand läßt zum Glück Lücken oder Tore offen, durch die ein optisches Auge tiefer ins All vordringen kann. Solche kleinen Fenster verraten uns die Aufnahmen mit Schmidts genial konstruierter Kamera, und durch sie erspähen die Astronomen Sonnen- und Milchstraßensysteme in den tiefsten Tiefen des Alls.

So konnte in den fünfziger Jahren ein Spiralnebel fotografiert werden, der 360 Millionen Lichtjahre von uns entfernt ist. Später wurden Schimmer aus einer Entfernung von 1 Milliarde Lichtjahren aufgefangen. Dabei mußten die Platten dem Licht dieses hauchzarten Gespinstes volle 6 Stunden ausgesetzt werden. Die erregendsten Entdeckungen in den fernsten Fernen des Universums sind ungeheure Zusammenballungen, deren Licht stärker als die der Sonnen unserer Milchstraße sind — und davon gibt es an hundert Milliarden! Zehn Milliarden Lichtjahre von der Erde entfernt ist das fernste Gebilde, das bisher entdeckt worden ist. Da das Licht in der Sekunde 300 000 Kilometer, in einem Jahr also rd 9^1/$_2$ Billionen Kilometer zurücklegt, müssen wir die letztere Zahl noch mit 10 000 000 000 muliplizieren, um diese Entfernung in Zahlen zu fassen; sie bleibt trotzdem unvorstellbar.

Die Geburt der Sterne

Welches Bild können wir uns vom Weltall überhaupt machen? Von allen Theorien darüber kommt die der englischen Astronomen Hoyle und Littleton der Wirklichkeit wohl am nächsten; den Wahrheitsbeweis für diese Theorie zu führen, ist die größte Aufgabe der Astronomie und der Männer am Spiegelteleskop der Palomar-Sternwarte. Schon in den dreißiger Jahren hatte man nachgewiesen, daß die Sterne zum größten Teil aus Wasserstoff bestehen. Als Energiequelle der Milliarden Sonnen war eine Kernreaktion erkannt worden, durch die sich der Wasserstoff der Sterne in Helium verwandelt. Es fehlte jedoch an einer alles verknüpfenden Theorie. Diese Theorie haben Hoyle und Littleton gegeben. Ihren Forschungsergebnissen nach besteht der größte Teil der im Universum vorhandenen Materie nicht aus den Sternen, sondern aus einem dünnen Stoff zwischen den Weltkörpern. Die modernen Teleskope erkennen klumpenförmige dunkle Schwaden bis zur Größe von hundert Lichtjahren. Das bedeutet, daß unser ganzes Sonnensystem mit allen Planeten in einer der großen Wolken von interstellarer Materie Platz haben würde. Diese Wolken sind von dünnerem Stoff als jedes Vakuum, das ein irdisches Laboratorium erzeugen kann. Ihr Gesamtgewicht ist jedoch schwerer als das der größten Sterne. Nach Hoyle-Littleton sind alle Sterne nur Verdichtung dieses interstellaren Stoffes. Alles, was mit einem Stern in seiner Milliarden Jahre währenden Geschichte geschieht, hängt davon ab, wieviel Gas und Staub er im Zeitalter seiner Geburt zusammenraffen konnte. Wenn es wenig war, wird ein gewöhnlicher Stern wie etwa unsere Sonne entstehen; war es zuviel, dann wird er explodieren.

Der dünne Wasserstoff, der die Hoyle-Littleton-Welt gleichmäßig erfüllt, bildet durch das Geheimnis der Anziehungskraft diese Gaswolken als eine erste Form der Verkörperlichung. In ihrem Milliarden Jahre währenden Schweben gewinnen die Wolken eine Größe, die dem Gewicht von Millionen Sternen gleichkommt. Eine solche Milchstraße im Urzustand dreht sich um sich selbst und bildet schließlich eine diskusförmige Scheibe, wie sie auch unsere Milchstraße darstellt. Dieser Diskus in unserer Milchstraße hat einen Durchmesser von hunderttausend Lichtmeilen und eine stärkste Dichte von zehntausend Lichtjahren. Unsere Sonne schwebt mit uns, der Erde, ungefähr am Rande dieses großen Tellers, und Millionen Sterne kreisen um uns. Wir brauchen aber nicht zu befürchten, mit einem von ihnen zusammenzustoßen; denn die Dichte der Sterne, die in unserer Welt verteilt sind, ist etwa so groß, als ob drei Weizenkörner im Atlantischen Ozean schwämmen — sie würden einander auch niemals begegnen.

Kettenreaktion in Millionen Milchstraßen

In der von Hoyle und Littleton geschilderten Welt rotieren Millionen Milchstraßen. Durch ihre Rotation ballt sich ihre Gasmasse zusammen, sie werden heißer und heißer. Hat sich eine Milchstraße derart bis auf den millionsten Teil ihres ursprünglichen Durchmessers zusammengeballt, dann ist ihre Mitte heiß genug geworden, um die Kettenreaktion, also die Umwandlung von Wasserstoff in Helium, in Gang zu bringen. Wenn die Summe der in dieser Atombatterie frei werdenden Energien der Summe der von seiner Oberfläche durch Strahlung verlorengegangenen Energien die Waage hält, kann ein solcher Stern Milliarden Jahre seinen Wasserstoff langsam zu Helium verbrennen. Dabei verliert ein so bescheidener Stern wie unsere Sonne in der Sekunde 4 200 000 Tonnen Materie in Form von Strahlungsenergie.

Zumeist kommt es allerdings anders. Sterne und Gase der Milchstraßen strudeln wie in Wildwasserwirbeln durch den Raum. Die Sterne ziehen Gasschweife hinter sich her, die nach einem Verlust ihrer Eigengeschwindigkeit in ihre Sterne hineinstürzen. Wird ein solcher Stern zu groß, dann zwingt ihn seine Masse, seinen Wasserstoff übernormal schnell, d. h. „schon" in 500 Millionen Jahren, zu verbrennen. Littleton nannte diese Himmelskörper „Verschwendersterne". Wenn aller Wasserstoff am Ende in Helium umgewandelt wurde und keine Energie mehr frei wird, beginnt der Stern sich noch enger zusammenzuziehen. Und seine Masse rotiert um so schneller, je mehr sie sich zusammenzieht. Bei diesem rasenden Kreiseln können Sternteile in den Raum geschleudert werden. Ein solcher Vorgang wird als das Aufflammen einer Nova bezeichnet.

1 ccm = 60 000 000 Tonnen

Wenn keine Verschleuderung der Masse eintrat, wird die Rotation durch Millionen Jahre immer schneller und der Stern immer kleiner; dann kann ein Kubikzentimeter seiner Materie bis zu 60 Millionen Tonnen wiegen. Gegen eine solche Stoffdichte nimmt sich das solide Gefüge unserer Erde wie ein luftiger Flaum aus. Die rotierende Oberfläche eines solchen Sternes entsendet einen Wirbelsturm von Röntgenstrahlen in den Weltenraum.

Sobald die Innentemperatur dieses Sternes dreihundertmal so heiß wie das Innere unserer Sonne geworden ist, erfolgt die zweite Kettenreaktion, die das Helium in Eisen und Uran umwandelt. Bei diesem plötzlichen Energieverbrauch sinkt die Sterntemperatur schnell ab. In wenigen Minuten wird dabei in dem in sich zusammenbrechenden Stern eine solche Menge von Gravitationsenergie frei, daß der größte Teil seiner Masse in einer ungeheuren Explosion weggesprengt wird. Flammt irgendwo ein solcher explodierender Riese auf, können die Palomar-Astronomen eine sogenannte Supernova fotografieren.

Die meisten Planeten, auch die Erde, bestehen zum Großteil aus den schweren Elementen Eisen, Uranium und Kalzium, während die Sonnen aus den leichten Elementen Wasserstoff und Helium zusammengesetzt sind. Die Hoyle-Littleton-Theorie nimmt an, daß die Planeten mitsamt der Erde irgendwann aus solchen explodierenden Supernovae entstanden sind. Das Ende unserer Erde wird nach dieser Theorie folgendermaßen aussehen: Unsere Sonne wird ihren aus einer derartigen Supernova übernommenen Adoptivkindern etwa 10 Milliarden Jahre eine gute Mutter sein. Dann wird sie jedoch heißer und heißer werden und damit alles Leben auf ihren Planeten verbrennen. Nach 50 Milliarden Jahren wird sie ungeheuerlich anschwellen und die Erde in ihrem Feuer völlig auflösen. Zuletzt wird die Sonne langsam erlöschen und in Dunkelheit weiter durch den Raum wandern.

Explosion von 10 Millionen Sternen

Hoyle und Littleton nehmen an, daß seit der Geburt unserer Milchstraße vor etwa 4 Milliarden Jahren etwa 10 Millionen Verschwendersterne explodiert sind, und daß dabei jeder einen Wurf Planeten in die Welt setzte, die denen unseres Sonnensystems sehr ähnlich sind. Das bedeutet, daß viele Hunderttausende Sterne im Weltall physikalische Verhältnisse haben, welche die Entwicklung von Leben ermöglichen. Man nimmt sogar an, daß dieses Leben überall ähnliche Formen hat. Die amerikanischen Astronomen haben 10—20 Milliarden Milchstraßen im All errechnet, in denen dann mindestens 200 000 Billionen Planeten mit der Möglichkeit von Leben bestehen. Demnach wären wir Menschen im Kosmos etwa so verbreitet wie ein Zehnpfennigstück in der staatlichen Münze.

Die Signale von Radiosternen

Im Jahre 1932 fing ein Funkamateur mit seinem Kurzwellenempfänger außerirdische Geräusche auf; Wissenschaftler wiesen den Ursprung dieser Signale in der Milchstraße nach, woraus Laien folgerten, daß die Erde Radiosignale aus dem Weltall empfange. Aber nicht von hochintelligenten Lebewesen im Kosmos, sondern von den Sternen selbst gehen diese Zeichen aus. Das sichtbare Licht ist ja nur ein Bruchteil des Spektrums der elektromagnetischen Wellen. Es umfaßt knapp eine Oktave der riesigen Skala aller elektromagnetischen Wellen, die insgesamt etwa 60 Oktaven ausmachen. Wir können weder die kurzwelligen Gammastrahlen der radioaktiven Elemente von einem millionstel Zentimeter Länge noch die bis zu Tausenden von Metern langen Radiowellen mit unseren Sinnen wahrnehmen. Was wir sehen, entspricht Wellenlängen von etwa 780—360 Millimikron, also von etwa $1/2000$ Millimetern.

Die sogenannten Radiosterne senden nur einen bestimmten Teil des Wellenspektrums aus, je nachdem aus welchen Stoffen sie bestehen und welche Stoffe auf ihnen vorherrschen. Die Botschaften von den Sternen verraten uns, wie diese aufgebaut sind und welche Temperaturen auf ihnen herrschen. Lichtsignale und Radiowellen geben uns also den Steckbrief der fernen Weltkörper. In den fünfziger Jahren entdeckten die Radioastronomen eine starke Strahlenquelle im Sternbild Kassiopeia. Als die angegebene Stelle auf dem Mount Palomar fotografiert wurde, entpuppte sie sich als ein Sternnebel von 150 Millionen Kilometer Durchmesser. Schon Tycho de Brahe* hatte im Jahre 1572 das Aufschießen der glänzendsten Supernova beobachtet, die bis in unsere Zeit jemals festgestellt worden war. Dieser aufbrennende Stern hat an einem Tag, wie wir heute wissen, so viel Energie ausgestrahlt wie die Sonne in vierzigtausend Jahren. Im Bereich des Spiralnebels „NGC—5668" hat sich aber vor 20 Millionen Jahren ein noch gewaltigeres Himmelsgeschehen abgespielt. Diese kosmische Katastrophe ohnegleichen setzte Energien frei, welche die ausbrechenden Energien bei der Explosion einer Wasserstoffbombe um das 10mal Zehnbillionenfache übertreffen. Das alle Helligkeit überstrahlende Licht dieser gigantischen Sternfackel brauchte 20 Millionen Jahre, um die Astrono-

---

*) Dänischer Astromon 1546—1601.

So feiert Amerika seine Astronauten nach der Rückkehr von ihren Weltraumflügen: In glanzvollen Konfettiparaden verwandelt sich New York in ein Zentrum hemmungsloser Begeisterung. *dpa Bild*

SURVEYOR AUF DEM MOND

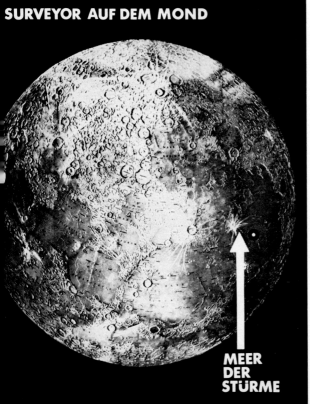

MEER DER STÜRME

Am 2. Februar 1966 gelang der amerikanischen Mondsonde „Surveyor" im „Meer der Stürme" die weiche Landung auf dem Mond.
dpa Bild

Die größte Sternwarte der Welt auf dem Mount Palomar in Kalifornien (USA).
dpa Bild

In Australien, im Staat Neusüdwales, steht das zweitgrößte Radioteleskop der Welt: Parkes Radio Telescope.

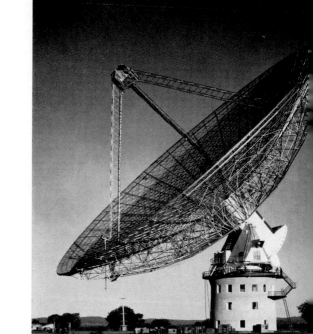

men auf dem Mount Palomar zu erreichen und die Menschheit über die Explosion eines Riesensternes in den fernsten Fernen des Weltraumes zu unterrichten.

Urerinnerung oder Prophetie?

Waren die Menschen nicht einst leidende Zeugen eines ähnlichen, wenn auch damit verglichen nur winzigen Geschehens gewesen? Griechen, Germanen und andere Völkerstämme kannten die Sage vom Weltenbrand, dem Untergang der Erde durch die Verbrennung aller Stoffe. Danach begann eine neue Gestaltung der Dinge. Das war gewiß nicht nur Prophetie, sondern Urerinnerung. „Da birst der Himmel, herangeritten kommen von Süden die Söhne Muspels, die Riesen der Flammenwelt, vor und hinter ihnen glühendes Feuer . . . Und Surt schleudert das Feuer über die Erde, und die ganze Welt verbrennt . . .", heißt es in der Götterdämmerung. Und die „Offenbarung Johannes" sagt aus: „Und der vierte Engel goß aus seiner Schale in die Sonne . . . und den Menschen ward heiß von großer Hitze . . . und die Städte der Heiden fielen . . . und alle Inseln entflohen, und keine Berge wurden gefunden . . ."

Aber wo Tod ist, ist auch Geburt. Nach Littleton findet im Weltall gleichzeitig mit der Verbrennung eine ständige Neuschöpfung von Wasserstoff statt. Die Masse, die durch Verbrennung erlischt oder an den Weltrauminseln davonrast, entspricht genau den Massen der Wasserstoffneuschöpfung. Das ist es, was wir Ewigkeit nennen.

Die Radioteleskope von Jodrell Bank

In der Grafschaft Manchester, 300 km nordwestlich von London, steht Mark I, das größte Radioteleskop der Welt. Mitte der fünfziger Jahre gebaut und in Jodrell Bank bei Manchester aufgestellt, hat es eine Muschel von 80 m Durchmesser und wiegt über 2000 Tonnen. Obgleich sein Bewegungsmechanismus aus schrottreifen Schlachtschiffen entstanden ist, kostete es über 4 Millionen DM. Schon nach wenigen Jahren genügte es den Anforderungen der Wissenschaftler, an ihrer Spitze Professor Bernard Lovell, nicht mehr. Bei Parkes, in Neusüdwales, hatten die Australier inmitten von Weizenfeldern und Schafweiden ein Radioteleskop mit einer 70-m-Schale errichtet; im kürzeren Wellenbereich, unter 21 cm, arbeitete es nicht nur genauer als Mark I, sondern empfing auch die Elektronenstrahlung von bisher unbekannten Sternhaufen.

England zögerte nicht, seiner kostbaren Reflektorschale sofort eine zweite, Mark II, an die Seite zu stellen. Diese elliptischgeformte Muschel von 40 m Längsdurchmesser nimmt noch Radiowellen von Milchstraßen auf, die 4,5 (nach anderer Schätzung gar 8,7) Milliarden Lichtjahre von uns entfernt sind.*) Das bedeutet, daß diese Radiowellen in einer unvorstellbaren Vergangenheit ausgesendet wurden, als es die Erde noch nicht gab. Und wahrscheinlich existieren diese fernen Sternenhaufen heute gar nicht mehr, bzw. in ganz anderer Form.

Die Radioastronomie ist eine der jüngsten Zweige der Wissenschaft. Mit Antennen von scharfer Bündelung wird die Radiostrahlung der Himmelsobjekte aufgefangen und aufgezeichnet. Die überempfindlichen Empfänger hören das leiseste Wispern aus den entferntesten Teilen des Weltalls, verstärken es und geben es wieder. Für unsere Ohren ist es ein scheußliches Krächzen — Elektronengeschnatter nennen es die Astronomen von Jodrell Bank. Aber dieses Glucksen und Quaken, das Girren und Babbeln gibt ihnen Aufschluß über den Bau des Kosmos und stürzt sie in das größte Abenteuer des menschlichen Geistes.

Die Radiowellen vom Rand des Universums erscheinen auf einem Aufnahmegerät als rote Linie. Von einem Elektronengerät werden sie gespeichert und an den größten Elektronen-

---

*) Die Lichtgeschwindigkeit beträgt rd. 300 000 km/sec. Das Licht legt daher in einem Jahr fast 9,5 Billionen km zurück. Diese Zahl mit 4,5 Milliarden multipliziert, ergibt die Entfernung dieser nur noch von den besten Radioteleskopen hörbaren Sternbilder

rechner der Welt in der Viktoria-Universität von Manchester weitergegeben. Der Elektronenrechner „Atlas" wertet die Botschaften aus dem All für die Radioastronomen aus.

Von den meisten selbstleuchtenden Himmelskörpern geht eine Radiostrahlung aus. Besonders starke Strahlungen liefern die Sonnenkorona, aber auch die Eruptionen auf der Sonne und die Sonnenflecken. Der zwischen den Sternen vorhandene Wasserstoff sendet 21-cm-Wellen aus. Als die Radiowellen aus dem Weltraum entdeckt wurden, glaubten die Astronomen, sie hätten ihren Ursprung in der Milchstraße. Aber Radiowellen kamen dort nur von den Supernovae*) und dem ionisierten Wasserstoff, nicht von den Sternen selbst. Später entdeckte man, daß sie von etwa 50 Spiralnebeln stammen. Die stärksten Radiostrahler spürte man im Nebel des Sternbildes Schwan auf, 700 Millionen Lichtjahre von uns entfernt. Da man die Quellen des Energieausstoßes nicht kannte, nannte man die Radiowellen „quasi stellare Radiostrahler" oder abgekürzt Quasars.

Eine Zeitlang nahmen die Astronomen an, daß die Radiostrahlung von aufeinanderstoßenden Milchstraßen herrühre. Dann erklärte der russische Astrophysiker Ambartsumian, daß es sich um den Kern eines in Teilung begriffenen Milchstraßensystems handeln müsse. Der italienische Astronom Mannino folgerte indessen, es müßten auf (verhältnismäßig) kleinstem Raum zusammengedrängte Sternhaufen sein. Dank ihrer ungeheuren Dichte käme es dauernd zu Sternexplosionen — 4100 im Jahr.

Die freiwerdende Energie ist wirklich weit größer, als sie beim Zusammenstoß zweier Milchstraßen entstehen könnte. Sie ist so gewaltig, daß die Wissenschaft keinen ähnlichen Prozeß im All kennt. Es wird aber spekuliert, daß sie am Rande des uns bekannten Universums durch einen Zusammenstoß von Materie und Antimaterie entsteht. Wo Materie und Antimaterie zusammentreffen, lösen sie sich in Licht, Strahlung und Wärme auf.

---

*) „Neue Sterne", deren Helligkeit durch einen atomaren Prozeß plötzlich bis auf das 100millionenfache ansteigt.

Wenn wir annehmen, daß es Antimaterie gibt, müssen wir auch das Bestehen einer Antiwelt annehmen; sie würde aus Atomen, Molekülen und Organismen aufgebaut sein, deren elektrische Ladungen zu den Ladungen der Bausteine unserer Welt spiegelbild-gleich verkehrt sind. Tatsächlich ist es amerikanischen Physikern unter höchstem Energieverbrauch gelungen, einen Atomkern aus Antimaterie herzustellen: den Kern des schweren Wasserstoffs Deuterium „von umgekehrter Struktur". Die Lebensdauer dieses Antiatoms betrug allerdings nur einen winzigen Sekundenbruchteil. Einstein*) soll 1950 eine Erkenntnis aus dem Grenzgebiet von Mathematik und Physik verschwiegen haben, weil er die Folgen fürchtete, die aus ihr entstehen würden, wenn die Politiker sie ausnutzten ... er meinte die Auslöschung der Erde, ja, des Sonnensystems. Einstein hat offenbar hier wie Leonardo da Vinci gehandelt, der die Pläne zu einem Unterseeboot vernichtete, weil er wußte, es würde sofort für Kriegszwecke verwendet werden.

Nach der Theorie von Dr. Allan Sandage von der Mount-Palomar-Sternwarte dehnen sich die Sternensysteme 41 Milliarden Jahre aus und ziehen sich sodann im gleichen Zeitraum wieder zusammen, bis sie aufeinanderstoßen und in einem gewaltigen kosmischen Feuer vergehen. Daraus entstünde ein neuer Kosmos, wiederum mit 82 Milliarden Jahren Lebensdauer. Diese Theorie entspricht verblüffend der altindischen Lehre vom Ursprung, Vergehen und von der Wiedergeburt des Weltalls, nur sprechen die indischen Mythen von einem gewaltigen Aus- und Einatmen des Weltenschöpfers.

Möglicherweise gibt es auch Funksignale aus dem All, wie sie nur Lebewesen, die schon eine hochentwickelte Stufe der Zivilisation erreicht haben, aussenden können. 1960 haben amerikanische Wissenschaftler Radiosignale aufgefangen, deren Herkunft zunächst unbestimmbar blieb. Nachdem die Russen ähnliche Signale abhörten, erklärte der Astronom Nikolai Kardaschew: „Eine

*) Albert Einstein (1879—1955), deutscher Physiker, revolutionierte mit seiner Relativitätstheorie das wissenschaftliche Weltbild. Von Hitler ausgebürgert, lebte er seit 1933 in Amerika.

56

Superzivilisation hat sich gemeldet!" Ein anderer Astronom, Scholomitzki, stellte dazu fest, daß die Signale in regelmäßigen Abständen, und zwar alle hundert Tage, auftreten und ihre Frequenz bis zu 25% wechsle. Professor Schklowskji, der Leiter der radioastronomischen Abteilung des Sternberg-Institutes, sagte dazu, daß die Tatsachen hochinteressant seien; es wäre aber verfrüht, schon jetzt von einem künstlichen Ursprung der aufgefangenen Signale zu sprechen. Da sich im Universum Hunderte Millionen Planeten befinden, scheint es ausgeschlossen, daß intelligente Lebewesen nur auf der Erde leben. In den unendlichen Räumen des Alls mögen sich viele Kulturen entwickelt haben, vielleicht sogar auf Planeten, die aus Antimaterie bestehen.

Die schwenkbaren Radioteleskope von Jodrell Bank folgen den Bahnen der Sterne, auf die sie gerichtet werden. So wertvolle Erkenntnisse aus der Tiefe des Universums sie uns schon vermittelt haben, wissen wir doch, daß hinter dem Rand des Weltalls noch weitere Welten existieren. Um sie aufzuspüren, müßten wir Radioteleskope mit noch größeren Empfangsschalen haben, und sie müßten noch präziser konstruiert sein. Mit einem 200-m-Radioteleskop wollten die Amerikaner tiefer in den Kosmos eindringen. Nachdem sie für ihr Vorhaben schon 25 Millionen Dollar aufgewendet hatten, mußte der Bau der Supermuschel abgebrochen werden. Sie konnte in dieser Größe nicht mit der minuziösen Genauigkeit hergestellt werden. Es mag aber nur eine Frage der Zeit sein, wann sich auch dieser technische Traum verwirklicht.

Das entfesselte und gebändigte Atom

(Von der Atombombe zum Atomkraftwerk)

Nur wenige Menschen wußten, daß am 10. Dezember 1967 im Leandro-Cañon im Nordwesten von Neumexiko (USA) eine

Wasserstoffbombe explodierte. Wäre sie über einer ungeschützten Großstadt detoniert, hätte sie mehr Opfer gefordert als die Atombomben, die über Hiroshima und Nagasaki zerplatzten. Die neue H-Bombe wurde jedoch in einem menschenleeren Wüstengebiet und 1293 m unter der Erde gezündet. Es war, wenn man so sagen will, eine friedliche Atombombe, eine Explosion zu volkswirtschaftlichem Nutzen — genaugesagt, zur Gewinnung von Erdgas. Das Gas war in einem dichtporigen Sandsteinlager eingeschlossen, aus dem man es mit dem üblichen Sprengstoff nur zu einem geringen Teil und unter enormen Kosten hätte fördern können.

Durch die unterirdische Explosion, bei der es zu einer Hitzestrahlung von 50 Millionen Grad kam, wurde ein mächtiger Gesteinsklotz verdampft. Andere Gesteinsschichten wurden verflüssigt, dickten ein und erstarrten. Dadurch bildete sich eine glasartige Kuppel, die nach wenigen Sekunden wieder einstürzte. In das ausgepanzerte Explosionsloch strömte das freigesetzte Erdgas. Sein Volumen wird auf mehrere Milliarden Kubikmeter geschätzt. Für die Vereinigten Staaten ist es von großer Bedeutung, solche Vorkommen auszubeuten, denn Erdgas deckt rd. ein Viertel ihrer Energieproduktion. Amerikas Erdgasreserven werden mit 150 Billionen cbm beziffert; davon wurden in einem der letzten Jahre etwa 500 Milliarden gefördert. Das im Leandro Cañon zugängliche Erdgas muß zuerst durch Filter gereinigt werden, weil es durch die H-Bombenexplosion radioaktiv verseucht worden ist. Das bereitet heute kaum noch Schwierigkeiten. Auch die Erdgasvorkommen von Utah, Wyoming und Colorado — man schätzt sie auf rd. 1 Billion cbm — sollen durch die Zündung von Wasserstoffbomben unter der Erde erschlossen werden.

Die Projekte reichen aber weiter. Mit Hilfe der H-Bomben will man Petroleum aus den erdölhaltigen Gebirgen Amerikas gewinnen, Kupfer und Kohle abbauen und wasserundurchlässige Bodenschichten sprengen, um den Spiegel des Grundwassers zu heben und so Wüsten in Ackerland zu verwandeln. Pläne, den Atlantik mit dem Pazifischen Ozean durch einen neuen Kanal zu verbinden, beruhen ebenfalls auf der Ausnutzung der Atomkraft;

man würde dabei über zwei Drittel der sonst entstehenden Kosten sparen. Allerdings muß erst dafür gesorgt werden, daß keine Radioaktivität in die Atmosphäre dringt.

*

Die Entfesselung und Zähmung der Atomkraft ist das erregendste Kapitel der Menschheitsgeschichte. Schon im 5. Jahrhundert v. Chr. behauptete der griechische Philosoph Leukippos von Milet, daß die Materie aus kleinen, nicht weiter teilbaren und unveränderlichen Partikelchen, den Atomen, bestehe. Sein Wissen ging in den Wirren der Kriege und Völkerwanderungen verloren oder wurde durch Aberglauben verdrängt. Erst im 19. Jahrhundert führte der englische Privatgelehrte John Dalton die Atomtheorie endgültig in die Chemie ein. Es dauerte dann noch fast 100 Jahre, bevor man erkannte, daß nicht die Atome, sondern ihre Bausteine: die Protonen, Neutronen und Elektronen, unteilbar sind; aber auch sie können sich umwandeln — aus einem Neutron kann ein Proton oder Elektron werden. Schließlich entdeckte man in den dreißiger Jahren die Positronen, die beim Zusammentreffen mit den Neutronen zerstrahlen, und die Mesonen, die, kaum entstanden, in unvorstellbar kurzer Zeit in Elektronen und Lichtquanten zerfallen.

Atome sind so winzig, daß kein menschliches Auge sie wahrnehmen kann. Eine Aneinanderreihung von 100 Millionen Atomen ergäbe erst einen Zentimeter Länge. Der positiv geladene Atomkern macht rd. 99,9% der Gesamtmasse des Atoms aus. Am leichtesten ist das Wasserstoffatom (H-Atom), dessen Masse daher als Grundlage des Systems der Atomgewichte gewählt wurde. Vor wenigen Jahren ist es zum ersten Mal gelungen, mit Hilfe des Feldelektronenmikroskops und des Protonenfeldmikroskops Atome sichtbar zu machen. Dazu ist es nötig, eine außerordentlich hohe Spannung zwischen eine winzige Metallspitze des Mikroskops und eine Elektrode zu legen, eine Spannung von etwa 4 Millionen Volt auf den Zentimeter. Dadurch werden aus den Atomen der Metallspitze freie Elektronen herausgerissen;

sie sausen durch die Elektrode auf einen Leuchtschirm, wo sie Lichtflecken in einer Vergrößerung von 1:10 Millionen produzieren.

*

Die Nutzung der Kernenergie verdanken wir den Forschungen vieler genialer Männer, die ihre Gedankengebäude wie eine Pyramide aufrichteten. Jeder Forscher baute auf der Grundlage, die ein anderer geschaffen hatte, weiter. Hier können wir aus der stattlichen Reihe der großen Physiker und Chemiker, die diese Pyramide errichtet haben, nur die herausragendsten nennen. Unabhängig voneinander stellten Lothar Meyer (Karlsruhe) und Dimitrij Mendelejew (Petersburg) 1869 ein periodisches System der Elemente auf. Mendelejew sagte auf Grund dieses Systems Existenz und Eigenschaften von Elementen voraus, die erst später entdeckt wurden. (Gallium, Skandium, Germanium u. a.) 1895 entdeckte Conrad Röntgen (Würzburg) eine neue Art Strahlen, die manche Stoffe fast ungehindert durchdringen und eine fotografische Platte wie Licht schwärzen. Ein Jahr später wies Henri Becquerel (Paris) nach, daß das Metall Uran Strahlen aussendet; damit war die Radioaktivität entdeckt und das Gesetz von der Unveränderlichkeit der Elemente aufgehoben. Das Ehepaar Curie (Frankreich) isolierte 1898 das Radium; später erkannten Marie und Pierre Curie, daß das Atom aus noch kleineren Teilchen aufgebaut sein müsse.

Waren schon diese Entdeckungen dazu angetan, die Physik, die damals viele als „abgeschlossene Wissenschaft" ansahen, zu revolutionieren, so sollten die Erkenntnisse von Rutherford, Planck und Einstein ein völlig neues Weltbild prägen. Diese drei Geistesriesen, der Engländer, der Deutsche und unser einstiger Mitbürger*), haben mit beispiellosen Ideen die Welt verwandelt und unser Bild von ihr vertieft. Max Plancks Quantentheorie, der zufolge auch die Energie aus kleinsten Teilchen be-

---

*) Albert Einstein, geb. 1879 in Ulm, wurde 1933 von dem nationalsozialistischen Regime ausgebürgert und lebte bis zu seinem Tode 1955 in Princeton (USA).

steht und jedem Energiequant eine Welle entspricht, wurde von Einsteins Folgerung gekrönt, daß Materie und Energie ein und dasselbe sind. Einsteins Weiterführung der Planckschen Gedanken wurde eine der wesentlichen Grundlagen der Atomphysik. Ernest Rutherford, neuseeländisches Wunderkind, hatte schon 1898 nachgewiesen, daß Uran zwei Arten von Strahlen aussendet. 1903 stellte er gemeinsam mit Frederic Soddy den gesetzmäßigen Ablauf beim Zerfall radioaktiver Elemente auf und veröffentlichte 1911 das erste brauchbare Atommodell. 1919 gelang ihm der Nachweis einer Kernreaktion beim Stickstoff. Als Einstein entdeckt hatte, daß Masse sich in Energie verwandeln kann und Soddy nachwies, daß Elemente in verschiedenen Formen (Isotope) vorkommen, war der Weg für die weltverändernde Atomspaltung frei.

Die fundamentale Entdeckung kam nicht von ungefähr zu einer Zeit, da auch die europäische Völkerfamilie in Trümmer ging. Es war, als sollte die Aufsprengung Europas von der Aufsprengung des mikrokosmischen Universums begleitet werden — nein, als entspräche die Zertrümmerung der physikalischen jener der politischen Welt. Wer auf den Grund der Ereignisse zu sehen vermag, wird wissen, daß die Gleichzeitigkeit der beiden Phänomene nicht zufällig war, wirkt doch eine Idee, wo immer sie zuerst zutage tritt, auf allen Gebieten des menschlichen Lebens. Das historische Datum, an dem ein neues Zeitalter eingeleitet wurde, ist der 22. Dezember 1938. An diesem Tag schickten die Professoren Hahn und Strassmann (Berlin) einen Bericht an die Zeitschrift „Naturwissenschaften", in dem sie von einem Zerplatzen der Atomkerne des Urans und des Thoriums beim Beschuß mit Neutronen im Laboratoriumsexperiment sprachen ... das Geheimnis der Atomspaltung, von der bisher nur Phantasten geträumt hatten, entschleierte sich. Wie gewaltig die Erschütterung war, die diese Nachricht in der wissenschaftlichen Welt auslöste, kann man daraus ersehen, daß Otto Hahn entsetzt ausrief: „Das kann Gott doch nicht zulassen!", als Kollegen die praktische Auswertung seiner Entdeckung und damit auch den Einsatz von Atombomben im Krieg erörterten. Einstein und der bedeutende dänische Physiker Niels Bohr, die später entscheidende Impulse zum Bau von Atombomben gaben — Bohr arbeitete sogar an der Entwicklung der A-Bombe in Los Alamos mit — hielten anfangs die Nutzung von Kernenergie für unmöglich. Auch Hitler begriff glücklicherweise nicht, welche Möglichkeiten sich seiner verbrecherischen Maßlosigkeit boten. Die deutsche Kernenergie-Forschung wurde mit lächerlichen Beträgen abgespeist, die einzige Wunderwaffe, die dem Krieg noch eine Wendung geben konnte, vernachlässigt.

In Amerika war es zunächst nicht anders. Die Staatsmänner und Militärs, mit zahllosen Projekten weltfremder Erfinder überschüttet, glaubten nicht an eine so furchtbare neue Waffe, gegen die es keine Abwehr geben sollte. Da erzielte der italienische Physiker Enrico Fermi Ende 1942 in einem primitiven Atommeiler die erste Kettenreaktion beim Spalten des Uran-Isotops 235.

Erst der Schock von Pearl Harbour, wo Anfang Dezember 1941 ein Teil der amerikanischen Pazifikflotte durch einen japanischen Überfall vernichtet worden war, änderte die Haltung der Staatsführung. Ausschlaggebend für den Sinneswandel des US-Präsidenten Roosevelt war der unheilschwangere Brief Albert Einsteins, in dem der Gelehrte den Präsidenten darauf aufmerksam machte, daß das Element Uran zu einer neuen Energiequelle und zur Herstellung von Bomben benutzt werden könne. „Eine einzige Bombe dieser Art", so schrieb Einstein, „könnte einen ganzen Hafen und seine Umgebung vernichten."

Nun bot Amerika riesige Mittel auf, um die Atombombe vor Hitler-Deutschland zu besitzen. Es setzte dazu über 300 000 Menschen und mehrere Milliarden Dollar ein. Im Rahmen des „Manhattan-Projekts" entstand nun aus dem kleinen Dorf Oak Ridge am Clinch in Tennessee die erste Atomstadt der Welt.

*

Oak Ridge hatte man gewählt, weil es, ziemlich versteckt, unweit der Norris-Talsperre etwa in der Mitte der amerikanischen Oststaaten liegt und aus Sicherheitsgründen die Werkanlagen und

Siedlungen in mehreren Tälern angesiedelt werden konnten, die durch Bergzüge voneinander getrennt sind. 5000 Menschen mußten umgesiedelt werden, durften aber keinesfalls erfahren, warum. Auch die Wissenschaftler, Angestellten und Arbeiter bekamen strengstes Schweigegebot. Jeder, der Oak Ridge betrat, war vorher hochnotpeinlich verhört, sein Privatleben erschöpfend durchforscht worden. Von den 85 000 Einwohnern, die Oak Ridge 1945 hatte, waren 10 000 Sicherheitsbeamte. „Das bestgehütete Geheimnis der Welt" nannten Behörden die Vorgänge in der militärisch-abgeriegelten Stadt. Trotzdem schwirrten im ganzen Land abenteuerliche Gerüchte herum, erreichten die Ohren von Spionen und Diplomaten und drangen schließlich auch über den Ozean. Einige dieser Gerüchte trafen fast „den Kern" der Sache; aber die Diktatoren glaubten ihnen nicht, und 1943/44 war es für sie bereits zu spät, den Vorsprung der Amerikaner einzuholen. Wer in der Weltgeschichte das Weltgericht sieht, mag folgern, daß sich die Tyrannen selbst besiegt haben. Sowohl Fermi wie Einstein waren vor dem Faschismus nach den USA emigriert, Niels Bohr und andere Physiker folgten ihnen und trugen entscheidend zum Gelingen des Vorhabens bei.

Die Wirkung der Atombombe beruht auf einer Kettenreaktion von Kernspaltungen. Bei jeder Spaltung entstehen außer den Bruchstücken der Kerne und einer starken Strahlung zwei (auch drei) neue Neutronen, die weitere Spaltungen bewirken, sofern sie auf andere Atomkerne treffen. Die Kettenreaktion schwillt daher lawinengleich und mit explosiver Geschwindigkeit an — allerdings nur, wenn eine genügend große Menge Atomsprengstoff, „die kritische Masse", zusammengeballt ist; sonst sausen die Elektronen an den Kernen vorbei. Die Explosion von 1 kg Uran 235 ist so gewaltig, als ob 20 000 Tonnen TNT-Sprengstoff detonierten. Im Explosionszentrum entstehen Temperaturen von 14 Millionen Grad. Zugleich kommt es zu einer radioaktiven Verseuchung der näheren und weiteren Umgebung. Radioaktive Wolken können mehrere tausend Kilometer weit, ja, um den ganzen Erdball getragen werden.

Die erste Atombombenexplosion

Als die Amerikaner am 16. Juli 1945 ihre erste Atombombe auf einem Versuchsgelände bei Los Alamos (Neumexiko) abwarfen, waren sie von der Gewalt der Explosion und den angerichteten Verheerungen selbst entsetzt. In dem Bericht des Kriegsministeriums hieß es: „Der erfolgreiche Übertritt der Menschheit in ein neues Zeitalter, das Zeitalter des Atoms, wurde am 16. Juli 1945 vor den Augen einer gespannten Gruppe von namhaften Gelehrten und Militärs vollzogen, die in den Wüsten von Neu-Mexiko als Zeugen der ersten Endergebnisse ihres 2-Milliarden-Dollar-Aufwandes* versammelt waren. Hier, in einem entlegenen Abschnitt des Alamogordo-Luftstützpunktes, 120 Meilen südöstlich von Albuquerque, wurde um 5.30 Uhr morgens die erste Atomexplosion von Menschenhand herbeigeführt, die überragende Leistung der Kernphysik. Verfinsterter Himmel, starker Regenguß und Blitze unmittelbar vor dem Zünden der Atombombe steigerten die Dramatik des Erlebnisses.

An einem Stahlturm befestigt, wurde eine revolutionäre Waffe, dazu bestimmt, den Krieg, so wie wir ihn kennen, zu ändern oder aller Kriege Ende herbeizuführen, mit einer Wucht entladen, die den Eintritt der Menschheit in eine neue physikalische Welt ankündigte . . . Eine kleine Menge Materie, Erzeugnisse einer Kette von riesigen . . . Industriewerken, war hergestellt worden, um die Energie des Weltalls zu befreien, die seit Anfang der Zeiten im Atom eingeschlossen ist . . . Kein anderes Land der Erde war fähig zu solchem Aufwand an Gehirnarbeit und technischer Anstrengung gewesen . . ."

Der nächste Beobachtungspunkt war 10 000 Yards (9,14 km) südlich des Turmes, wo in einem Unterstand aus Holz und Erdreich die Versuchskontrollen untergebracht waren. An einem Punkt, der die beste Beobachtung zuließ, 15,5 km vom Turm entfernt, bezogen die Hauptpersonen des Atombombenprojekts ihre Posten. Im Hauptlager wurde allen Anwesenden befohlen,

---

*) Wie hier das weltgeschichtliche Pathos von dem naiven Stolz auf die Aufbringung solcher Summen unterbrochen wird, ist für die Deutung der amerikanischen Mentalität aufschlußreich.

sich auf den Boden zu legen, Gesicht nach unten, Köpfe abgewandt von der Richtung des Explosionsstoßes. Die Spannung erreichte im Kommandoturm einen furchtbaren Grad, als sich „die Todeslinie" näherte . . . Die Zeitsignale: „noch 20 Minuten", „noch 15 Minuten" usf. erhöhten die Spannung zum Zerspringen, so daß die Gruppe im Kommandoraum den Atem anhielt, alle betend mit der Gewalt des Augenblicks, der für immer in jedem Anwesenden lebendig bleiben wird . . . Zur festgesetzten Zeit erschien ein blendender Lichtblitz, der das Gelände heller als das hellste Tageslicht erleuchtete. Eine Gebirgskette 3 Meilen vom Beobachtungspunkt entfernt, trat in kühnem Relief hervor. Dann kam ein erschütterndes, andauerndes Krachen und eine schwere Druckwelle, die zwei Männer außerhalb des Kontrollraumes niederwarf. Unmittelbar darauf kochte eine riesenhafte, vielfarbige wogende Wolke bis zu einer Höhe von über 40 000 Fuß (12 184 m) empor . . .

Der Stahlturm war gänzlich verdampft. Wo er gestanden hatte, war ein riesiger abschüssiger Krater. Betäubt, aber auch erleichtert durch den Erfolg ihres Experimentes, sammelten die Wissenschaftler ihre Kräfte, um die Stärke der neuen Waffe Amerikas abzuschätzen. Um die Art des Kraters zu untersuchen, wurden Tanks mit Spezialausrüstung in das Gelände gerollt; auf einem von ihnen fuhr Dr. Enrico Fermi, der berühmte Kernphysiker. Die Antwort auf ihre Entdeckungen war die Zerstörung, wie sie in Japan bei der ersten militärischen Anwendung der Atombombe herbeigeführt wurde . . . Bezeichnend ist das Erlebnis eines blinden Mädchens in der Nähe von Albuquerque, das, als der Blitz der Explosion den Himmel erhellte, bevor noch die Explosion selbst zu hören war, ausrief: „Was war das?"

General Groves, der dieser Phase des Atombombenprojekts vorstand, erklärte: „Zwei Minuten vor dem entscheidenden Augenblick lagen alle Personen, Gesicht nach unten, Füße zum Explosionsort. Dr. Conant, Präsident der Harvard-Universität, sagte, er habe sich nicht vorstellen können, daß Sekunden so lang wären . . . „Zuerst kam der Lichtausbruch von einer Brillanz über jeden Vergleich. Wir wälzten uns herum und schauten durch geschwärzte Gläser auf den Feuerball. Etwa 40 Sekunden später kam die Stoßwelle, gefolgt von Schall... Eine massive Wolke bildete sich, die aufstieg und mit furchtbarer Gewalt aufwärtswogte, um in etwa 5 Minuten die Substratosphäre zu erreichen. Zwei weitere Explosionen... ereigneten sich in der Wolke kurz nach der Hauptexplosion. Die Wolke stieg empor, zuerst in Form einer Kugel, dann eines Pilzes; darauf ging sie in eine lange schornsteinförmige schleppende Säule über und wurde schließlich... nach verschiedenen Richtungen zerstreut."

General Farrel, der Beauftragte General Groves', äußerte: „Es kann mit Sicherheit gesagt werden, daß die meisten Anwesenden beteten — und zwar heißer beteten als je zuvor. In jenem kurzen Augenblick wurde die unerhörte Anstrengung der Gehirne und Muskeln all dieser Leute plötzlich und aufwühlend belohnt. Dr. Oppenheimer von der Universität Kalifornien, der Leiter des Projekts, atmete kaum mehr; er hielt sich an einem Pfosten aufrecht. In den letzten Sekunden starrte er geradeaus vor sich, und dann, als der Ansager rief: ‚Jetzt!' und sich diese furchtbare Lichterscheinung zeigte, entspannten sich seine Züge zu einem Ausdruck ungemeiner Erleichterung... Jeder gratulierte dem anderen, jeder fühlte: es ist gelungen! Was nun auch immer geschehen mochte, alle wußten, das schier unmögliche wissenschaftliche Unternehmen war geglückt. Nicht länger würde die Atomspaltung in den geheimen Gängen der Träume theoretisierender Physiker verborgen bleiben... Es war eine gewaltige neue Kraft, die zum Guten oder Bösen gebraucht werden konnte."

Zum Schluß fügte General Farrel hinzu, es sei wie eine Warnung vor dem Jüngsten Tag gewesen. „Sie ließ uns spüren, daß wir winzige Wesen in gotteslästerlicher Weise wagten, an die Kräfte zu rühren, die bis dahin dem Allmächtigen vorbehalten waren." Der Widerspruch zu seinen vorhergegangenen Worten war nur scheinbar. Ein solches kosmisches Ereignis fordert die gegensätzlichsten Gedanken und Empfindungen heraus, der menschliche Geist schwankt zwischen Triumph, Schaudern und ehrfürchtiger Scheu.

*

„Zum Guten oder zum Bösen", hatte der General gesagt. Zunächst wurde die neue Kraft zum Bösen angewandt. Italien war längst aus dem Krieg ausgeschieden, Deutschland besiegt, Japan bemühte sich über die trügerischen Sowjets um einen annehmbaren Frieden. Der Einsatz der Atombombe war überflüssig, ja, mußte sich früher oder später gegen seine Vollstrecker richten. Trotzdem gab Truman, der Nachfolger des verstorbenen Präsidenten Roosevelt, Anfang August den verhängnisvollen Befehl, die zwei A-Bomben, über die Amerika damals verfügte, an der japanischen Bevölkerung auszuprobieren. Am 6. August 1945 warf die amerikanische Superfestung „Enola Gay" ihre tödliche Last über Hiroshima ab. Von den 330 000 Einwohnern wurden 86 100 sofort getötet, über 100 000 verletzt. Tausende starben später. Da Washington noch eine zweite A-Bombe vorrätig hatte, erprobte es auch diese drei Tage später über Nagasaki — mit dem gleichen Ergebnis. Die Verantwortung Japans dabei war, daß es sich mit der Kapitulation zu lange Zeit gelassen hatte.

„Das kann Gott doch nicht zulassen!" hatte Otto Hahn entsetzt ausgerufen. Nein, Gott will, daß der Mensch seine Entdeckungen zum Nutzen und Wohl aller anwendet, „um ein Leben in Würde zu führen und Zeit zu haben, zu erkennen". Hatte man schon erkannt, wie gefährlich die radioaktive Strahlung nicht nur für den Feind, sondern für alle war — auch für die, die sie zu beherrschen meinten? Bald besaß Amerika auch die Plutoniumbombe, bei der das künstlich gewonnene radioaktive Element Plutonium 239 dieselbe Rolle wie das Uran-Isotop der ersten A-Bomben spielt. Dem jungen Physiker Slotin, der den Auftrag hatte, die zweite Plutoniumbombe für die Erprobung zusammenzusetzen, rutschte dabei der Schraubenzieher ab. Die beiden Klötze des Atomsprengstoffes, die jeder für sich etwas kleiner als die kritische Masse sind, kamen auf diese Weise zusammen. Augenblicklich setzte die Reaktion ein. Slotin unterbrach den Vorgang, indem er mit beiden Händen zugriff und sich dabei bewußt einer hohen Strahlendosis aussetzte. Er rettete damit seine Kollegen, starb aber selbst nach neuntägigem Todeskampf. Manche Forscher, darunter auch Enrico Fermi, erkrankten an Blutkrebs und anderen krebsartigen Leiden. Zwischen 1944 und 1964 gab es bei Atomunfällen 33 Todesopfer. Fast 2000 Menschen wurden einer u. U. lebensgefährlichen Strahlendosis ausgesetzt.

Die internationale Kommission für Strahlenkunde hat die höchstzulässige Strahlendosis für einen Menschen mit 5 „rem" pro Jahr festgesetzt. Ein „rem" wirkt auf Lebewesen wie eine Röntgeneinheit. Da der Mensch aber durch ärztliche Untersuchungen, ja schon durch das Tragen einer Armbanduhr mit Leuchtziffern u. ä. einer Strahlenbelastung ausgesetzt ist, wird die noch „harmlose" Dosis zweifellos oft überschritten, wenn etwa radioaktiver Regen niedergeht oder aus Gebieten, wo Atombombenversuche stattfanden, Fische zum Genuß freigegeben oder unwissentlich verzehrt werden. Immer mehr Wissenschaftler warnten vor den sich häufenden Bombenversuchen, durch deren radioaktive Ausstrahlung die ganze Menschheit schwerwiegende Erbschäden erleiden müsse. Zweifellos haben Befürchtungen dieser Art zu dem Abkommen zwischen den USA und Sowjetrußland geführt, Atombomben nur noch unterirdisch zu zünden. Während England diesem Abkommen zugestimmt hat, sind China und Frankreich offenbar noch nicht gewillt, auf die Erprobung von A- und H-Bomben in der Atmosphäre zu verzichten.

*

Bevor die Führer der beiden Weltmächte sich wenigstens in dieser Frage geeinigt hatten, ließen sie — wenn auch in unbewohnten Gebieten — so viele Versuchsbomben explodieren, daß es nur eine Frage der Zeit schien, bis einer der Kontrahenten ernst machte. Unter dieser Herausforderung veränderte sich die geistige Verfassung weiter Bevölkerungsschichten. Wie vor einem drohenden Weltuntergang griffen Fatalismus, Gier und Hemmungslosigkeit um sich. Mit dem „Unternehmen Kreuzweg" leiteten die Amerikaner eine verhängnisvolle Entwicklung ein, die sie nicht mehr bremsen konnten. Schon 1949 ließen die Sowjetrussen ihre erste A-Bombe detonieren. Der deutsche Emigrant Fuchs, der ihnen, in englischen Diensten stehend, das Geheimnis ihrer Herstellung verriet, hat nur dazu beigetragen, den Wettlauf um das Primat zu beschleunigen, den Startschuß dazu hat er nicht abgegeben. Verrat und Diktatur sind Geschwister, wo die eine herrscht, gedeiht auch die andere. Wo die Atombombe diktieren sollte, mußte es Überläufer geben! Wie weit diese auch an der Entwicklung der chinesischen Bombe teilhatten, wird eines Tages enthüllt werden. Aber die Engländer, Russen, Franzosen und Chinesen haben ja nicht weniger schöpferische Geister als die Amerikaner, ganz abgesehen davon, daß diesen eine Phalanx genialer Emigranten halfen.

Das Unternehmen „Kreuzweg"

Das Unternehmen Kreuzweg bereiteten die Amerikaner bald nach der Kapitulation Japans vor. Schauplatz war ein weltabgeschiedenes Eiland im Pazifik. Kotzebue, der Sohn des Dichters, der es 1825 entdeckte, rühmt es in seinen Weltreisebüchern als ein Paradies von Palmenwäldern und märchenhaften Korallenbauten. Die nordöstliche Insel, die nur wenige Meter über den Meeresspiegel hinausragt, trägt den Namen Bikini und ist ein Teil der ehemals deutschen Marshallgruppe im westlichen Teil des Stillen Ozeans. Hier lebten 1946 etwa hundertsechzig friedlich-freundliche Eingeborene, die sich von Fischfang, Kokosnüssen und Brotfrüchten ernährten. Als eines Tages ein amerikanisches Schiff auf hoher See vor Anker ging und Landungsboote in die Lagune einliefen, begrüßten die Insulaner die Marineoffiziere mit derselben kindlich-würdigen Herzlichkeit, mit der sie alle seltenen Besucher ihrer paradiesischen Einsamkeit empfangen. Sie konnten nicht ahnen, daß die Gäste Befehl hatten, Bikini zu räumen und seine Bewohner auf die Hauptinsel Rongerik zu schaffen. Noch weniger wäre es ihnen in den Sinn gekommen, daß ihr Eiland in einer absichtlich herbeigeführten Katastrophe zugrunde gehen könnte, wenn auch alte Überlieferungen von einem Weltuntergang durch einen Einsturz der Erde berichteten.

Das Gespräch zwischen dem Häuptling und den Amerikanern endete zwar damit, daß der Häuptling schließlich zustimmte, die Heimat aufzugeben, aber ohne zu wissen, warum. Denn was bedeuteten ihm Erklärungen? Wörter wie Atombombe, Radioaktivität oder Strahlenwirkung blieben ihm unverständlich. Gerade deshalb beugte er sich der vermeintlich höheren Einsicht der weißen Götter ...

Die beiden Atombomben explodierten am 1. und 25. Juli 1946, die eine über, die andere unter Wasser. Die Fische schwammen, ohne zu spüren, daß sie von tödlichen Gammastrahlen durchbohrt wurden, in der See, die an Pflöcken angebundenen Ziegen auf Bikini hatten sich nach dem Donner der Explosion beruhigt und zupften an Schlinggras und Strauchwerk. Die Schweine, Ratten und Mäuse, die die Amerikaner nach Bikini gebracht hatten, ahnten nicht, daß sie zum Tode verurteilt waren — sie wühlten oder sprangen munter umher, während die Strahlen schon Organe und Gewebe zerstörten. Nur die Menschen, die das luziferische Schauspiel ablaufen ließen, wußten, wie sie sich vor dem unsichtbaren Tod schützen mußten. Kannten sie wirklich a l l e Gefahren?

Nun näherten sich ihre ersten Späher, im Flugzeug von der Insel Kwajalein kommend, dem Rauchpilz und dem Ziel der Bomber: einer Ansammlung von Kriegsschiffen, die einst der Stolz der seefahrenden Nationen gewesen waren, darunter die „Prinz Eugen", die „Nevada" und die „Nagato". Gespannt beobachtete die Flugzeugbesatzung die schwarzen Kästchen — moderne Geigerzählrohre, die unfehlbar auf radioaktive Strahlung ansprechen. Mit einem Mal zittern die Zeiger, als sich das Flugzeug dem Schiffsfriedhof nähert; in den Kopfhörern klickt es, als hämmere ein Specht gegen Metall. Immer schneller und lauter wird das unheimliche Ticken, bis es sich fast zu einem zusammenhängenden Sirren steigert. „Friedhofdosis" nennen die Kundschafter diese Strahlenstärke.

Dem ersten Erkundungsflug folgten viele andere. Mit Geiger-geräten ausgestattete Aufklärungsbomber verfolgten die wandernde Strahlenwolke bis zu ihrer Auflösung. Als die zurück-kehrenden Flieger ihre Maschinen mit der modernen Wünschel-rute überprüften, stellten sie fest, daß die Motoren mit radioak-tiven Schichten überzogen waren. Kaffee und Chemikalien waren radioaktiv geworden, Seife und Verbandsmaterial, Trinkwasser und belegte Brote. Aber das war erst der Anfang. Die Vogel-schwärme, die auf dem Atoll nisteten, konnten nicht Tier für Tier überprüft werden. Der Regen, der stündlich niederging — stammte er nicht aus der Vernichtungswolke? Nach der Unter-wasserexplosion prüfte man Sand vom Meeresboden; er war hochradioaktiv. Und radioaktiv waren die Algen und die Fische geworden. Als man einige von ihnen aufschlitzte und auf Foto-platten legte, zeigten die entwickelten Filme deutlich die starken Spuren der Strahlung. Aber wie viele Fische waren längst weiter in den Pazifik hinausgeschwommen, wie viele würden an anderen Gestaden gefangen und verzehrt werden?

*

Inzwischen bereiteten die Russen und die Amerikaner bereits die Wasserstoffbombe vor. Ihrer Herstellung waren in den Ver-einigten Staaten erbitterte Fehden vorausgegangen, viele Forscher erkannten erst jetzt, welchen Teufelsdienst die Wissenschaft der Machtpolitik geleistet hatte. Einstein erklärte, er hätte Roosevelt nie geraten, Atombomben anzuwenden, hätte er nur gewußt, daß die Nazis sie noch nicht herstellen konnten. Mit immer eindringlicheren Warnungen vor einer Weiterentwicklung der dämonisch-barbarischen Waffe, deren Anwendung zur Ver-nichtung von Kultur und Zivilisation führen müsse, suchte er seine Verantwortung für ihren ersten Einsatz abzuschwächen. Robert Oppenheimer, Leiter der Atombombenherstellung in Los Alamos, versuchte vergeblich, das H-Bomben-Projekt aufzuhal-ten, das vor allem der aus Ungarn stammende Physiker E. Teller vorantrieb. Oppenheimer, dessen zwielichtige Haltung zu seinen Mitarbeitern in einem (falsch dramatisierten) Verhör zutage trat, wurde seines Postens enthoben, später aber rehabilitiert.

Zu dieser Zeit verfügten die Vereinigten Staaten und Sowjetrußland schon über ansehnliche Vorräte an H-Bomben. Der ersten Erprobung durch die Amerikaner fiel Ende 1952 das Atoll Elugelab der Marshallinseln zum Opfer ... sie besteht nur noch aus einem 1¹/₂ km breiten Krater von 50 m Tiefe. Die entfesselte Kernenergie, die der Sprengkraft von 3 Millionen TNT-Bomben zu je 1 Tonne Gewicht entsprach, radierte das Eiland von der Landkarte. Fünf Jahre später ließ auch England im Pazifischen Ozean eine H-Bombe detonieren.

Die Wasserstoffbombe beruht nicht auf Spaltung, sondern auf der Vereinigung von Atomkernen. Da die kritische Menge des Sprengstoffs unbegrenzt ist, sind im Vergleich zu den heutigen H-Bomben die über Japan abgeworfenen A-Bomben nur Pistolenschüsse. Prof. Hahn, der 1938 diese Entwicklung „unschuldig" ausgelöst hatte, richtete 1955 einen Appell an die Wissenschaftler und Politiker der Welt. Darin erklärte er: „Umgibt man die Wasserstoffbombe mit einem dicken Mantel von Kobalt, dann entsteht durch die vielen frei werdenden Neutronen der Reaktion in großen Mengen das langlebige, stark strahlende gefährliche Kobalt 60, das durch die ungeheure Gewalt der Explosion der Bombe in feinster Zerstäubung in die Atmosphäre geschleudert und dort mit den Windströmungen mitgeführt wird. Wo der Staub allmählich auf die Erde herunterfällt, kann er seine unheimliche Wirkung ausüben. Es wurde in den Vereinigten Staaten ausgerechnet oder geschätzt, daß zehn große Wasserstoffbomben, mit viel Kobalt umkleidet, eine so große, viele Jahre wirksame Aktivität an Kobalt 60 ergeben, daß das Fortbestehen der Menschheit damit ernstlich gefährdet würde."

54 Millionen getötet!

Zwei Jahre später unterstrich eine Luftschutzübung gegen einen fingierten Atomangriff auf die USA den Kassandraruf Hahns: 263 Wasserstoffbomben tilgten New York und Washington aus, verwüsteten weite Teile von Gebieten zwischen dem Osten und dem Westen der Vereinigten Staaten und legten die kalifornischen Großstädte in Trümmer. Auf dem Papier wurden

54 Millionen Tote und 20 Millionen Verletzte gezählt, 21 Millionen Gebäude wurden zerstört. Noch 1000 Jahre nach dem angenommenen Überfall würde es, wie ein amtlicher Bericht feststellte, zu Fehlgeburten infolge der Radioaktivität kommen. Wie es dem Wesen des Menschen entspricht, klang der Schock über den angenommenen Vernichtungsschlag bald wieder ab; zurück blieb ein dumpfes Unbehagen, das sich in Demonstrationen Luft machte. Die steigende Strahlenverseuchung der Erde nahmen dagegen nur wenige ernst.

Atomwissenschaftler und Politiker hatten behauptet, daß sich die radioaktiven Niederschläge nach den großen H-Bombenexplosionen von 1956/57 innerhalb von 5—10 Jahren gleichmäßig verteilen und keine nennenswerten Schädigungen anrichten würden. Diese Voraussage war falsch. Erstens kamen die radioaktiven Partikelchen mit dem Regen und dem Schnee schon nach 3 Jahren aus der Stratosphäre wieder herab, zweitens wurden einzelne Gebiete durch sie besonders stark betroffen, und drittens ging die Strahlung durch die Verseuchung der Wiesen und Felder vor allem in das Gemüse, das Getreide, das Obst und die Milch ein. Dadurch wurden besonders jene asiatischen Länder betroffen, wo sich die Bevölkerung weitgehend vegetarisch ernährt. Aber auch in Amerika war die Ansammlung von Strontium 90, des gefährlichen radioaktiven Stoffes, der Knochenkrebs hervorrufen kann, auf das Sechsfache der normalen Menge angestiegen. Sogar Alaskas Rentiere sind radioaktiv verseucht worden, und da sie die Hauptnahrung von Eskimos, Indianern und Lappen bilden, sind auch diese (und wer mit ihnen zusammenkommt) stark gefährdet. Der schleichende Atomtod könnte auf die Dauer größere Opfer fordern als der Einsatz von Atombomben.

*

Für die Herstellung der Wasserstoffbombe erbauten die USA ab 1950 am Savannahfluß in Südkarolina ein Werk, dessen Kosten $1^1/_2$ Milliarden Dollar ausmachten. Die Anlage erstreckt sich über ein Gebiet von 820 qkm. 1500 Familien mußten ausgesiedelt werden. Die Kernstücke des Werkes sind Reaktoren, deren Konstruktion erst durch die Massenherstellung von schwerem Wasser sinnvoll geworden ist. Schweres Wasser oder Deuteriumoxyd ist in gewöhnlichem Wasser nur zu 0,02% enthalten, d. h. daß eins unter mehr als fünftausend Wasserstoffatomen schwerer, genau gesagt: doppelt so schwer wie die anderen ist. Man braucht das schwere Wasser zur Abbremsung der enorm schnellen Neutronen, die sich normalerweise mit einer Geschwindigkeit von mehr als 45 Millionen km/st. fortbewegen. Damit die Neutronen die Atomkerne auch treffen, muß ihre Geschwindigkeit auf ca. 3 km/sec. verlangsamt werden; das schwere Wasser dient dabei als Moderator.

Die Kernfusion, in diesem Falle die Vereinigung von Atomkernen des Deuteriums zu Helium, geht bei extrem hohen Temperaturen vor sich. Atomkerne sind positiv geladen und stoßen einander ab, ihre elektrische Ladung wirkt wie ein Puffer. Nur besonders energiereiche Atomkerne überwinden diese Pufferzone und verschmelzen dann mit anderen Kernen. Bei der Wasserstoffbombe werden die Atomkerne des Deuteriums durch die Explosion einer Uran- oder Plutoniumbombe im Bruchteil einer Sekunde auf Sonnentemperatur erhitzt. Wenn man eines Tages schweren Wasserstoff auf 80—90 Millionen Grad erhitzen und die Fusion unter Kontrolle halten kann, wird der Menschheit eine unbegrenzte Energiequelle zur Verfügung stehen. In Fusionsmaschinen hat man bisher 13 Millionen Grad erreicht.

Alarm in der Atomstadt

Den Laien bewegt bei dieser Entwicklung die bange Frage, ob aus den Kernkraftwerken radioaktive Strahlung entweichen kann. Diese Sorge ist durch einige bedenkliche Zwischenfälle genährt worden, die sich in den fünfziger Jahren ereignet haben. Im Dezember 1952 versagten in Kanadas Atomstadt Chalk River alle Sicherungsvorkehrungen. In dem Kernstück des Atommeilers „Calandria", einer tonnenschweren Aluminiumtrommel, waren einige Aluminiumröhren, in denen dünne lange Uranstäbe lagen, schadhaft geworden. Der Aluminiumtank war mit schwerem Wasser gefüllt, die Uranstäbe wurden mit Wasser aus dem

Ottawa River gekühlt. Durch die plötzlich einsetzende Kettenreaktion und die dabei entwickelte Hitze von Millionen Graden Celsius wurde der Boden des Reaktors aufgerissen, und radioaktiver Dampf, strahlende Asche und geschmolzenes radioaktives Metall wurden herausgeschleudert. In Chalk River, an der Grenze von Ontario und Quebeck, arbeiteten damals 1700 Männer und Frauen. Für einen Katastrophenfall waren sie eisern gedrillt worden. Als die Sirenen Alarm gaben, schlossen sie Türen und Fenster und eilten, Taschentücher vor dem Mund, zu den Omnibussen. Zurück blieben die „Atomprofessoren" Chalk Rivers, die sofort Oak Ridge und Harwell, das britische Atomforschungszentrum, verständigten, sowie ein Trupp wagemutiger Männer, die die tödliche Gefahr für die Anlage und die Stadt abwenden sollten. Unter strengsten Sicherungsvorkehrungen öffneten sie die Ventile des kochenden Reaktors, aus dem zischend das schwere Wasser auslief.

Aber damit war die Atomnot nicht gebannt. Wenn sich das glühende Uran entzündet hätte, wäre ein nicht einzudämmender Feuersturm ausgebrochen. Deshalb mußte man den Reaktor und die Kellerräume mit Kühlwasser überschwemmen, das dadurch aber augenblicklich radioaktiv wurde. So legte man eine Rohrleitung zu dem Atomfriedhof Chalk Rivers und leitete das vergiftete Wasser in den Waldboden. Über ein halbes Jahr verging, bevor man Fußböden, Wände, Decken, Maschinen und Möbel entseucht oder aber demoliert und abtransportiert hatte. Wer von den Männern eine zu hohe Strahlendosis abbekommen hatte, mußte für Monate ausscheiden und isoliert werden. Dabei staken doch diese Atomfeuerwerker in Schutzanzügen, die hinten in einen weiten ballonartigen Schlauch übergingen. Die Plastikanzüge wurden ständig mit frischer Luft aufgeblasen, nach jedem Einsatz mehrmals abgebraust und mit Geigerzählern überprüft. Alle Männer trugen an ihrem Körper Filmnegative, deren Schwärzung verriet, wieviel Radioaktivität sie schon aufgenommen hatten.

Noch am gleichen Tag trafen Einheiten der kanadischen Armee und Luftwaffe in Chalk River ein, und ein Sonderflugzeug setzte

Sachverständige aus Oak Ridge ab. Alle waren sich einig: Die Calandria mußte abtransportiert und so tief in die Erde versenkt werden, daß ihre Ausstrahlung keinen Schaden mehr anrichten konnte. Aber wie sollte man an das Innere des Atommeilers herankommen, ohne sich lebensgefährliche Verbrennungen zuzuziehen und wie konnte man feststellen, welche der 176 Uranröhren schadhaft geworden waren? Den Reaktor umgaben ja nicht umsonst meterdicke Mauern aus Beton, Blei und Graphit, um alle Gammastrahlen aufzufangen. Gewiß, es gab Masken gegen die radioaktiven Staub- und Gaspartikelchen, es gab Schutzanzüge, Greifautomaten und andere Vorrichtungen, die den direkten Kontakt des Menschen mit der strahlenden Materie unnötig machten. Aber auch die Greifapparate und die Schutzkleidung wurden ja im Nu radioaktiv; sie mußten ständig ausgewechselt werden. So konnten die Freiwilligen nur wenige Minuten arbeiten. Aber das war ein Kinderspiel, verglichen mit den Schwierigkeiten, die das Herausheben der Calandria aus dem Atombrenner und ihr Abtransport verursachten. Der Aluminiumtank wurde schließlich mit einem Laufkran aus dem Brenner herausgehoben, in einen Segeltuchsack eingepackt und auf einen Lastschlitten geladen. Wenn man weiß, daß der Atommeiler 11 m hoch und die Trommel 3 mal $2^1/_2$ m stark war, ermißt man, was ein solches Manöver unter der radioaktiven Bedrohung bedeutete. Siebzig Männer wurden zur Durchführung des seltsamsten und gefährlichsten Begräbnisses, das jemals stattgefunden hat, abkommandiert. Zuerst übten sie den Transport an einem Holzmodell, dann ließen sie einen Stahlzylinder in den Reaktor hinab, um alle Handgriffe, wenn es ernst wurde, spielend zu beherrschen. Falls die Taue sich etwa verhedderten oder gar rissen, waren die Folgen nicht abzusehen. Oder: die halb aus dem Brenner herausgehobene Trommel rutschte quer ab und konnte dann weder vor- noch rückwärts bewegt werden!

In 28 Arbeitsgängen wurde der unheimliche Tank aus dem Reaktor herausgehoben, über den Segeltuchsack geschwenkt, in ihn eingehüllt, auf den Schlitten geschoben und dieser mit der Zugmaschine verbunden. Die ganze Zeit über prüften Männer mit Geigerrohren die Intensität der von der Trommel ausgehenden Strahlung, die schnell auf den Kran, die Taue, den Schlitten und die Zugmaschine überging. Wenn auch der Kranführer und der Fahrer der Zugmaschine in abgeschirmten Abteilen saßen, war es doch nicht zu vermeiden, daß die Männer, welche die Aufsicht über die Aktion hatten und die Leute der Sicherungsgruppe, die die Nachhut bildeten, von Strahlen getroffen wurden.

Es war ein gespenstischer Zug, der sich da durch das Sperrgebiet von Chalk River bewegte. „Schlimmer, als hätten wir einen Pestkranken beerdigt", schilderte ein Forscher den Tag. „Die Gassen, durch die wir fuhren, waren menschenleer — überall beiderseits des Weges waren Geigerzähler und andere Meßgeräte aufgestellt. Wie wild schlugen die Zähler aus, als sich ihnen das radioaktive Ungeheuer näherte, und die Schreibarme zeichneten abenteuerliche Kurven und Zickzacklinien auf."

Ein Ingenieur des Werkes erklärte: „Wir haben die Calandria begraben, aber sie ist noch immer von einer schrecklichen Lebendigkeit. Über sie sind Tonnen Sand gehäuft worden, nur ein schmaler Zugang führt zu ihr. Aber nähern Sie sich einmal mit dem Geigerrohr! Sein Zeiger beginnt schon zu zittern, wenn Sie noch weit von dem Begräbnisplatz entfernt sind, und dann schlägt er aus, daß Sie meinen, er zersprengt sein Gehäuse. In Ihren Ohren sirrt und singt es, wenn Sie die Kopfhörer angelegt haben. Wie lange die Calandria noch strahlen wird, wissen wir nicht — fünf Jahre, zehn — hundert Jahre? Auf Bikini sind sogar die Korallenstöcke radioaktiv geworden, auf Eniwetok ist alles pflanzliche und tierische Leben vernichtet. Wohin mit den Dauerstrahlern, wohin mit dem radioaktiven Atomabfall aus den Meilern?"

Atomabfall auf den Mond?

Prof. Freeman von der Rutgers-Universität (USA) schlug vor, die strahlenden Rückstände aus den Meilern und solche Dauerstrahler wie die Calandria mit Raketen auf den Mond oder einen der 40 000 Asteroiden zu schießen. Denn die Atomgräber auf den Friedhöfen der Sperrzonen stellen eine dauernde Gefahr dar. Wie groß diese Gefahr ist, kann man aus einigen gruseligen Tatsachen schließen: Ein Strahlenforscher hatte einen Ballon mit hochempfindlichen Fotoplatten in die Stratosphäre aufsteigen lassen, um mit ihrer Hilfe die Spuren kosmischer Strahlung festzuhalten. Als er die an Fallschirmen wieder herabgekommenen Platten untersuchte, entdeckte er in der Emulsionsschicht Anzeichen einer zunächst unerklärlichen Radioaktivität. Waren die Platten in eine um die Erde ziehende Staubwolke geraten? Nach langwierigen Nachforschungen stellte sich heraus, daß die Plattenemulsion aus den Knochen indischer Rinder hergestellt worden war. Diese Knochen waren radioaktiv! Es müssen also nach einer Atombombenexplosion, wo immer sie stattgefunden hat, auf einer indischen Wiese Alpha- und Betapartikelchen niedergegangen sein. Mit dem Gras, das die weidenden Rinder fraßen, haben sie auch die Strahlenteilchen aufgenommen, und diese Partikel haben nach der Schlachtung und Verarbeitung der Rinder weitergewirkt, bis sie in die millimeterstarke Emulsionsschicht einer Fotoplatte ihre Spur eingruben.

Auf die seltsamen und vielfach verschlungenen Wege radioaktiver Partikel waren die Wissenschaftler zum ersten Mal 1945 durch verdorbene Röntgenfilme aufmerksam geworden. Damals waren einer weltbekannten Fotofirma Beschwerden zugegangen, weil Röntgenfilme, die sie an Spitäler geliefert hatte, unverwendbar waren. Die Filme wiesen Nebelflecke auf, als seien sie dem Licht ausgesetzt worden. Man fand schließlich heraus, daß alle verdorbenen Filme mit dem Verpackungsmaterial einer Papiermühle in Indiana versandt worden waren. In der Papiermühle wurde festgestellt, daß alles Packmaterial, das um den 6. August 1945 fabriziert worden war, radioaktive Teilchen enthielt. — Die Papierfabrik liegt an der Grenze von Indiana und Illinois am Wabashfluß. Bei der Kartonerzeugung wurde Wasser aus dem Wabash verwendet, und dieses Wasser muß Anfang August radioaktiv gewesen sein. 3 Wochen vorher war in Neumexiko, über 1500 km entfernt, die erste Atombombe explodiert, hatte in der Wüste ein riesiges Loch gerissen, den Sand zu Glas zusammengeschmolzen, und ihre freigesetzten Partikel waren in die Stratosphäre hinaufgeschleudert worden. Winde und Luftströmungen hatten radioaktive Wolken auch nach Indiana getrieben, und mit dem Regen waren die Strahlenteilchen in den Wabash gekommen. Von dort waren sie in die Kartons gewandert und hatten endlich die Röntgenfilme ruiniert.

Auf Grund solcher Vorkommnisse fragen verantwortungsbewußte Wissenschaftler, ob unsere Gesundheit wohl weniger empfindlich als Emulsionsschichten sei. „Heutzutage", so erklärte ein Forscher warnend, „müßte eigentlich jeder einen „Taschenschreier" — ein kleines Geigergerät — bei sich tragen. Denn wer weiß, ob nicht in die Nahrung, die er zu sich nimmt, Strahlenteilchen geraten sind, ob das Wasser, das er trinkt, nicht radioaktiv verseucht ist oder der Regen, der ihn durchnäßt, aus einer strahlenden Wolke stammt? Hat man nicht auf dem Fischmarkt von Tokio radioaktive Thunfische aus dem Südpazifik und anderswo radioaktive Kuhmilch entdeckt? Seit der japanische Fischdampfer „Fukuryu Maru" mit Strahlenregen überschwemmt wurde und brave Fischersleute an radioaktiver Verbrennung sterben mußten, kann man sich nicht mehr sicher fühlen. Auch die Geigerrohre warnen nur bei einer bestimmten Strahlenstärke. Wer weiß, ob nicht diejenige Radioaktivität die gefährlichste ist, die zu schwach ist, um registriert zu werden?

In der Empfindlichkeit gegen Atomstrahlen sind uns die Tiere weit voraus. Der Wasserfloh nimmt auch geringste Spuren von Röntgenstrahlen wahr. Während der Mensch und andere Lebewesen sogar Strahlen von tödlicher Stärke überhaupt nicht spüren, ist der Wasserfloh so sensibel, daß er sofort in wilder Flucht davoneilt, wenn er von Röntgenstrahlen getroffen wird. Dagegen ist die Wespe ein Strontiumsammler. Sie speichert — warum, wissen wir nicht — Strontium-Atome fast so wie die Bienen Honig. Die Atomforschung hat sich diese Meldereiter sogleich zunutze gemacht. Man siedelt in den Wänden der Atomwerke Wespenschwärme an und bringt an den Nesteingängen Geigerrohre an, die mit einer Meldeanlage verbunden sind. Fliegt eine

Wespe, die strahlendes Strontium gespeichert hat, an dem Geigerzähler vorbei, schlägt dieser Alarm. Die Atomtechniker wissen
dann, daß die Luft radioaktives Strontium enthält und können
mit Hilfe der Geigerrohre herausfinden, an welcher Stelle des
Atomwerkes Strahlen entweichen.

Auch in den Laboratorien ereignete sich mancher Unfall, der
ganze Familien in Mitleidenschaft zog. Weltweites Echo aber
fanden die Abstürze zweier amerikanischer Atombomber über
Spanien und Grönland. Die über Thule verunglückte Maschine
verlor 4 Wasserstoffbomben, die das Eis bis heute nicht freigege-
geben hat. „Ein unverantwortliches Spiel mit dem Tode" nannten sowjetische Zeitungen die Flüge der amerikanischen Atombomber. Noch glaubt Washington, nur so der russischen Atom-
drohung begegnen zu können. Bevor das Mißtrauen auf beiden
Seiten überwunden wird, muß wohl erst eine neue Generation
heranwachsen, deren leitende Köpfe nicht mehr von den Schach-
zügen des Kalten Krieges beschwert sind und eine weltweite
Zusammenarbeit herbeiführen.

*

Wir haben gehört, wie sich die Politiker und Militärs der
Atomenergie bemächtigten. Um so angespannter arbeiteten die
Wissenschaftler nach Weltkriegsende, um diese Energie für friedliche Zwecke nutzbar zu machen. In England waren die ersten
Atombrenner schon 1947 in dem Forschungszentrum Harwell
eingerichtet worden. Sie dienten hauptsächlich Experimen-
ten, stellten aber auch das künstliche Element Plutonium her und
erzeugten radioaktive Substanzen für industrielle und medizinische Zwecke. Das erste atombetriebene Elektrizitätswerk der
Welt wurde 1954 in Calder Hall in Cumberland (Nordwest-
england) errichtet. Die Leistung des Atombrenners beträgt 92 000
kW, die Kilowattstunde Atomstrom kostete 3 Pfennige, war also
billiger als der „Kohlenstrom". Der wichtigste Komplex des
Kraftwerkes Calder Hall sind die beiden Reaktoren, in denen
Wärme erzeugt wird. Sie sehen wie Honigwaben aus, in denen
die Brennstäbe aus Uran ruhen. Um die Brennstoffkanäle zu

kühlen, wird Kohlendioxyd durch sie hindurchgepreßt. Das erhitzte Gas wird sodann durch mehrere Wärmeaustauscher aus Wasser- und Dampfrohren geblasen. Der erzeugte Dampf treibt die Turbogeneratoren an, die den Strom abgeben.

Die größten Kernkraftwerke der Welt

Das größte Atomkraftwerk der Welt war 1957 Hinkley Point in der Grafschaft Somerset im Südwesten Englands. Der Bau kostete 700 Millionen Mark. Die Anlage hat zwei gasgekühlte Uranreaktoren, 12 Wärmeaustauscher und 6 Turbogeneratoren. Ihre Kapazität ist 500 000 kW. Mitte der sechziger Jahre errichteten die Engländer mit einem Kapitalaufwand von insgesamt 12 Milliarden Mark weitere große Kernenergieanlagen: Trawsfynydd (500 000 kW), Oldbury (600 000 kW), Sizewall (580 000 kW), Wylfa Head (1 180 000 kW) und Dungeness (1 200 000 kW). 1968 besaß England 12 Großkraftwerke mit einer Kapazität von 7 Milliarden kW.

Die Vereinigten Staaten, die wegen ihrer gut genutzten Wasserkräfte die Erzeugung von Atomstrom zunächst vernachlässigt hatten, besaßen 1959 neunzehn Anlagen mit einer Kapazität von nur $1^1/_2$ Millionen kW. Der Durchbruch zur Versorgung des Landes mit Atomstrom erfolgte erst 1964/65, als die ersten konkurrenzfähigen Kernkraftwerke entstanden. 1967 wurden in den USA von den Konzernen Westinghouse, General-Electric, Babcock & Wilcox und Combustion-Engineering 31 Atomkraftwerke bestellt. Mehr als die Hälfte aller neu errichteten Kraftwerke in den USA sind Kernenergieanlagen. Mittlerweile sind auch drei amerikanische Stützpunkte in der Antarktis mit kleinen Atomkraftwerken ausgerüstet worden.

Der Aufbau von Atomkraftwerken in Deutschland war lange durch politische Hindernisse gehemmt. Die ersten Forschungsreaktoren entstanden in Jülich (13 500 kW) und Karlsruhe (50 000 kW). Sie beschäftigen heute 2500 Mitarbeiter. Der erste große Leistungsreaktor wurde nach Plänen der US-Firma General-Electric in Gundremmingen bei Günzburg a. d. Donau errich-

81

tet. Es ist ein Siedewasserreaktor mit einer Leistung von 237 000 kW. In Würgassen und Stadersand entstehen neue Anlagen mit Kapazitäten von 640 000 und 630 000 kW. Das dritte Atomprogramm der Bundesregierung ist für die nächsten 5 Jahre mit einer Finanzhilfe von 5 Milliarden Mark ausgerüstet worden.

Das größte Werk der Franzosen ist Chinon mit einer Leistung von 475 000 kW. In Fessenheim wird ein Atomkraftwerk mit einer Kapazität von 650 000 kW errichtet. Auch die Russen haben in der industriellen Nutzung der Kernenergie große Fortschritte gemacht. Die beiden Atomkraftwerke in Bjelojarsk (294 000 kW) liefern überhitzten Dampf von 510° Celsius. Der Atomreaktor „Romaschka", den die Sowjets bei der Genfer Atomkonferenz zeigten, hat eine Leistung von 800 Watt und produziert elektrischen Strom ohne Hilfe einer Turbine. Von solchen Kleinstanlagen versprechen sich die Russen eine Umwälzung auf dem gesamten Gebiet der Stromversorgung. Der Reaktor wird bei 1200° Celsius betrieben. Zwei weitere Reaktoren sollen, allerdings nur für Bruchteile von Sekunden, eine Leistung von 46 000 Watt erreichen; sie erhitzen sich dabei auf 2500°.

Anfang 1968 lieferten die Kernkraftwerke der Welt bereits fast 10 Milliarden kW Energie. Die Kurve der Kernstromerzeugung geht sprunghaft nach oben. Da Wasser nur 2% des Energiebedarfs der Erde deckt und die Öl- und Kohlevorräte eines Tages zu Ende gehen, wird die unerschöpfliche Kernenergie früher oder später überall vorherrschen. Uran 235 kann zwar den Weltstrombedarf nur bis zur Jahrtausendwende decken; da man aber durch Neutronenbestrahlung das sonst nicht spaltbare Uran 238 und Thorium 232 in spaltbares Plutonium bzw. Uran 233 verwandeln kann, erhöhen sich die Vorräte an spaltbarem Kernmaterial auf das Sechshundertfache. Über die Möglichkeiten der Nutzung von Energie aus der Verschmelzung von Wasserstoffatomen war bereits die Rede. Schon heute treibt der Atomstrom Schiffe, Lokomotiven und Flugzeuge, versorgt große Industrieanlagen mit Energie und hilft, abgelegene Gebiete, verborgene Erzvorkommen oder Wüsten zu erschließen.

Die wichtigsten Nebenprodukte, die in den Kernreaktoren entstehen, die Isotope, finden in der Medizin mehr und mehr Verwendung. Isotope können aus Gasen elektrische Leiter machen. Um Guß- und Schmiedestücke auf Fehler zu prüfen, bringt man sie zwischen ein radioaktives Isotop und einen Filmstreifen. An einer fehlerhaften Stelle ist die Strahlendurchlässigkeit des Materials stärker, so daß der Filmstreifen schwärzer als an einwandfreien Stellen wird.

Als „Fährtensucher" und „Spurenanzeiger" sind Isotope unentbehrlich geworden. Laufen beispielsweise verschiedene Ölsorten durch eine Rohrleitung, sollen aber die Öle in getrennte Tanks geleitet werden, so setzt man den Ölsorten je ein Isotop zu und installiert vor der Gabelung einen Geigerzähler. Dieser schlägt entsprechend der Radioaktivität der Isotope aus und gibt damit das Signal zum Öffnen oder Schließen der verschiedenen Ventile. Mit Isotopen lassen sich die Abnutzung der Kolben bei Motoren messen, feinste Unterschiede von Blech-, Lack- oder Kunststoffüberzügen bestimmen, Ungeziefer vernichten u. v. m.

Von Jahr zu Jahr entdecken die Forscher neue Möglichkeiten der Atomkraftnutzung. Der Tag scheint nicht fern, da mit Hilfe dieser Kraft die größten Probleme der Menschheit gelöst sein werden: die Erschließung neuen Lebensraumes durch Erwärmung der Arktis und Antarktis, Bewässerung der Wüsten, Trockenlegung der Sümpfe und Kultivierung der Tundren und Steppen. Man wird Gebirge abtragen und den Lauf von Flüssen umkehren. Die Kernenergie wird alle herkulischen Arbeiten ermöglichen, die bisher nicht oder nur mit dem Einsatz riesiger Arbeiterheere unternommen werden konnten. Wenn wir uns erinnern, daß beim Bau des Panamakanals Zehntausende durch Krankheiten und Erschöpfung ums Leben kamen und daß im Laufe der Geschichte Millionen bei Sklavenarbeiten zugrunde gegangen sind, werden wir die Entdeckung und Nutzung der Atomkraft nicht länger sektiererisch verdammen. Die neue Kraft ermöglicht uns den Bau noch gewaltigerer Kanäle, Tunnels, Staudämme, Brücken und Viadukte, als wir sie bisher errichten konnten. Wenn auch das Werk des Menschen immer den Einsatz des Lebens fordert, wird dank der Kraft des Atoms die Zahl der Opfer doch geringer und geringer werden. Was 1945 als Fluch erschien, wandelt sich zum Segen, und eines Tages, wenn die Großmächte ihre Wasserstoffbomben unbrauchbar gemacht haben, wird die Menschheit auf die Untat von Hiroshima wie auf eine scheinbar unheilbare Krankheit zurückblicken, die dank einer neuen Arznei doch noch besiegt werden konnte.

DER GEIGERZÄHLER

Anfang der fünfziger Jahre war das Uranfieber, von dem Amerika nach der Entdeckung bedeutender Lager auf dem Colorado-Plateau in Utah gepackt worden war, auf dem Höhepunkt. Heere von Uranschürfern schwärmten in dem einsamen Tafelland aus, zerstreuten sich über den dürren, wüsten Hochflächen oder stiegen in die tiefen Schluchten hinab, um das kostbare Erz aufzuspüren. Die meisten trugen ein Metallrohr bei sich, das wie eine große Taschenlampe geformt war: den Geigerzähler. Gespannt warteten sie darauf, daß er ausschlug. Geschah das, schritten sie das fündige Gebiet ab, markierten es und eilten in die nächste Stadt, um ihr Schürfrecht anzumelden. Es ist unwahrscheinlich, daß auch nur einer jener Glücksritter, von denen manche dank ihres Zählrohres zu Millionären wurden, dabei an den genialen Erfinder dachte, dessen Gerät den sofortigen Nachweis radioaktiver Strahlung ermöglicht. Es ist der deutsche Physiker Hans Geiger.

Professor Geiger, der am deutschen Kernenergie-Projekt mitgearbeitet hatte, war Ende September 1945, dreiundsechzigjährig, in einem armseligen Zimmer in Potsdam gestorben, nachdem er in den Nachkriegswirren Haus und Besitz in Berlin-Babelsberg verloren hatte. Seine große Zeit waren die Jahre vor dem Ersten Weltkrieg, als er am Physikalischen Institut der Universität Manchester unter dem Baumeister eines neuen Weltbildes, dem überragenden Ernest Rutherford, gearbeitet hatte. Rutherford hatte die Ursache der Radioaktivität, die Umwandlung der Atome in verschiedene Arten Materie, aufgedeckt. Nun spornte er seinen Mitarbeiter an, ein Gerät zu konstruieren, mit dem man die Alphastrahlen beim Zerfall des Radiums zählen konnte. Wochenlang war Geiger mit Rutherford zusammengesessen. Sie hatten Dutzende Pläne entworfen und wieder in den Papierkorb fallenlassen. Dann konstruierte Geiger einen elektrischen Zähler. Durch einen hohlen Metallzylinder, der mit verdünntem Gas gefüllt war, führte er einen dünnen Draht. Zwischen Draht und Zylinder legte er eine hohe Gleichspannung. Als er zum ersten Male durch ein dünnes Glimmerfensterchen entlang des Rohres Alphateilchen hindurchschoß, entstand durch Ionisierung ein kurzer Stromstoß, der durch das elektrische Feld verstärkt wurde. Der Strom rief am Draht eine Spannungsänderung hervor, die Geiger an einem empfindlichen Elektrometer ablesen konnte. Das Problem war im Prinzip gelöst, alles weitere eine Frage von Verbesserungen und Vereinfachungen. Mit dem Vorläufer des Geigerschen Zählrohres konnte man allerdings noch keine Elektronen nachweisen. Einige Jahre später konstruierte Geiger zusammen mit Rutherford einen Kugelzähler und schließlich, 1913, selbständig den Spitzenzähler; er sprach schon auf Elektronen an. Endlich gelang Geiger 1928 (mit seinem Schüler Müller) die Konstruktion jenes Zählrohres, das zu einem der wichtigsten Geräte in Forschung und Technik geworden und in vielen Hunderttausenden Exemplaren in der ganzen Welt verbreitet ist. Auch für den Strahlenschutz ist das weiterentwickelte Geigerrohr von unschätzbarer Bedeutung; es hat vielen Tausenden Leben und Gesundheit gerettet — sobald es ausschlägt, ist Gefahr im Verzug, Gefahr durch radioaktive Ausstrahlung.

DIE ATOMUHR ENTHÜLLT DIE VERGANGENHEIT

Ein paar Ziegenhirten, die 1947 in der Wüste Juda nächtigten, mußten nach ihrem Erwachen feststellen, daß eins der Tiere fehlte. Auf der Suche nach ihm kam einer der Hirten zu einer Felswand, in der ein Loch klaffte. Neugierig geworden, kroch er hinein. In einer niedrigen Höhle standen ein paar versiegelte Tonkrüge; darin waren Lederrollen aufbewahrt, deren Schriftzeichen er nicht lesen konnte. Er rief seine Gefährten herbei, die zuerst glaubten, weiß Gott welche Schätze sich in den Krügen befänden. Als aber nur Schriftrollen zutage kamen, zündete einer seine Pfeife daran an und ein anderer knüllte eine Rolle enttäuscht zusammen. Nun waren aber in dieser Gegend schon manche altertümliche Funde gemacht worden. Deshalb meinte ein Hirt, es gäbe in Jerusalem vielleicht Narren, die bereit wären, für so etwas ein paar Silbermünzen zu bieten. Und wirklich fanden sich zur Überraschung der Beduinen ein paar Liebhaber, darunter der syrische Patriarch von Jerusalem; er kaufte fünf Schriftrollen zu einem Spottpreis. Eine davon, 7 m lang und eng beschrieben, war besonders gut erhalten — sie entpuppte sich als eine Aufzeichnung des Buches Jesaja, jenes judäischen Propheten, dessen Verkündigung aus dem 8. vorchristlichen Jahrhundert von so großartiger Schau und Sprachgewalt ist.

Um ihr Alter zu bestimmen, wurden die Rollen nach Amerika gebracht, wo eben eine neue Methode angewandt wurde, mit der man die Vergangenheit aufzuhellen hoffte: die Radiokarbonmethode. Den Hauptanteil an ihrer Entwicklung hatte der Radiumchemiker Willard Frank Libby, der ein Laboratorium in Chikago leitete. Libby, der später für seine Entdeckungen 1959 den Albert-Einstein-Preis und ein Jahr danach den Nobelpreis bekommen sollte, hatte in einer genialen Zusammenschau folgende Tatsachen miteinander verknüpft: Kosmische Strahlen bombardieren dauernd die Lufthülle der Erde. Sobald diese Strahlung in die obere Lufthülle eindringt, kommt es zu einer Reihe von Umwandlungen. Unter anderem wird ein Teil des Stickstoffs der Atmosphäre durch Neutronenbeschuß in radioaktiven Kohlenstoff (C 14) verwandelt.

Nun nehmen bekanntlich alle Pflanzen Kohlenstoff auf und geben dafür Sauerstoff ab. Neben dem normalen Kohlenstoff ist in den Pflanzen auch eine winzige Menge von C 14 enthalten, dessen Radioaktivität sich mit hochempfindlichen Zählrohren messen läßt. Inzwischen hatte man auch herausgefunden, daß

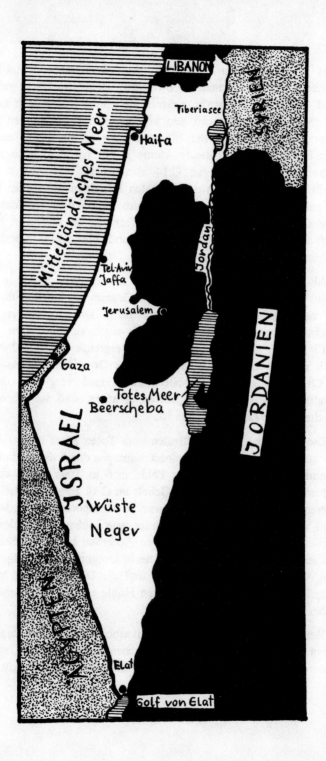

C 14 in 5568 Jahren die Hälfte seiner Radioaktivität einbüßt. Diesen Zerfall nennt man Halbwertzeit. Sobald ein Baum gefällt wird, eine Pflanze abstirbt, nehmen sie keinen Kohlenstoff mehr auf. Man kann daher an den vorhandenen C 14-Atomen das Alter des Holzes oder der Pflanzenfasern geradezu ablesen — man braucht die Zahl dieser Atome ja nur von dem bekannten Gehalt frischer Hölzer an C 14 abzuziehen. Libby baute die Radiokarbonmethode in den nächsten Jahren immer weiter aus. Da mit der pflanzlichen Nahrung auch radioaktiver Kohlenstoff in das Zellgewebe von Mensch und Tier gelangt, konnte er bald auch Überreste von Tieren, tierische und menschliche Knochen, Gehörn, Geräte, Torf, Dung, Korn etc. datieren.

Als Libby die Schriftrollen aus der Ain Fekskha-Höhle in die Hand bekam, verbrannte er etwa 30 Gramm der Leinenhülle, in die sie eingepackt waren, zu Kohlenstoff. Dann prüfte er den Rückstand mit dem Geigerzähler. Es ergab sich ein Alter von 1917 Jahren, allerdings mit einer Fehlergrenze von 200 Jahren nach unten oder oben. Professoren des Orientalischen Instituts in Chikago, die die Jesaja-Niederschrift nach vergleichswissenschaftlichen Methoden überprüften, glauben, daß sie schon in vorchristlicher Zeit entstanden ist.

Die Datierung der Schriftrollen vom Toten Meer ist nur eine der aufsehenerregenden Altersbestimmungen durch die Radiokarbonmethode. So fand man in Tokio in 6 m Tiefe Lotossamen, der noch keimfähig war. Sein Gehalt an C 14 zeigte an, daß der Samen mehr als 3000 Jahre alt war. In Mesopotamien wurde ein Dorf ausgegraben, dessen Bewohner, wie Libbys Atomkalender verriet, hier schon vor 7000 Jahren Ackerbau betrieben. Sandalen aus Webschnur, in einer Grotte in Oregon (USA) aufgefunden, waren über 9000 Jahre alt, und die Datierung von Menschenknochen aus einer chilenischen Höhle ergab ein fast ebenso hohes Alter.

Heute kann man mit der Radiokarbonmethode alle organischen Überreste mit einem Alter zwischen 500 und 60 000 Jahren datieren. Dabei wurden umwälzende Entdeckungen gemacht. So hatte man bis 1950 angenommen, daß die letzte Eiszeit in Nordamerika vor 25 000 Jahren einsetzte. Nach Datierungen von Holz und Torf aus der Gegend des Michigansees steht aber jetzt fest, daß das Eis die Wälder dort erst vor ca. 11 000 Jahren abgetötet hat. Auch die berühmten Höhlenmalereien in Südostfrankreich und Nordostspanien, deren Alter bisher auf 25 000—40 000 Jahre und höher geschätzt wurden, sind viel später, im 14. Jahrtausend vor unserer Zeitrechnung, entstanden. Einem fossilen Schädel aus Südafrika, an dessen Fundstelle sich auch Steinwerkzeuge und tierische Überreste befanden, wurde von Libby ein Alter von mehr als 41 000 Jahren zuerkannt.

Altersbestimmungen kann man mit fast jedem radioaktivem Element oder seinen Isotopen durchführen. Für geologische Datierungen ist Uran 235 bedeutsam; seine Halbwertzeit beträgt 880 Millionen Jahre. Mit der Helium-Methode hat man z. B. Magnetitgestein aus dem Vorkambrium datiert — sein Alter: 1,7 Milliarden Jahre. Rubidium mit der Halbwertzeit von 60 Milliarden Jahren hat u. a. geholfen, afrikanische Gesteine zu datieren. Ihr Alter: 1,25 Milliarden Jahre. Auch Thorium, Kalium, Chlor, Argon u. a. werden in steigendem Maße zu Altersbestimmungen herangezogen. Zweifellos werden wir dank dieser Atomuhren bald über einen Kalender verfügen, der alle Daten des organischen Lebens, der Geologie, ja sogar mancher kosmischen Ereignisse enthält.

Die schwimmende Atomstadt „Wagnis"

Im Jahre 1962 tauchte im Mittelmeer eine schwimmende Stadt auf. 4600 Menschen bewohnen sie, denen 3612 Zimmer zur Verfügung stehen. Für ihre Unterhaltung sorgen eine Fernsehstation, 85 Fernsehapparate und die mehr als 7000 Bücher der Bibliothek. Das elektrische Kraftwerk der Stadt könnte 300 Rundfunkstationen oder eine Metropole wie San Franzisko mit Strom versorgen. Die Menschen in dieser Stadt verbrauchen täglich 11 Tonnen Nahrung. Ihre Ärzte führen 20 000 Impfungen im Jahr aus, machen 8000 Blutproben und versorgen in einem vor Sauberkeit blitzenden Spital die Kranken. Für Notfälle stehen mehrere Operationsräume bereit.

Wo die schwimmende Stadt auftauchte, erregte sie ungeheures Aufsehen. Von ihrem Flugplatz stiegen, manchmal in pausenlosrollenden Wellen, Maschinen auf, die mit doppelter Schallgeschwindigkeit dahinjagten. Jederzeit stehen auf dem Flugfeld 7 Geschwader einsatzbereit. Und doch umfaßt ein kleines Geviert von nur 374 m Länge all diese Menschen, Maschinen, Apparate, Aufenthalts- und Vorratsräume. Es ist der atomgetriebene Flugzeugträger „Enterprise" (Wagnis), ein Schiff von 85 350 Tonnen, dessen Baukosten und Ausstattung $1^3/_4$ Milliarden Dollar überstiegen haben.

An den Plänen für die Enterprise haben 900 Ingenieure und Schiffszeichner gearbeitet. Gebaut wurde sie von der Newport-Shipbuilding-Gesellschaft, während die Westinghouse-Electric-Corporation die 8 Atomreaktoren herstellte. Die Atomreaktoren arbeiten paarweise und haben eine Leistung von zusammen 284 000 PS. Die Enterprise kann 400 000 Seemeilen zurücklegen oder zwanzigmal um die Erde marschieren, ohne ihren atomaren Brennstoff zu erneuern. Mit Öl betriebene Schiffe müssen schon nach 8—10 000 Meilen wieder tanken.

Wenn man die Reaktoren das Herz des Flugzeugträgers und den Kommandoturm seinen Kopf nennt, so ist das elektronische Informationszentrum sein Nervensystem. Jeder seiner Computer kann 1 Million Einzelinformationen empfangen, aufbewahren und auswerten. Die Radarschirme über Deck entdecken jedes Objekt im Umkreis von 500 Seemeilen, ob Schiff, Flugzeug, Rakete, Wolkenbank, Küste oder Leuchtturm. 500 Antennen empfangen und senden elektromagnetische Wellen aus. Die Enterprise ist in ständigem Kontakt mit den militärischen Befehlsstellen im Fernen Osten, dem Kriegs- und Marineministerium und allen anderen Schiffen im Einsatz. Der Befehlsgewalt ihres Kommandanten, der Admiralsrang hat, unterstehen eine Reihe von Begleit- und Sicherungsfahrzeugen: Kreuzer, Zerstörer und Tankschiffe. Im Kriegsfall wacht ein Arzt ausschließlich über die Gesundheit des Kommandanten und veranlaßt seine Ablösung, wenn er eine Krankheit oder Erschöpfungszustände konstatiert.

Die Treibstofftanks der Enterprise fassen über 12 Millionen Liter Benzin und Öl. Eine Besonderheit sind die mit Heliumgas gefüllten Wetterballone an Bord, die mit hochempfindlichen Radiosonden ausgestattet sind. Täglich steigen diese Ballone auf, um rechtzeitig nahende Gewitter, Stürme, Hoch- oder Tiefdruckzonen zu melden. Tief im Innern des Schiffes sind in Hunderten Abteilungen Bomben aller Größenordnungen für die Kampfmaschinen untergebracht.

So imposant die 15 gewaltigen Flugzeugträger*) der amerikanischen Marine sind, sie sind nicht unverletzlich. Das hat eine Reihe von Unfällen gezeigt, von denen das Unglück, das die 76 000 Tonnen große „Forrestal" betraf, katastrophale Ausmaße erreichte. Die Forrestal, drittgrößter Flugzeugträger der USA, geriet am 29. Juli 1967 im Golf von Tonking vor der Küste Nordvietnams in Brand. Aus einem Düsenbomber war ein Treibstofftank auf das Deck des Schiffes gekracht und hatte Bomben und Raketen unter den Rümpfen abflugbereiter Bomber explodieren lassen. Todesmutig stürzten sich Matrosen in die Flammen und kippten die brennenden Maschinen ins Meer. Von den 85 Flugzeugen, die auf der Forrestal stationiert sind, wurden 26 vernichtet. Das Stahldeck des Flugzeugträgers wurde von Bomben aufgerissen, so daß der Brand auch das Schiffsinnere erfaßte. 131 Mann wurden getötet.

---

*) Ein zweiter Atomflugzeugträger ist im Bau. Er wird 13 Jahre ohne Treibstofferneuerung operieren können.

Der Eisbrecher „Lenin"

„Ein nationales Unglück" nennen die Sowjets die endlose kalte Küste zwischen Petschenga (Petsamo) im Nordwesten und der tundrabedeckten Tschuktschen-Halbinsel im Nordwesten des Landes. Aber auch die Ostküste von der Beringstraße bis Wladiwostok erstarrt monatelang in Eis und Schnee. Wie sollte da der Verkehr zwischen den vielen Inseln und Buchten und zwischen dem europäischen und dem asiatischen Norden Rußlands aufrechterhalten werden? Der nördliche Seeweg, den der schwedische Polarfahrer Nordenskiöld 1878/79 auf dem Dampfer „Vega" erzwang, ist fast 6500 km lang und nur 9 (neun) Wochen befahrbar. Unter solchen Umständen war der Bau von Eisbrechern für die Sowjetunion eines ihrer Hauptanliegen; er wurde zur Lebensfrage, seit an den Mündungen der Riesenströme Ob, Jenissej, Lena und Amur bedeutende Industriezentren entstanden. Dazu kam, daß die Russen ihre arktischen und antarktischen Stationen versorgen mußten. Und schließlich hofften sie, nach der Sperrung des Suezkanals einen Teil des Welthandelsverkehrs über die Nordostpassage an sich zu ziehen.

Schon in den zwanziger Jahren bauten die Sowjets hervorragende Eisbrecher. Am bekanntesten wurde die „Krassin", die 1928 die Mitglieder der verunglückten Nobile-Expedition in der Nähe von Spitzbergen rettete. Nach dem Zweiten Weltkrieg bauten die Russen eine ganze Flotte von Eisbrechern auf. Als Gipfelleistung stellten sie am 12. September 1959 den Atomeisbrecher „Lenin" in Dienst. 134 m lang und 27,6 m breit, entwickelt er eine Spitzengeschwindigkeit von 18 Knoten (33,3 km). Das Gewicht des Atomschiffes und sein messerscharfer Bug zerspalten auch dickste Eisschollen. Mit einer Wellenleistung von 4600 PS ist die Lenin fast dreimal so stark wie der größte amerikanische Eisbrecher „Glacier". Im dicken Packeis marschiert die Lenin noch immer mit Fußgänger-Geschwindigkeit.

Der stärkste Eisbrecher der Welt ist mit 3 Kernreaktoren ausgerüstet, die, im Heck des Schiffes untergebracht, unabhängig voneinander arbeiten. Bei einer Wärmeleistung von je 90 000 kW/st. erhitzen sie 1000 Tonnen Wasser auf 325°. Der Dampf, der noch durch zwei Wärmeaustauscher geht, treibt die 4 Turbinen der Lenin an. Sie sind mit Gleichstromgeneratoren gekoppelt und versorgen 3 Elektromotoren mit Strom, der wiederum die 5 Schraubenwellen des Schiffes antreibt. Auf dem Vordermast ist die Radarantenne für die Funkortung angebracht, im Navigationsraum befinden sich modernste Elektronengehirne. Vom Achterdeck aus unternimmt ein Hubschrauber täglich Erkundungsflüge. Die Lenin kann 1 Jahr unterwegs sein, ohne ihren atomaren Brennstoff zu erneuern.

Atom-U-Boot „Nautilus" unter dem Nordpol

So kurz die Geschichte des Atomzeitalters ist, so reich ist sie an Ereignissen, die die kühnsten und die düstersten Prophezeiungen erfüllt haben. Einer der Höhepunkte dieser Entwicklung war die Unterquerung des Nordpols durch das amerikanische Atom-U-Boot „Nautilus". Die Welt feierte das bewunderungswürdige Unternehmen ebenso enthusiastisch wie Lindberghs Ozeanflug 1927 oder den Start des ersten Weltraumsatelliten Sputnik dreißig Jahre später. In allen drei Fällen handelte es sich nicht nur um einen erwarteten technischen Fortschritt, sondern um die Eröffnung neuer Räume und unabsehbarer Möglichkeiten. Und wie immer, hatte es dabei nicht an Schwarzsehern gefehlt, die mit scheinbar wissenschaftlicher Begründung darlegten, wie überflüssig solche Wagnisse seien und warum sie scheitern müßten.

Tatsächlich war die Nautilus nach einer Probe-Expedition unter dem Eis zwischen dem 1. September 1957 und dem 28. Juni 1958 dreimal zurückgeschlagen worden. Bei ihrer ersten Fahrt endete ein 20stündiger Vorstoß mit einer Beschädigung der Sehrohre. Ihren zweiten Vorstoß zum Nordpol mußte sie am 7. September 1957 wegen Kreiselausfall abbrechen und am 18. Juni 1958 aus der Tschuktschen-See den Rückmarsch antreten, weil der Eispanzer zu weit in die Tiefe reichte. Aber schon am 23. Juli lief sie unter ihrem Kommandanten William Anderson wieder aus Pearl Harbour aus, erreichte drei Tage später die Aleuten, passierte am 29. Juli die Beringstraße und nahm, nach mehreren mißglückten Versuchen voranzukommen, am 1. August von Point Barrow im Beaufort-Meer Kurs auf den Nordpol. In 120 m Tiefe hielt die Nautilus eine Geschwindigkeit von 20 Seemeilen die Stunde aufrecht. Fernsehschirme und Sonar deckten auf, daß das Packeis der Arktis mit seinen gefährlichen Zacken zwar bis zu 23 m herabreicht, daß es aber keine dicht zusammenhängende Decke bildet, sondern voller Löcher ist. Diese Tatsache hat die strategischen Pläne der amerikanischen Marineführung entscheidend beeinflußt. U-Boote können seither auch in der Arktis operieren und an geeigneten Stellen auftauchen. Zudem korrigierten die Meßergebnisse der Nautilus verschiedene falsche Angaben. So zeigt ihr Tiefen-Echograph, daß das Eismeer im Nordpolbereich fast 600 m tiefer ist, als die bisherigen Karten angaben. In der Nähe des Pols ragt eine 2700 m unterseeische Berggruppe über den Meeresboden auf.

Am 3. August, kurz vor Mitternacht, konnte Commander Anderson den historischen Satz in das Logbuch eintragen: „Nautilus 90 Grad Nord." Zum ersten Mal hatte ein Schiff den Nordpol erreicht! Nach 1850 Seemeilen unter Eis tauchte das Atom-U-Boot am 5. August westlich von Spitzbergen wieder auf. „Ein neues Lebensgefühl ausgekostet — dem alten Leben zurückgegeben", funkte ein Besatzungsmitglied nach dem Einlaufen in einen englischen Hafen nach Hause.

Die Nautilus, ein U-Boot von rd. 3000 Tonnen, war das erste Unterwasserschiff, das mit einem Atomreaktor zur Wärmeerzeugung für die Antriebsanlage ausgerüstet war; damit war sie unabhängig von Luftzufuhr und in ihrer Tauchzeit nicht beschränkt. Mitte Juni 1952 in Groton (New York) auf Kiel gelegt, lief sie am 21. Januar 1954 vom Stapel und funkte ein Jahr später in die Welt: „Mit Kernenergie unterwegs" . . ., der zur Sicherheit eingebaute Dieselmotor hatte entfernt werden können; ihr Druck-wasser-Reaktor* arbeitete zuverlässig. In zehn Jahren legte die Nautilus über 300 000 Seemeilen zurück und führte 2000 Tauch-manöver aus. Erst Anfang 1957 mußte sie zur ersten Reaktor-füllung in die Werft gehen.

Um diese Zeit war bereits das zweite amerikanische Atom-U-Boot, der „Seawolf" in Dienst gestellt. Mit seinem Natrium-Graphit-Reaktor legte der Seawolf zwischen dem 7. August und dem 6. Oktober 1958, also in 60 Tagen, getaucht, rd. 16 000 See-meilen zurück. Trotzdem wurde sein Reaktor ausgebaut und durch den bewährten Druckwasser-Reaktor ersetzt. Zusammen mit dem dritten Atom-U-Schiff „Skate" und drei anderen U-Booten bildeten die Nautilus und der Seawolf die „Atomare Unterwasserdivision 102" der US-Marine.

Der Gedanke, Atom-U-Boote zu konstruieren, war unmittel-bar nach der Entdeckung der Kernspaltung des Urans und des Thoriums durch Professor Otto Hahn Ende 1938 in manchen Köpfen aufgetaucht. In Amerika erhielt Dr. Gun vom For-schungslaboratorium der US-Marine 1939 ganze 1500 Dollar, um entsprechende Pläne auszuarbeiten, die dann zu den Akten gelegt wurden. Erst als sich der damalige Kapitän (jetzt Admiral) H. G. Rickover, vom Chef der Seekriegsleitung, Admiral Nimitz, unterstützt, mit Feuereifer der Sache annahm, wurde die Ent-wicklung von Atom-U-Booten in den USA vorangetrieben. Zwei Probleme mußten vor allem gelöst werden: Welche Form sollten die neuen U-Boote haben, um Höchstgeschwindigkeiten zu er-zielen, und wie waren Boot und Besatzung vor den radioaktiven Teilen des Reaktorraumes zu schützen? Um Eigenschaften und Verhalten schneller U-Boote zu studieren, baute die amerikani-sche Marine 1952 zunächst ein Elektroboot, dessen Form an einen Zeppelin mit aufgesetztem Turm erinnerte. Dieses Boot erreichte eine Geschwindigkeit von 33 Knoten oder Seemeilen. Seine Tiefensteuerung und Manövrierfähigkeit waren so gut, daß

---

*) Beim Druckwasser-Reaktor dient normales Wasser als Moderator und Kühlmittel. Es wird unter Druck gesetzt, damit es im Reaktor nicht verdampft.

alle neuen Atom-U-Boote der US-Marine die Zeppelinform erhielten. Ihre radioaktiven Teile wurden durch einen horizontalen Schutzschild abgeschirmt. Die Boote der später entwickelten „Skipjack"-Klasse haben nur noch eine Welle, und die Tiefenruder strecken sich, Flügeln gleich, aus dem Turm (Segel) heraus.

Das moderne Atom-U-Boot hat nur einen einzigen Rudergänger, der das Unterwasserschiff mit einer Art Steuerknüppel lenkt. Auf dem Bildschirm verfolgt er, ob Kurs, Marschgeschwindigkeit und Tiefe mit den festgesetzten Werten übereinstimmen. 1963 stellte ein Atom-U-Boot der Skipjack-Klasse einen neuen Tauchrekord auf — es blieb 87 Tage unter Wasser.

Die Tragödie der „Thresher"

Das erste Atom-U-Boot einer ganz neuen Klasse war die „Thresher" — nach offiziellen Verlautbarungen das schnellste, wendigste und leiseste U-Boot der amerikanischen Marine; es konnte auch am tiefsten tauchen. Die Thresher ging am 9. April 1963 unter ihrem Kommandanten John Harvey in See. Begleitet wurde sie von einem U-Boot-Rettungsschiff, der „Skylark". Das 85 m lange und 3700 t schwere Unterwasserschiff war dazu bestimmt, feindliche U-Boote zu versenken. Dazu war es mit Unterwasser-Raketen vom Typ „Subroc" mit Atomsprengköpfen ausgerüstet. Am 9. April befand es sich mit 129 Mann an Bord etwa 400 km vor Cap Cod im Atlantik. Es unternahm eine Reihe Tauchversuche in verhältnismäßig niedriger Wassertiefe. Mit der Skylark stand es in ständiger Funkverbindung.

Am 10. April, um 6.23 Uhr sah die Skylark das Sehrohr des Atom-U-Bootes zum letzten Mal. 1½ Stunden später meldete die Thresher, daß sie in 120 m Tiefe liege und die Besatzung nach undichten Stellen suche, wie es der Vorschrift entspricht. Kurz darauf wurde gemeldet, daß kein Leck gefunden sei. Das U-Boot wollte nun auf eine „Testtiefe minus x Fuß" hinabgehen. Dieser geheimgehaltene Punkt, liegt ein gutes Stück über jener Tiefe, wo der Wasserdruck so gewaltig ist, daß er ein U-Boot zerreißen würde.

Um 9.13 Uhr meldete der Funker des U-Bootes, daß sie „kleine Schwierigkeiten" hätten; ihr Steigwinkel sei aber normal. „Versuchen anzublasen", teilte er seinem Kollegen auf der Skylark mit. Das bedeutete, daß die Thresher, mit dem Bug schräg nach oben, auftauchen wollte und daher in ihre Balasttanks Preßluft blies. Der Kommandant des Bergungsbootes fragte besorgt: „Haben Sie das Boot noch in der Hand?" Er bekam keine Antwort mehr. Vier Minuten später hörte er im Lautsprecher die Thresher zum letzten Mal. Er verstand aber nur das Wort „Testtiefe", weil gurgelnde Geräusche die Stimmen überdeckten. „Sie blasen Preßluft in die Tauchzellen", rief er, denn so hörte es sich an. Aber der Navigationsoffizier Oberleutnant Watson hatte im Zweiten Weltkrieg zu oft das Auseinanderbrechen eines torpedierten Schiffes miterlebt, um das schreckliche Blubbern nicht sofort richtig zu deuten. Von der unglücklichen Besatzung der Thresher kam denn auch keine Meldung mehr und kein Laut — so oft die Skylark rief, antwortete ihr nur Schweigen. Fast zwei Stunden fuhr sie das Tauchquadrat ab und gab in Abständen von zehn Minuten das Notsignal zum Auftauchen. Aber erst bei Einbruch der Dämmerung sichtete ein Ausguckmann Ölflecken auf den Wogen. Ein paar Korkstücke und Kunststoffetzen, die das Meer hochspülte, ließen keinen Zweifel am Schicksal der Thresher. Schon Stunden vorher war Präsident Kennedy verständigt worden, daß das Atom-U-Boot menschlicher Voraussicht nach verlorengegangen sei. Am nächsten Tag fanden Kriegsschiffe leuchtend rotgelbe Handschuhe, wie sie von Besatzungsmitgliedern der Thresher im Reaktorraum des U-Bootes getragen worden waren. Auch zusammengeballte Teile einer Schwimmweste und das Bruchstück einer verkohlten Kunststoffplatte wurden aufgefischt.

Wie hatte es zu einer solchen Katastrophe kommen können? Bei der Übernahme des Atom-U-Bootes waren eine Anzahl gefährlicher Mängel festgestellt worden. So funktionierte jedes fünfte Ventil der hydraulischen Anlage verkehrt herum. Das hieß, daß sich diese Ventile öffneten, wenn der Absperrschalter betätigt wurde. Auch der Mechanismus für das Aus- und Ein-

fahren des Sehrohres war „anders herum" eingebaut worden —
das Periskop fuhr ein, wenn der Aufwärtsknopf gedrückt wurde.
Und in der Lüftungsanlage der Thresher lag ein vergessener Bolzen herum. Allerdings waren diese Fehler beseitigt worden, und
bei einer letzten Inspektion war „alles in Ordnung". War es das
wirklich? Vier Jahre später sollten ähnliche Schnitzer und Vergeß-
lichkeiten zu der amerikanischen Raumflug-Katastrophe führen.
Aber vielleicht war das Unglück auf die Fehlleistung eines Be-
satzungsmitglieds zurückzuführen. Der Untersuchungsausschuß
der US-Marine stellte dagegen fest, es sei „unvorstellbar", daß
ein Bedienungsfehler den Verlust der Thresher herbeigeführt
habe. Mit Recht gelten ja die Besatzungen der U-Boote als Aus-
lese der Marinesoldaten.

Aber wenn menschliches und technisches Versagen ausgeschlos-
sen waren, gab man den wildesten Gerüchten Raum: War ein
sowjetisches U-Boot in das Wilkinson-Tief des Atlantischen
Ozeans eingedrungen, wo die Thresher operierte? Die Marine-
leitung entkräftete diesen Verdacht sofort. In der Nähe des
Tauchquadrates, so erklärte sie, befand sich kein fremdes Fahr-
zeug. — Lag Sabotage vor? Diese Möglichkeit ist durch den
Spruch des Untersuchungsgerichtes nicht ausgeschlossen worden.
Nach dem Anhören von weit über hundert Zeugen kamen die
Richter der US-Marine zu dem Schluß, die Katastrophe sei wahrscheinlich durch das Platzen einer Rohrverbindung herbeigeführt
worden. Wenn in einer Tiefe von rd. 300 Metern ein dünnes
Rohrstückchen platzt, läuft in ganz kurzer Zeit der Maschinen-
raum voll Wasser. Die Folge ist ein Kurzschluß in der Haupt-
schaltung und damit die Stillegung der Maschinenanlage. War
das so, so konnten die Tauchzellen nicht mehr angeblasen werden, und die Thresher ist übers Heck rettungslos abgeglitten. Sobald der Wasserdruck zu stark wurde, riß die Haut des Atom-
U-Bootes auf, und das hereinschießende Meer brach die Thresher
wie eine Nuß auf, die zerberstenden Teile mit sich fortreißend.

Es gibt Schicksalsschläge, gegen die der Mensch machtlos ist.
Wenn sich in einem dürren Sommer ein Wald an einem Stückchen
Glas entzündet und ganze Siedlungen vernichtet werden, spricht

man mit Recht von höherer Gewalt. Das Unglück der Thresher gehört nicht dazu. Wenn auch jeder Fortschritt mit Opfern er- kauft wird — die 129 Männer des Atom-U-Bootes hätten nicht geopfert werden müssen, wenn nur alle Prüfer bei den zahllosen Kontrollen ihre Inspektionen vorschriftsmäßig durchgeführt hätten. Aber vielleicht ist der Mensch damit schon überfordert, und wir werden infolge der Unzulänglichkeit auch der Besten immer wieder Zeugen neuer Verhängnisse sein.*

Viel öfter aber sind wir glücklicherweise Zeugen bahnbrechender Ereignisse und Errungenschaften. Als das amerikanische Atom-U-Boot „Triton" 1960 den Erdball unter Wasser umrundete und dabei, getaucht, fast 36 000 Seemeilen zurücklegte, hatte der Mensch nicht nur wieder einen neuen Rekord aufgestellt, sondern auch eine ihm scheinbar gesetzte Grenze durchbrochen. Dasselbe war im März 1959 dem Atom-U-Boot Skate geglückt: Bei einer 13tägigen Untereisfahrt zum Pol tauchte sie mehrfach durch Packeislöcher auf und durchstieß am 17. März das Eis des Nordpols. Hier bestattete ihr Kommandant die Asche des verstorbenen australischen Polarforschers Sir Hubert Wilkins, der 1931 mit seinem U-Boot „Nautilus"**) versucht hatte, in das Nordpolarmeer einzudringen.

Im Sommer 1962 starteten die Atomunterwasserschiffe Skate und Seadragon gemeinsam zum Nordpol, wo sie am 2. August auftauchten. Im Juli desselben Jahres war auch das russische Atom-U-Boot „Leninskij Komsomol" am Nordpol aufgetaucht. Seither sind noch manche Rekorde von Unterwasserschiffen aufgestellt worden. Das Unterfahren eines Eisberges, Winterexpeditionen zum Pol und andere „Unternehmen ohne Beispiel" gehören heute schon fast zum Alltag der verwegenen Unterwasserschiffer. Immer aber wird die Unterquerung des Nordpols durch die Nautilus als kühnste Pioniertat der Unterwasserfahrt gerühmt werden.

---

*) Ende Mai 1968 ging auch das amerikanische Atom-U-Boot „Scorpion" mit 99 Besatzungsmitgliedern verloren.
**) Nicht zu verwechseln mit dem amerikanischen Atom-U-Boot gleichen Namens.

Die bunten Vögel im Weltall
Das Farbfernsehen

Hoch in den Bergen der Bucht von Santa Monica in Kalifornien liegt das Forschungsinstitut der Hughes-Aircraft-Company, in dem das Mondlandefahrzeug „Surveyor" und die Nachrichtensatelliten entwickelt worden sind. 400 Wissenschaftler, vor allem Raumfahrtingenieure, Elektroniker und Grundlagenforscher, arbeiten hier an der Entwicklung neuer Projekte, die für die Gestaltung der Zukunft ausschlaggebend sind. Als Anfang April 1965 der Satellit „Early Bird" (Früher Vogel) von Kap Kennedy mit einer schubverstärkten Thor-Delta-Rakete in eine Umlaufbahn 36 000 km über dem Äquator geschossen wurde, kennzeichnete Brigadegeneral David Sarnoff, der Vorsitzende des Verwaltungsrates der Radio-Corporation von Amerika, dieses Ereignis als ebenso einschneidend für die Menschheit wie die industrielle Revolution des 19. Jahrhunderts.

„In 5—10 Jahren", so erklärte Sarnoff, „werden äußerst leistungsfähige Satelliten Fernsehsendungen an alle Besitzer von Apparaten ausstrahlen, ohne daß die Sendungen im Lande der Empfänger erst von eigenen Stationen übernommen werden müssen. Lange vor dem Jahre 2000 wird der Mensch imstande sein, sich sofort — durch Bild und Ton, geschriebenes Wort und Austausch von elektronischen Daten — mit jedermann auf der ganzen Erde in Verbindung zu setzen."

Wie Sarnoff weiter ausführte, werden dann Studenten in jedem Land an Fernsehvorlesungen der führenden Universitäten teilnehmen und Wissenschaftler die Vorträge von Erfindern und Entdeckern hören, ohne ihren Arbeitsplatz verlassen zu müssen; sie werden die Vortragenden sehen, als stünden sie ihnen gegenüber. Geschäftsleute, Historiker, Ingenieure, aber natürlich auch Privatleute, werden alles Material, das sie brauchen, von jedem Platz der Erde anfordern können und fast augenblicklich erhalten.

Wer dieses Zukunftsbild auch heute noch für Utopie hält, berücksichtigt dabei nicht den Rang und die Stellung Sarnoffs im

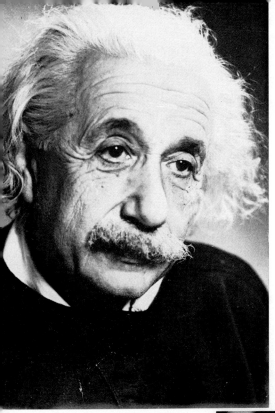

Albert Einstein schuf mit seiner Relativitätstheorie und der kühnen Weiterführung der Quantentheorie Max Plancks ein neues, revolutionäres Weltbild.

dpa Bild

er dänische Physiker Niels Bohr, Nobel-
reisträger 1922, konstruierte das erste
odell eines Atoms.   *dpa Bild*

So müssen wir u[...]
den Kern eines Ura[...]
Atoms vorstellen, u[...]
den sich in unübe[...]
sichtlichen Bahn[...]
die Elektronen bew[...]
gen. Die hier g[...]
zeigte Vergrößeru[...]
des Gebildes verhä[...]
sich zu seiner wir[...]
lichen Größe wie d[...]
Erdball zu eine[...]
Apfel.   dpa B[...]

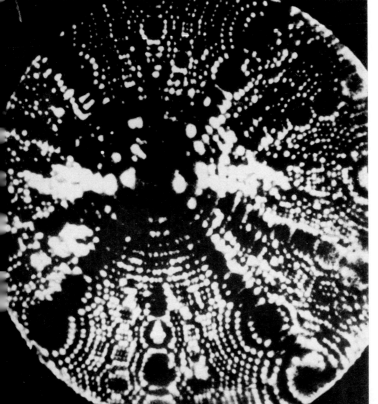

Das sind Atome, [...]
an der Oberfläc[...]
von Wolfram fot[...]
grafiert wurden. J[...]
der helle Punkt ste[...]
ein Atom dar. D[...]
Abstand   zwisch[...]
ihnen beträgt den 50[...]
millionsten Teil ei[...]
Zentimeters.
                dpa B[...]

amerikanischen Rundfunk und Fernsehen. Schon 1928 hatte der in die Vereinigten Staaten ausgewanderte Russe — er stammt aus der Nähe von Minsk — einen Versuchsfernsehsender aufgebaut und 1939 bei der New Yorker Weltausstellung die ersten geglückten Fernsehübertragungen durchgeführt. Im Alter von 17 Jahren war er Schiffstelegrafist gewesen. Als erster hatte er 1912 die SOS-Rufe der sinkenden „Titanic" aufgefangen und weitergeleitet. David Sarnoff, der Dutzende Patente besitzt, hat sich auch als Erfinder hervorgetan. Von ihm beraten, hat sein Sohn Robert, Präsident der National-Broadcasting-Company, seiner Gesellschaft die Führung in der Gestaltung der Fernsehprogramme gesichert, wobei er in das Projekt, das Mitte der fünfziger Jahre noch fragwürdig erschien, 50 Millionen Dollar investierte.

Wenn ein Mann wie David Sarnoff ein Zukunftsbild entwirft, wie wir es nachgezeichnet haben, besteht kaum ein Zweifel daran, daß es verwirklicht werden wird. Sarnoff kennt alle Schwierigkeiten, die diesem Bild noch entgegenstehen: Die Nachrichten- und Fernsehsatelliten müssen wenigstens 5—10 Jahre klaglos funktionieren, um die Kosten zu decken; sie belaufen sich auf rd. 40 Millionen Mark. Es müssen neue elektronische Bauteile winzigen Ausmaßes geschaffen werden. Es muß gelingen, den Laserstrahl*) für die Übertragung von 20 Sendungen zu benutzen, und man wird ein Elektronengehirn konstruieren müssen, das all diesen Teilstücken des großen Projektes übergeordnet ist, um ihr Zusammenwirken zu gewährleisten und Störungen sofort wieder zu beheben. Welche Summen da noch angelegt werden müssen, entzieht sich vorderhand der Berechnung.

Mehr Wissen oder allgemeine Verdummung?

Pessimisten sehen die Fernsehzukunft etwas anders als Sarnoff. „Soll die Menschheit weiter verdummen?" fragen sie. „Wenn alle das gleiche Programm empfangen, werden sie früher oder später nur noch eine Meinung und weitgehend denselben Geschmack haben — es wird die Meinung von Lieschen Müller und

*) Siehe Seite 124

der Geschmack von Herrn Jedermann sein. Gut, auch Rußland hat 1965 mit seinem ersten Nachrichtensatelliten Fernsehsendungen über eine Strecke von 6500 km (Moskau—Wladiwostok) übertragen und wird bald über ein 3-Satellitensystem verfügen, mit dem es den anderen Teil der Welt mit Programmen beliefert. China wird folgen und Frankreichs de Gaulle nicht zurückstehen wollen. Aber hätten wir auch Dutzende Fernsehvögel am Himmel — die Programme wären Propaganda oder Reklame, und in wenigstens dreien oder vieren von ihnen würde gegen die anderen gehetzt werden."

Wir haben das grobe Gegenstück zu Sarnoffs Optimismus wiedergegeben, weil der an die Wand gemalte Teufel mit seinem Pferdefuß manchmal zu unverschämt ausschlägt. Wenn in Amerika sogar Direktübertragungen von der Opernbühne durch plumpe Hinweise auf Zigarettenmarken oder ein auch gesundheitsschädliches Getränk unterbrochen werden; wenn die Sowjets ihre Programme zur Rotfärbung der Geschichte und Verketzerung aller möglichen und vermeintlichen Gegner benutzen und wenn die Sendeleiter die öffentliche Meinung nach vorgefaßten Ansichten beeinflussen, dann wäre es sicherlich besser, man begnügte sich mit harmlosen Regionalprogrammen. Wir meinen allerdings, daß manche dieser Gefahren mit der wachsenden Konkurrenz schwinden werden und daß früher oder später ein Übereinkommen zwischen den Fernsehmächten zustande kommt, das wenigstens den gröbsten Mißbrauch der Sendungen verhindert. Jetzt aber wollen wir uns fragen, wie dem Menschen die Übertragung bewegter Bilder und deren Wiedergabe an weit entfernten Orten durch elektromagnetische Wellen überhaupt gelungen ist.

*

Im Anfang war der Gedanke! Der Gedanke, daß elektrisch übertragene Bilder zeilenweise abgetastet werden könnten und müßten. Dieser Gedanke kam dem schottischen Philosophen Alexander Bain schon 1843. Als dann 1875 Carey eine Selenzelle zur Umwandlung von Licht in Elektrizität entwickelte und Heinrich Hertz die nach ihm benannten Wellen entdeckte, waren die Grundlagen für das Fernsehen eigentlich bereits geschaffen. Und tatsächlich erfand 1884 Paul Nipkow aus Lauenburg in Pommern eine mit spiralförmig angeordneten Löchern versehene Scheibe, mit der das Bild punktweise übertragen werden konnte. Die Nipkowscheibe wurde beim Fernsehen in Deutschland bis 1943 benutzt. Es hatten aber fast 50 Jahre vergehen müssen, bevor die ersten brauchbaren Fernsehübertragungen gelangen. Ing. Nipkow, inzwischen als Eisenbahnbeamter längst pensioniert, erlebte es als fast Achtzigjähriger noch, daß im Rundfunkstudio am Berliner Reichskanzlerplatz die ersten Fernsehszenen auf dem Bildschirm erschienen.

Die Nipkowscheibe, heute nur noch von historischem Interesse, ist ein Bildzerlegergerät wie das menschliche Auge. In der Netzhaut des Auges verzweigt sich der seitlich vom Gehirn ab laufende Sehnerv, der dem Gehirn Lichteindrücke zur Lichtempfindung zuleitet, in eine riesige Anzahl allerfeinster Fasern, den sogenannten Stäbchen und Zäpfchen. Man bekommt eine Vorstellung von der Feinheit dieser Nervenfasern, wenn man erfährt, daß etwa 120 Millionen Nervenfasern als Stäbchen und 7 Millionen als Zäpfchen die mosaikartige Oberfläche unserer Netzhaut bilden. Mit diesem wunderbaren Gerät, unserem Auge, zerlegen wir die Bilder aus der Umwelt in Millionen Bildpunkte. Jedes Bild besteht aus rd. 1 700 000 Lichteindrücken in unserem Gehirn.

So arbeitete die Nipkowscheibe

Das Zerlegen von Bildern in einzelne Lichtpunkte ist auch die Aufgabe der Nipkowscheibe und aller elektronischen Fernsehgeräte. Eine dünne Metallscheibe dreht sich vor einem durchstrahlbaren Lichtbild, dem Diapositiv. In den Metallscheiben sind, spiralenförmig angeordnet, Löcher eingebohrt, die Blenden. Wenn die Nipkowscheibe sich einmal gedreht hatte, hatte jedes Blendeloch einen kreisförmigen Strich belichtet.Alle Blenden gemeinsam lösten das untergelegte Diapositiv in eine Anzahl Striche oder Zeilen auf. Derart zerlegt eine Scheibenumdrehung die Bildfläche in so viele Bildpunkte, wie sie der zweiten Potenz der Blendenzahl entsprechen. 30 Blendelöcher ergeben also 900 Bildpunkte. Nun müssen die Bildpunkte in elektrische Impulse umgewandelt werden. Diese werden von einem Sender ausgestrahlt und von den Empfangsgeräten aufgenommen, wobei sie in Bildpunkte zurückverwandelt werden.

1897 hatte Karl Ferdinand Braun die nach ihm benannte Röhre erfunden, die zunächst als Bildschreiber für 20-zeilige Schattenbilder Verwendung fand, aber bald für die gesamte Funk- und Fernsehtechnik unentbehrlich wurde. Die mit einem fluoreszierenden Gas gefüllte, luftleere Röhre arbeitet nach folgendem Prinzip: Die Kathode der Röhre wird durch einen Heizfaden zum Glühen gebracht; dadurch sendet sie Elektronen aus. Am entgegengesetzten Ende der Röhre trifft der Elektronenstrahl auf einen Bildschirm. Da ein Elektromagnet den Kathodenstrahl lenkt, wird das Bild zeilenweise geschrieben, und der Strahl wird heller oder dunkler, je nachdem wie stark die ankommenden elektrischen Impulse sind. Das Auge nimmt jedoch ein zusammenhängendes Bild auf, weil die Bildzeilen mit den verschieden hellen Punkten außerordentlich schnell über den Bildschirm gehen.

Die ersten praktischen Fernsehvorführungen wurden in Deutschland Mitte der zwanziger Jahre von August Karolus, in den Vereinigten Staaten von C. F. Jenkins und in England von John L. Baird durchgeführt. Der Schotte Baird, der sich lange als Hausierer durchschlagen mußte und, wie viele Erfinder vor und nach ihm, von seinen Mitmenschen als „komplett verrückt" angesehen wurde, bereitete noch das Farbfernsehen vor, ehe er, kaum 58jährig starb. An der Entwicklung des Fernsehens hatte auch D. v. Mihaly einen erheblichen Anteil. Mihaly machte 1919 mit einem oszillografischen Bildfeldzerleger Schattenbilder über mehrere Kilometer sichtbar und baute 1928 für die deutsche Reichspost einen Fernseher für 30 Zeilen. In Amerika waren es neben David Sarnoff vor allem Philo Farnsworth und Wladimir Zworykin, die das Fernsehen auf die heutige Höhe führten. Die Geschichte dieser beiden Männer und ihrer Erfindungen ist so ungewöhnlich, daß wir sie hier nacherzählen wollen.

Farnsworth, der Sohn eines Farmers bei Rigby (Idaho), hatte schon 1922, als Sechzehnjähriger, das Prinzip eines Elektronenstrahl-Bildzerlegers mit der Verstärkerröhre entwickelt. Er zeichnete es auf die Schultafel und bat seinen Direktor, es zu beurteilen. Direktor Tolman ist außerordentlich beeindruckt, aber ratlos, wie man die Entdeckung verwerten kann. 5 Jahre später vertraut Farnsworth seine Einfälle dem Büroleiter des Unternehmens an, in dem er Botenjunge ist. Sein Vorgesetzter bringt ihn mit Ingenieuren aus der Rundfunkindustrie zusammen, und diese machen Finanzleute in San Franzisko auf Farnsworth aufmerksam; von ihnen bekommt der junge Erfinder 100 000 Mark. Damit richtet er ein Laboratorium ein und bombardiert das Patentamt in Washington mit einem Dutzend Anmeldungen. Schon sieht Farnsworth die Verwirklichung seiner Träume greifbar vor sich, da stößt die Welt seiner Ideen mit einer anderen Welt zusammen. Es zeigt sich, daß alles, was er erdacht hat, gleichzeitig auch von einem anderen erdacht worden war. Es ist, als ob zwei Menschen einen gleichen Auftrag ausgeführt hätten und als ob der gleiche Geist in zwei Männern wirke.

Der andere, der eben eine Reihe ähnlicher Patente angemeldet hat, ist der weißrussische Emigrant Wladimir Zworykin aus New York. Zworykin hatte in den Werken der Westinghouse-Elektrizitätsgesellschaft gearbeitet und sich vergeblich um die Erlaubnis bemüht, Forschungen in den Laboratorien des Unternehmens zu betreiben. Von Westinghouse war Zworykin zur Radio-Corporation-of-America gegangen. Ihr weitblickender Präsident Sarnoff stellte ihm sofort alle Einrichtungen der Firma für die experimentelle Ausführung seiner Fernsehprojekte zur Verfügung. Zworykin vom Atlantischen und Farnsworth vom Stillen Ozean, zwei Magier des Äthers und seiner geheimnisvollen Strahlen, begegneten einander.

Ein Patentstreit um Milliarden

Als die beiden Erfinder ihre Rivalität erkannten, versuchten sie, das Patentamt zu einer schnellen Entscheidung zu zwingen. Die stürmische Entwicklung des Rundfunks hatte ihnen ja gezeigt, um welche riesigen Werte ihr Konkurrenzkampf ging. Wer die entscheidenden Patente zugesprochen bekam, würde der Zar einer neuen Industrie werden und Reichtum und Ruhm ernten. Hier standen nicht nur Macht und Ohnmacht eines Menschen auf dem Spiel — eine neue Welt drängte ins Leben, und von ihr würden eines Tages Hunderttausende abhängen. Welcher Mann hatte nun als erster den Elektronenstrahl-Bildzerleger mit der Verstärkerröhre erfunden? Das Patentamt wollte Beweise haben — Zworykin besaß ihrer genug. Farnsworth dagegen konnte nur ein paar Notizen vorzeigen; daß er das Schema der Röhre schon 1922 auf eine Schultafel gemalt hatte — wer konnte das bestätigen? Farnsworth jagte Telegramme in alle Richtungen, gab eine Unzahl von Inseraten in den Tageszeitungen des Mittelwestens auf. Er suchte einen Mr. Tolman, Schuldirektor a. D. und einzigen Zeugen für die Kreidezeichnung aus seinen Schülertagen. Zwei Tage vor Ablauf der Frist kam Tolman nach Washington . . .

Die Verhandlungen vor dem Patentamt rollten wie ein erregender Film ab. Kaum hatte Tolman die Erklärungen zu seiner Person abgegeben, stürzte sich Farnsworths Anwalt auf den alten Mann im Zeugenstuhl: „Mr. Tolman, können Sie unter Eid aussagen, daß Sie Ihren ehemaligen Schüler Farnsworth seit seiner Schulzeit nicht wiedergesehen haben?" —

„Das kann ich jederzeit beeiden", nickte der weißhaarige Herr bedächtig.

„Versuchen Sie, sich an diese Schulzeit zu erinnern!" beschwor der Anwalt den Zeugen. „Hat Farnsworth Ihnen damals etwas von einer Erfindung erzählt, die er gemacht hat und die er Television nannte?" —

„Ja, das weiß ich noch ganz genau." —

„Erinnern Sie sich auch an Einzelheiten?" —

„O ja, gewiß — ich werde das niemals vergessen", erwiderte der Schuldirektor nachdrücklich. „Wenn Sie mir Kreide und eine Tafel bringen, könnte ich Farnsworths Zeichnung noch heute wiedergeben. Sie hat sich damals meinem Gedächtnis unauslöschlich eingeprägt."

Als Tafel und Kreide gebracht wurden, entwarf Tolman mit sicheren Strichen jenes Stromkreisschema, das der Schüler Farnsworth 1922 skizziert hatte. Aber nun nahmen ihn Zworykins Anwälte ins Kreuzverhör. War es denn zu glauben, daß ein Greis das technische Wissen beherrschte, das sogar ausgebildeten Technikern und Physikern noch Rätsel aufgab? War es nicht verdächtig, daß er ein so kompliziertes Stromkreisschema im Kopf haben wollte? Ließ das nicht auf ein Einverständnis Tolmans mit Farnsworth schließen, auf Zeugenbeeinflussung?

Aber da kamen sie an den Unrechten! Mr. Tolman zeigte den Anwälten und den Richtern, was ein Schuldirektor alten Schlages alles weiß. Er entwickelte ein eingehendes Referat über die Geschichte der Elektrizität und der Strahlenforschung. Röntgen- und Gammastrahlen, unsichtbares ultraviolettes Licht, ultrarotes Licht, Wärme- und elektrische Ultra-Kurz-, Mittel- und Langwellen — das waren alles nur verschiedene Wellenlängen einer einzigen gleichen und mächtigen Strahlung, die den Weltraum erfüllt.

Zworykins Anwälte mußten nach diesem Vortrag zugeben, daß Mr. Tolman die Materie beherrschte. Darauf wandte er sich den Einzelheiten der Arbeitsweise jenes Bildzerlegers zu, den sein Schüler vor 5 Jahren auf die Tafel gemalt hatte. Auch hier erwies sich der Zeuge als sattelfest, und die Waage, auf der die richterliche Entscheidung ruhte, neigte sich immer mehr Farnsworth zu. Endlich wurde ihm das wichtige Patent zugesprochen. Damit war ein Urteil gefällt worden, das Farnsworth einen ungeheuren Vorsprung vor seinem Rivalen gab. Statt aber Zworykin völlig auszumanövrieren, verband sich Farnsworth mit ihm. Er hatte erkannt, daß in seinem Widerpart dieselben Funken sprühten wie in ihm selbst und daß sie zusammen eine Welt, die Welt des Fernsehens, erobern würden.

Das heute in Amerika verbreitete Fernsehsystem beruht auf einer Verbindung von Patenten beider Männer. Farnsworth und

Zworykin, die seit der Auseinandersetzung von 1927 gemeinsam weiterarbeiteten, halten die Kommandohöhen einer Industrie besetzt, die heute Milliardenwerte umschließt. Ein Jahr vor Ausbruch des Zweiten Weltkrieges hatten die Amerikaner bereits eine bedeutende Variation in die Fernsehtechnik eingeführt, mit der man Texte und Dokumente elektrisch fernübertragen kann. Bis 1948 war das Verfahren zur drahtlosen Übertragung von Mikroliteratur so vervollkommnet worden, daß man u. a. den 1000seitigen Roman Margarete Mitchells „Vom Winde verweht" in 2 Minuten, 21 Sekunden von einem Kontinent zum andern übertragen konnte.

Die größte Fernsehmacht der Welt

Heute ist Nordamerika die größte Fernsehmacht der Welt. New York allein besitzt 8 Fernsehstationen, darunter die der 3 großen Verbände CBS, NBC und ABC. Ein Großteil der über 700 Fernsehstationen der USA, von denen 1967 rd. zweihundert ihre Programme in Farbe ausstrahlten, befindet sich in Privatbesitz. Darunter sind allerdings auch kleine Lokalsender, von denen manche im Ein-Mann-Betrieb arbeiten, d. h. daß der Sendeleiter nicht nur die Filmaufnahmen schießt, sie schneidet und dazu den Text verfaßt, sondern dazu auch noch selber spricht.

Von großer Bedeutung für das Land ist das Schulfernsehen, für das 70 Erziehungsfernsehsender tätig sind. Für dieses Programm wurden in den letzten 5 Jahren rd. 65 Millionen Dollar ausgegeben. Fliegende Fernsehsender versorgen 15 000 Schulen mit über 700 000 Studenten.

Während des Weltraumfluges von Gordon Cooper am 15. und 16. Mai 1963 verfolgten fast 37 Millionen Teilnehmer die von den drei New Yorker Großsendern übertragenen Bildfolgen; diese verursachten 10 Millionen Mark Kosten. Der überwiegende Teil der Übertragungen wurde von Firmen finanziert. Im Jahre 1967 waren in den USA 56 Millionen Fernsehapparate in Betrieb; 20% davon waren Farbfernseher. Die neue industrielle Großmacht Japan setzte 1967 in den Vereinigten Staaten allein

$1/2$ Million Apparate ab. Sowjetrußland besaß 1967 etwas über $3^1/4$ Millionen Fernsehgeräte.

Eine eigenartige Entwicklung im amerikanischen Fernsehen ist das Aufkommen der CATV-Organisation. Sie sorgt nicht nur für einen besseren Empfang auf den Bildschirmen ihrer Mitglieder, sondern „öffnet" ihnen auch neue Kanäle — sie können bis zu 20 Stationen einschalten, während die Höchstzahl sonst zwischen 7—12 Stationen liegt. Zuerst kümmerte sich die CATV (Community-Antenna-Television) nur um die Fernsehteilnehmer in abgelegenen Orten oder in Gegenden, wo der Empfang durch Berge behindert ist. Auch jetzt ist ihre Tätigkeit auf Gemeinden unter 25 000 Einwohner beschränkt, sie kämpft aber um die Zulassung in großen Städten und gewinnt das Publikum durch Kabelverlegungen, die anderen Gesellschaften zu teuer sind. Augenblicklich nehmen 2,1 Millionen amerikanische Fernsehheime die Dienste der CATV in Anspruch; dafür kassiert die Gesellschaft pro Apparat 5 Dollar im Monat. Da sie auch die neuesten Agenturnachrichten, die Börsenberichte und Wettervoraussagen übernimmt, bekommt sie immer mehr Zulauf. 1967 wurde die CATV verurteilt, den Programmgesellschaften Honorare für die übernommenen Sendungen zu zahlen. Dagegen hat sie die Entscheidung des Obersten Gerichts angerufen — der Krieg im Äther geht also weiter.

Deutschland holt auf

Deutschland, einst das Pionierland des Fernsehens, erlitt durch den Bombenkrieg und eine 5jährige Zwangspause einen empfindlichen Rückschlag. Nachdem die Deutsche Reichspost schon 1935 die ersten öffentlichen Fernsehstuben der Welt eröffnet und im Herbst 1936 die olympischen Spiele auf die Bildschirme von 11 Fernsehstuben übertragen hatte, plante man 1939 den Aufbau einer Fernsehstadt im Umfang des UFA-Geländes in Babelsberg. Ein Volksfernsehgerät zum Preise von 600 Reichsmark sollte entwickelt werden. Aber 1944 zerschlugen die Bomben den schon stark eingeschränkten Fernsehbetrieb, der erst am 27. September 1949 wieder aufgenommen wurde. Erst im Dezember 1952 gab es in Deutschland einen täglichen Programmdienst. 9 Jahre später nahm das Zweite-Deutsche-Fernsehen seine Sendungen auf, 1964 meldete der 10millionste Programmteilnehmer seinen Fernsehapparat bei der Bundespost an.

Im Frühjahr 1966 begannen der Westdeutsche, der Norddeutsche und der Bayerische Rundfunk farbige Fernseh-Versuchsprogramme auszustrahlen, am 25. August 1967 wurde das erste abendfüllende Fernsehprogramm in Farbe übertragen. Die Bundesrepublik hatte nicht nur aufgeholt — die Qualität vieler Sendungen und eine unparteiische Beurteilung der Weltlage haben den deutschen Programmen wieder die Achtung des Auslands eingebracht. Dazu kam, daß das deutsche Farbfernsehsystem PAL von 13 europäischen Ländern übernommen wurde, obgleich es nicht nur gegen das amerikanische System NTSC, sondern auch gegen das französische SECAM-System konkurrieren mußte. Die Engländer, die das amerikanische System übernehmen wollten, entschieden sich schließlich doch für das deutsche Verfahren PAL.

Als Vater des deutschen Farbfernsehens gilt Dr. Ing. Walter Bruch aus München. Der 60jährige Ingenieur, den die Engländer „Mr. Colour" (Herr Farbe) nennen, hat in jahrelangen Arbeiten mit seiner Mannschaft das PAL-System entwickelt und in Europa weitgehend durchgesetzt. Bundespost und Rundfunkanstalten mußten 130 Millionen DM für Verbesserungen am Sendenetz und die „Farbtüchtigkeit" der Bildfolgen aufwenden. Allein die Entwicklung von PAL kostete 10 Millionen. Die Frage, warum man nicht einfach das amerikanische System übernahm, wird von den Technikern vorsichtig beantwortet. Die große Pionierleistung wird durchaus anerkannt. Aber zugleich flüstert man sich hinter vorgehaltener Hand zu, NTSC bedeute „never twice the same colour" — „niemals zweimal die gleiche Farbe". Die spöttische Auslegung entstand, als im amerikanischen Fernsehen blaue Wiesen und gelblich-grüne oder rotlila Gesichter erschienen. Solche Farbfehler entstanden allerdings hauptsächlich über sehr weite Entfernungen oder in Gebirgsgegenden, und sie konnten meist durch die Drehung an einem Reglerknopf ausgeglichen werden.

Manchmal entstehen aber noch seltsamere Bilder. Wurde das Gesicht eines Sprechers oder Schauspielers auf die richtige Fleischfarbe korrigiert, konnte es geschehen, daß sein Partner oder seine Partnerin grün anliefen. Zwar wurden solche Übertragungsfehler mit der Zeit seltener; trotzdem suchten die europäischen Nationen nach einem besseren System. So entwickelte der Franzose H. de France das Secam-Verfahren, bei dem die Signale für Farbton und Farbsättigung für je 1 Bildzeile nacheinander übertragen werden; beim Empfänger werden die beiden Signale wieder zusammengemischt.

PAL verhindert wechselnde Farbqualität durch Phasenwechsel pro Zeile. Das heißt: Wenn die erste Zeile des Fernsehbildes einen Farbfehler aufweist, so wird dieser Fehler durch elektronische Umschaltung im Sender und Empfänger in der zweiten Bildzeile ins Gegenteil verkehrt. Das menschliche Auge sieht dann den Mittelwert. Aus den Grundfarben Blau, Grün und Rot kombiniert das Auge bzw. das Gehirn die richtige oder als richtig empfundene Mischung. Außer dem Farbton müssen aber auch die Helligkeit des Bildes und die Farbsättigung stimmen. Mit den dezimeterlangen Ultrakurzwellen kann Farbe nicht übertragen werden — die Wellen können nur Farbpunkt-Informationen übermitteln. Jedes Bild wird in der Kamera 25 mal pro Sekunde in 1,2 Millionen Bildpunkte zerlegt, d. h. in je 400 000 Bildpunkte für jede der drei Grundfarben. Zu jedem Bildpunkt werden drei Informationen geliefert, insgesamt also 90 Millionen.

Die Farbfernsehkamera hat 3 Bildröhren, für jede Grundfarbe eine. Die Farbanteile werden durch Lichtbrechung getrennt. Beim Empfang werden mit Hilfe von Phosphoren (Leuchtstoffen) aus den Informationen der Elektronenstrahlen wieder farbige Lichtpunkte gemacht. Sobald der Elektronenstrahl auf einen solchen Phosphor trifft, leuchtet dieser je nach der Stärke des Strahles in seiner Farbe auf. Auf dem Bildschirm der Farbfernsehröhre sind 1,2 Millionen dieser Phosphorpünktchen und zwar in 625

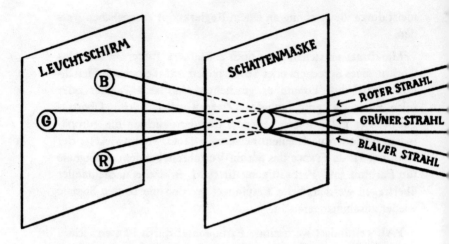

So entsteht ein farbiges Fernsehbild: Jeder Elektronenstrahl trifft durch winzige Löcher einer „Schattenmaske" aus Metallblech auf das Leuchtstoffteilchen „seiner" Farbe. (Schematische Darstellung).

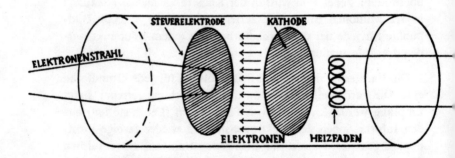

Eine Elektronenkanone. Der Elektronenstrahl wird gebündelt, so daß er zu einem Punkt auf dem Bildschirm zusammenschießt.

Linien je 400 000 Pünktchen pro Farbe. Drei dieser Pünktchen zusammen ergeben einen Tripelpunkt, der mit seinen 3 Farbpunkten jede beliebige Farbe wiedergibt.

Die Farbfernsehapparate haben doppelt so viele — über tausend — Bauelemente wie ein Schwarzweiß-Gerät; sie kosten heute noch etwa das Vierfache, werden aber mit der wachsenden Zahl der Interessenten erheblich billiger werden. Ob die Bundesrepublik ihre Programme eines Tages über Satelliten in die ganze Welt ausstrahlen wird, ist zwar nicht auszuschließen, aber höchst unwahrscheinlich. Sie könnte sich aber an einem europäischen Satellitensystem beteiligen, bei dem jede Nation das Beste zu einem gemeinsamen Programm beisteuert. Es fragt sich nur, ob der Geschmack der Massen ein solches europäisches Konzert aufnehmen will und ob eine gemeinsame Sprache dafür gefunden wird. Denkbar wäre eine Synchronisation der Texte mit Hilfe von Elektronengehirnen. Darüber mögen noch viele Jahre, wenn nicht Jahrzehnte vergehen. Ebenso lange mag es dauern, bis das plastische, das dreidimensionale Bild Wirklichkeit wird. Die Voraussetzungen dazu hat der in London lebende Professor Gabor bereits geschaffen.

*

Kehren wir zu den bunten Vögeln im Weltall zurück! Nachdem Versuche mit den amerikanischen Probesatelliten „Score“, „Tiros“ und „Courier“ erfolgreich verlaufen waren, übertrug die US-Luftwaffe im April 1962 das erste Fernsehbild über den Ballonsatelliten „Echo I“ von San Franzisko nach Westford (Massachusetts). Der Ballon, dessen Relais das Bild in 1600 km Höhe reflektierte, war nur ein Vorläufer jener Flugkörper, die bald den Traum der Techniker von einem weltweiten Empfang der Sendeprogramme erfüllen sollten.

Da elektromagnetische Wellen sich gradlinig ausbreiten und daher der Erdkrümmung nicht folgen, sondern sich im Weltraum zerstreuen, müssen sie in entsprechender Höhe von einer Relaisstation aufgefangen, verstärkt und weitergeleitet werden. Die Bell-Telefongesellschaft baute Anfang der sechziger Jahre für

10 Millionen Dollar in Andover (Maine) ein riesiges Radioohr, das die von einem Satelliten ausgestrahlten Impulse auffängt. Die Antenne von Andover ist wie ein Alphorn geformt und wird von einer fast 50 m hohen Gummikuppel gegen alle Störungen geschützt. Am 10. Juli 1962 ließ die Bellgesellschaft von Kap Canaveral (Kap Kennedy) den 77 kg schweren Satelliten „Telstar", eine Hohlkugel von 86 cm Durchmesser, in eine Umlaufbahn in 800—5000 km Höhe schießen. Zwei Wochen später empfing diese Relaisstation eine Fernsehsendung aus den Vereinigten Staaten und übertrug sie nach Goonhilly Downs in England. Der Start kostete die private Telefongesellschaft 12 Millionen Mark.

Der Satellit „Telstar", aus 15 000 elektronischen Elementen aufgebaut, bezog seine Energie zur Verstärkung und Weiterstrahlung der Fernsehbilder von der Sonne. In 3600 Sonnenzellen ist ihr Licht in Elektrizität umgewandelt worden. Die elektrischen Impulse aus Andover bzw. Goonhilly Downs wurden in der „Relaisstation Himmel" 10 milliardenmal verstärkt und weitergesendet.

Der „Telstar", der 2 Jahre „lebte", wurde nur zu 7% für die Nachrichtenübertragung und zu 93% für Meßergebnisse ausgenutzt. Als Relaisstation arbeitete er nur 10 Minuten am Tag. Er war eigentlich schon im Augenblick seines Startes überholt, da die Amerikaner um diese Zeit bereits den ersten Satelliten, der am Firmament „verankert" werden konnte, besaßen.

Im August 1963 starteten die Amerikaner von Kap Kennedy den Nachrichtensatelliten „Syncom III" mit einer 3-stufigen Delta-Rakete. „Syncom III" wurde auf eine Umlaufbahn in 35 680 km Höhe gebracht und raste mit einer Geschwindigkeit von 10 880 km nach Osten. Da er auf diese Weise mit der Erdrotation Schritt hielt, schien er über dem Pazifik stillzustehen. Der Satellit ermöglichte direkte Fernsehübertragungen von den Olympischen Spielen in Tokio nach Nordamerika. In der Bundesrepublik wurden die Ausschnitte über den Nachrichtensatelliten „Relay I" empfangen. Ein Nachteil der hohen Umlaufbahn der

Satelliten erwies sich nur im Telefonverkehr als störend. Die Antworten der Gesprächspartner verzögerten sich wegen der größeren Entfernungen, die die elektromagnetischen Wellen zurücklegen mußten, um 0,6 Sekunden.

Am 27. Oktober 1966 wurde der 87 kg schwere Satellit „Lani Bird" (Paradiesvogel) in den Weltraum geschossen. Da die Korrekturraketen nicht funktionierten, war eine Umortung von der Ellipsen- auf die Kreisbahn nicht möglich. So bewegte sich der Paradiesvogel, statt über den Weihnachtsinseln im Pazifik scheinbar stillzustehen, in einer Bahn zwischen 2785 und 41 000 km Höhe. Mit „Lani Bird" wurde die Fernsehlücke zwischen den Vereinigten Staaten und Asien geschlossen und ein weiterer Schritt zur Univision, dem Weltfernsehen, getan. Wenn die Russen statt ihrer gleichfalls in Ellipsenbahnen kreisenden Satelliten „Molnijas I—IV" einen Kreisbahn-Satelliten im Weltraum „verankern", könnten auch Fernsehübertragungen von Europa nach Asien und umgekehrt stattfinden. Die USA wollen diese Lücke mit einem dritten bunten Vogel, dem „Blue Bird", schließen.

Die weitere Entwicklung zielt jetzt darauf ab, Bodenstationen überflüssig zu machen. Die Satelliten werden sich zu Fernseh-, Telefon- und Funkzentralen im Weltraum entwickeln, von denen aus die kleinste und abgelegenste Siedlung auf der Erde mit Programmen versorgt werden kann. Ereignisse wie die Weltraumflüge der Astronauten oder die Landung von Flugkörpern und Meßsonden auf dem Mond, dem Mars und der Venus werden dann nicht nur in hochzivilisierten Ländern, sondern auch in vergessenen Dörfern Hinterindiens oder Südamerikas empfangen werden.

Aber für die Entwicklung des Menschen sind nicht einzelne und einzigartige Abenteuer von Gewinn, sondern der dauernde Zustrom des Guten. Es liegt in unserer Hand, allen Menschen Wissen und Wahrheit zu vermitteln. Nur wenn wir ihnen statt überhitzter Erregung fröhliche Entspannung bieten und sie für die Schöpfungen der Kunst und die unendliche Vielfalt und Schönheit der Natur begeistern, dürfen wir den technischen Fortschritt mit dem der Menschheit gleichsetzen.

Der Moskauer Fernsehturm
und Londons POT

Der Wettstreit um das höchste Bauwerk der Erde.

Dem babylonischen Gott Marduk war der 90 m hohe Turm geweiht, der bis in den Himmel reichen sollte. „Aber Jahwe verwirrte die Sprache seiner hoffärtigen Erbauer und zerstreute sie in alle Lande..." Für die Sowjetrussen sind solche Überlieferungen Aberglaube. Aber als sich der Bau ihres wolkenkratzenden Fernsehturmes weiter und weiter hinausschob, erinnerten sich manche doch an den alten Fluch. „Wir bauen den höchsten Turm der Welt", hatte Moskau im Winter 1960 verkündet. „Mit seiner Höhe von 520 m wird er alle anderen Bauwerke überragen und 6 Fernsehprogramme, davon eines in Farbe, ausstrahlen." Um diese Zeit besaß Schweden in dem 320 m hohen Fernsehturm von Hörby „Europas längsten Zeigefinger". 1964 wurde Hörby von Utrecht (Holland) um 30 m übertrumpft. Noch 10 m höher war der Ostberliner Fernsehturm angelegt, dem in Frohnau (West-Berlin) ein gleich großes Gegenstück folgt. Die SED-Zeitung „Neues Deutschland" feierte das Ostberliner Bauwerk schon vor seiner Vollendung mit 6 Strophen unfreiwilliger Komik:„... und alle Augen blicken wie verhext / dorthin, wo zwischen Dom und Bahnhofswange / der Telespargel aus dem Boden wächst..."

Während die Eröffnung des Moskauer Fernsehturms auf sich warten ließ, so daß schon Zweifel laut wurden, ob sein Bau je beendet werden würde, hatten die Amerikaner 1965/66 in Oklahoma das damals höchste Gebäude der Welt errichtet: einen 479 m hohen Fernsehturm. Trotz seiner Größe und Schwere ruht er bloß auf einem Isolator, den 200 Porzellanrohre bilden. Ohne gefährdet zu werden, kann der Turm Tornados von 250 km Stundengeschwindigkeit standhalten.

Zum 50. Jahrestag der bolschewistischen Revolution war der Moskauer Fernsehturm 1967 noch immer im Bau. In einer Glaskanzel konnten allerdings die Besucher in 350 m Höhe schon

ie Atomanlage Oak Ridge in der gleichnamigen Stadt des US-Staates Tennessee am Clinch-
uß.   *Bild: USAD*

ghell strahlt der Nachthimmel über dem Schwerwasser-Werk Savannah River Plant der
erikanischen Atomenergie-Kommission.   *Bild: Amerika-Dienst*

„Atomkaktus" wurde das erste große deutsche Kernkraftwerk in Gundremmingen an der Donau genannt, so lange es sich in diesem Bauzustand befand.

Foto: AEG

Das ist der atomgetriebene größte Flugzeugträger der Welt, die 85 000 Tonnen große „Enterprise" der US-Marine.

dpa Bild

einen phantastischen Rundblick über die Hauptstadt genießen. Farbig angestrahlt, war der Turm nachts in einem Umkreis von 100 km zu sehen. Sein Fuß hat am Erdboden 70 m Durchmesser und verjüngt sich schnell auf 20 m Dicke. Mastkörbe in 250 und 350 m Höhe unterbrechen den Wuchs der immer dünner werdenden Betonnadel, die immerhin 41 000 Tonnen wiegt. 3 Personen- und ein Lastenaufzug, die von einer Stuttgarter Firma eingebaut wurden, sorgen für schnellen Transport — nur 50 Sekunden dauert die Fahrt bis zu dem Hochrestaurant.

Gegen den Moskauer Giganten ist der Londoner POT ein freundlicher Zwerg, aber an Bedeutung für die westliche Welt steht er mit an vorderster Stelle.

LONDONS NEUES WAHRZEICHEN: DER P O T

Bis Ende der fünfziger Jahre war London richtiggehend versteinert — trotz der Lücken, die Hitlers V-Waffen im Krieg in manchen Straßenzug gerissen hatten. Obgleich sich das Lebensgefühl der Engländer nach Aufgabe ihres Imperiums grundlegend gewandelt hatte, beherrschten das Stadtbild nach wie vor die altehrwürdigen Gebäude: der aus dem 11. Jahrhundert stammende Tower, die fast ebenso alte Westminster-Abtei, die St.-Pauls-Kathedrale u. a. Es entstanden keine Wolkenkratzer wie in Amerika und keine Bienenwaben wie in Deutschland, keine modernen Brücken wie in Holland und keine „Kirchen von morgen" wie in Frankreich. Die Zeit schien dem vertrauten Stadtbild nichts anhaben zu können; nur waren Satellitenstädte für die Obdachlosen entstanden und zerstörte Fabriken wiederaufgebaut worden. Die in der ganzen Welt verbreiteten Wohnwürfel verschandelten auch manches Londoner Viertel.

Aber Anfang der sechziger Jahre strebte London endlich mit Stahl und Glas in die Höhe. Der Vickers-Turm durchbrach die horizontale Linie Londons, in der City schossen neunstöckige Bauten empor, und die Pläne für ein neues Parlamentsgebäude wurden um so leidenschaftlicher diskutiert, als der anschließende Stadtteil mit seinen Läden und Restaurants halb amerikanischen, halb italienischen Zuschnitt haben sollte. Vor allem aber war es der neue Funkturm der Post, der die Gemüter der scheinbar so stoischen Engländer erregte. Unweit der Tottenham-Court-Straße wuchs er immer höher und herausfordernder über seine Umgebung hinaus.

Als der Bau im Sommer 1964 vollendet war, maß er mit seiner 12 m hohen Wetter-Radar-Antenne 188 m. Aber nicht die Höhe des Turms reiht ihn unter die Weltwunder unserer Zeit ein; schon eher das rotierende Restaurant in 160 m Höhe, von dessen Fenstersitzen man während der langsamen Drehung einen einzigartigen 20-Minuten-Rundblick über Groß-London genießen kann — vorausgesetzt, daß der berüchtigte Nebel nicht alles zudeckt. Bei klarem Wetter sieht man bis nach Schloß Windsor im Westen und zur Themsemündung beim Feuerschiff Great Nore im Osten.

Die Bedeutung des „Pot", wie die Londoner ihren Turm nennen, liegt aber keineswegs in seinem kreisenden Restaurant oder seiner Anziehungskraft für Touristen, so groß diese auch ist, vielmehr darin, daß er ein elektronischer Verkehrsknotenpunkt erster Ordnung ist, ein Verteilerzentrum für drahtlose Telefongespräche und eine Relaisstation*) für alle englischen Fernsehprogramme. Über Mikrowellen können über die Anlagen des Postturms 140 000 Ferngespräche zu gleicher Zeit geführt werden, und die Fernsehgesellschaften haben 40 Kanäle zu ihrer Verfügung.

Der Londoner Postturm ist der Anker in einem Netz von 3 Dutzend Antennentürmen, die in 50-km-Abständen gebaut werden. Eine dieser Elektronenschneisen, die vom Pot ausgehen, führt über Bristol nach Goonhilly in Cornwall; durch sie wird die Telefon- und Fernsehverbindung mit Amerika hergestellt. Die Verbindung mit dem europäischen Festland läuft über Folkestone. Die höchste Antenne, oberhalb der Aussichtsplattform, dient jedoch den Wettervoraussagen — das Wetter ist ja das ewige Thema des Engländers. Mit Hilfe dieser Antenne hofft

*) Funkstation für sehr kurze Wellen mit Empfangs- und Sendeapparatur, um das zugestrahlte Programm aufzufangen und durch eine Sende-Richtantenne weiterzustrahlen.

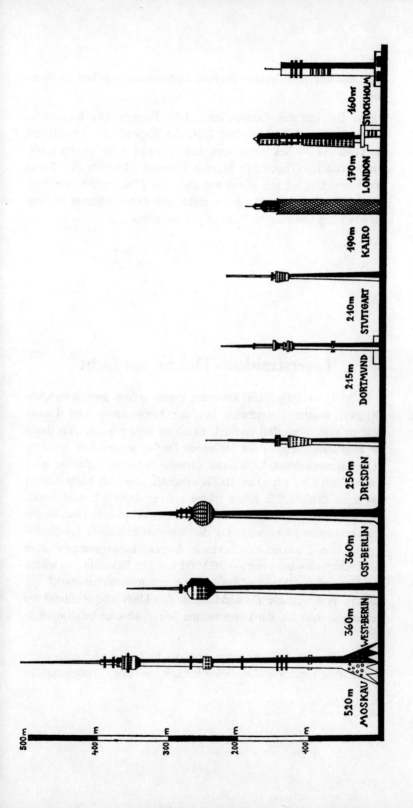

man, endlich zuverlässige Wetterprophezeiungen geben zu können.

Das Gewicht des Turmes ist 23 000 Tonnen. Die Baukosten beliefen sich auf 20 Millionen DM. Ein Expreßaufzug befördert die Gäste in 34 Sekunden vom Erdboden zum Turmrestaurant. An windstillen Tagen mit blauem Himmel schwankt der Turm um 5 cm. Das ist vor allem auf das viele Glas zurückzuführen, das die Sonneneinstrahlung verstärkt. Bei starkem Sturm ist eine Schwankung von maximal 45 cm gemessen worden.

Laserstrahlen - Dolche aus Licht

Ende 1964 fragte ein Reporter einen hohen amerikanischen Offizier, welche Fortschritte bei der Entwicklung von Laser-Waffen erzielt worden seien. Und ob es richtig wäre, daß dafür im abgelaufenen Jahr 30 Millionen Dollar ausgegeben wurden. „Um Himmelswillen", rief der General entsetzt, „das ist g e - h e i m, h o c h g e h e i m. In Gesellschaft wage ich nicht einmal dar in zu denken." 2 Jahre später gab er dann zu, man hoffe, mit den Laserstrahlen feindliche Raketensprengköpfe hoch in der Luft zerstören zu können. Da die Raketen mit einer Geschwindigkeit von 7 km in der Sekunde fliegen, Lasergeschosse aber mit Lichtgeschwindigkeit — 300 000 km pro Sekunde —, wären die Vereinigten Staaten dann gegen jeden Raketenangriff geschützt. Wie weit die Entwicklung in den USA und Rußland bis heute gediehen ist, wird von beiden Seiten absolut geheimgehalten.

Das offizielle Stillschweigen und die halben Andeutungen erregten das Interesse der Öffentlichkeit an den „Todesstrahlen aus Licht" nur noch mehr. Es wurde gefabelt, daß die Amerikaner und Russen bereits über Laser-Kanonen verfügten, mit denen man ganze Armeen lautlos hinmähen oder blenden könne. Die Verleihung des Nobelpreises für Physik an den Amerikaner Charles Townes und die Russen Basov und Prokhorov für ihre grundlegenden Arbeiten über das Maser- und das Laser-Prinzip deuteten jedenfalls darauf hin, daß die USA und die Sowjetunion auch auf diesem Gebiet versuchen, einander den Rang abzulaufen. Über den erschreckenden neuen Möglichkeiten für die Kriegführung vernachlässigte das große Publikum die wissenschaftlichen Veröffentlichungen, die sich mit der Anwendung von Maser- und Laserstrahlen auf anderen Gebieten beschäftigten. Dabei ist der Menschheit mit der Erzeugung von kohärentem*) Laserlicht eine Entdeckung zugefallen, die ebenso bedeutend wie die Ausnutzung der atomaren Kräfte ist. Obzwar die Laser-Technik das jüngste Kind der Physik ist, wuchs es in den 9 Jahren seit seiner Geburt bereits zu einem Riesen heran, dessen Größe und Kraft auch jetzt noch nicht abzuschätzen sind.

Es begann 1951 mit einer theoretischen Überlegung. Dr. Charles Townes, damals Professor an der Columbia-Universität von New York, dachte darüber nach, wie man empfindliche Mikrowellen-Verstärker bauen könnte — man müßte die Mikrowellen durch eine erzwungene Emission von Strahlung verstärken! Denselben Gedanken hatten um die gleiche Zeit zwei Mitglieder des Lebedev-Instituts in Moskau, Basov und Prokhorov. Die Geschichte der Naturwissenschaften, aber auch der Philosophie und vieler anderer Gebiete zeigt ja, daß die gleiche Idee zur selben Zeit in verschiedenen Köpfen aufblitzen kann.

Professor Townes nannte die Verstärkung von Mikrowellen durch induzierte Emission von Strahlung abgekürzt „Maser". Mit seinem Schwager Arthur Schawlow konstruierte er noch im selben Jahr ein Gerät, dessen Hauptbestandteil ein künstlicher Rubin von Bleistiftdicke war. Tatsächlich wurden in ihm Mikrowellen außerordentlich verstärkt.

---

*) zusammenhängend.

1958 ging Townes einen Schritt weiter. „Das Licht", so überlegte er, „unterscheidet sich von Radar eigentlich nur durch seine kürzere Wellenlänge. „Es müßte also möglich sein, ein Gerät herzustellen, mit dem man Lichtwellen aussenden kann. Licht hat innerhalb des elektromagnetischen Spektrums nur ein verhältnismäßig schmales Band — das Spektrum ist ja nicht bloß auf das Sichtbare beschränkt. Spektrum ist die Folge a l l e r Wellenlängen, die in irgendeiner Strahlung vertreten sind, das sichtbare Spektrum ist nur ein Teilbereich. Zum Spektrum gehören natürlich alle in der Funktechnik benutzten Wellen wie die tausend Meter langen Langwellen, die Mittel- und die Kurzwellen, ferner die fürs Fernsehen verwendeten Wellen, die Mikro- oder Zentimeterwellen, die Ultrarotwellen der Wärmestrahlung und andere.

Da sich normales Licht in Wellenstößen fortbewegt und sich nach allen Seiten fortpflanzt, mußte man es, um es zu verstärken, zu einem schnurgeraden Strahl bündeln. Zwang man die Lichtstrahlen, sich in einer einzigen Richtung fortzubewegen, verstärkten sich die gleich langen Wellen wie die Schwingungen einer Hängebrücke unter dem Gleichschritt einer Kompanie Soldaten. Normales Licht ist inkohärent, d. h. seine verschieden langen Wellen pflanzen sich in verschiedenen Richtungen fort.

Auf den Überlegungen von Professor Townes, der heute im Technischen Institut der Massachusetts-Universität lehrt und für die Laboratorien der Bell-Telefongesellschaft arbeitet, entwickelte Dr. Theodor Maiman von der Fluggesellschaft des amerikanischen Multimillionärs Hughes das erste Laser-Gerät. Es besteht aus einem Rubinstab, der an seinen beiden Enden durch eine stärkere und eine dünnere Silberschicht verspiegelt wurde. Der 5—30 cm lange und 2,5 cm dicke Rubinstab steckt in der Achse einer Blitzröhre, wie sie beim Fotografieren verwendet wird. Dringt von dieser Röhre Licht in den Rubin ein, so regt es die Chrom-Atome zur Aufnahme von Energie an. Diese Energie wird von den Atomen in Form von Lichtteilchen wieder abgegeben. In einer Kettenreaktion sausen die von den Silberenden des Rubins zurückgeworfenen Lichtteilchen (Photonen), deren Wellen ein zehntausendstel cm lang sind, in dem Kristall hin und her;

dabei reißen sie Milliarden anderer Photonen heraus und setzen sie in Bewegung. So bildet sich ein Strahl ungeheurer Energie. Für ein Lasergerät braucht man zwei Stahlkästen, der kleinere beherbergt den Laser selbst, der größere Schaltbrett und Kondensatoren. Wenn das Gerät eingeschaltet wird, hört man ein Singen — die Kondensatoren laden sich auf. Da ist es höchste Zeit, eine dunkle Brille aufzusetzen, denn auch zurückgeworfene Laserstrahlen sind gefährlich: sie können Löcher in die Netzhaut brennen.

Ein Jahr nach Maiman gelang den amerikanischen Physikern Javan, Bennet und Herriott die Herstellung eines Lasers, bei dem ein Helium-Neon-Gasgemisch elektrisch so angeregt wird, daß ein Licht-Oszillator entsteht. Es dauerte nun nicht mehr lange, bis eine ganze Reihe von lichtverstärkenden Substanzen zur Laser-Tätigkeit, Gase und auch feste Körper wie Glas oder Kunststoff, gefunden und verwendet wurden. Auch ein Injektions- oder Dioden-Laser ist schon im Gebrauch. Heute arbeiten an der Laser-Forschung Tausende Firmen und Universitäten in der ganzen Welt.

Der Schuß auf den Mond

Eins der ersten eindrucksvollen Experimente mit dem Laserstrahl wurde 1962 vorgenommen. Es war ein Schuß auf den Mond. Vom Dach einer Versuchsanstalt der Universität von Massachusetts wurde ein dünner Rotlichtstrahl über 385 000 km zum Mond gejagt und von dort auf ein Meßgerät reflektiert. Trotz der ungeheuren Entfernung bildete der Laserstrahl nur einen Lichtkegel von ca. 3 km Durchmesser — ein Scheinwerfer hätte einen Streukegel von rd. 40 000 km Durchmesser erzeugt.

Die Energiedichte eines Laserstrahls kann das Milliardenfache der Energiedichte der Sonne betragen. Ein Laserstrahl macht in der Sekunde zehntausendmal so viele Messungen wie ein Radarstrahl. Er arbeitet so genau, daß sich mit ihm sogar die Geschwindigkeit der langsamsten Schnecke messen läßt. In der Medizin benutzt man Laserstrahlen zur Heilung der Netzhautablösung. Mit ein paar schwachen Laserstößen wird die Netzhaut gewissermaßen angeschweißt. Hornhaut, Augenlinse und Glaskörper werden dabei nicht geschädigt. Ein Laser-Koagulator kostet heute allerdings noch 5000 Dollar. Auch Hautflecken und Hautgeschwülste sind mit dem Laser bereits weggebrannt worden.

Ungeahnte Möglichkeiten der Nutzung bietet Laser für die Nachrichtentechnik. Elektromagnetische Schwingungen konnten bisher nur mit sehr niedriger Frequenz kohärent erzeugt werden. Je schneller aber die Schwingung, um so mehr Nachrichten kann man ihr durch Änderung ihrer Stärke und Schwingungszahl aufprägen. Ein Laserstrahl vibriert eben milliardenmal schneller als die normale Funkwelle. Schon heute prägt man den Mikrowellen der Richtfunktechnik Tausende Ferngespräche auf. Da die Frequenz des kohärenten Laserstrahls noch hunderttausendmal höher ist, wird es eines Tages möglich sein, bis zu 1 Milliarde Ferngespräche und bis zu 1 Million Fernsehbilder auf einmal zu übertragen. Gegen die Möglichkeit einer solchen Entwicklung wird eingewendet, daß eine drahtlose Übertragung durch die Atmosphäre ausgeschlossen ist, da sie durch Regen und Nebel, aber auch durch Wärmeströmungen unterbrochen werden würde. Ja, schon ein vorbeifliegender Vogel würde sie stören. Aber man denkt schon daran, Rohrleitungen für den Laserstrahl unterirdisch zu verlegen und die Rohre luftleer zu pumpen. Linsen im Abstand von einigen hundert Metern werden den Laserstrahl immer wieder bündeln, so daß er über die ganze Strecke seine Schärfe ungebrochen behält, auch wenn er um Ecken gelenkt werden müßte. Wenn das Übertragungsmedium erst einmal gefunden ist, und das ist nur eine Zeitfrage, stehen wir vor einer Revolutionierung des gesamten Funk- und Fernsehbetriebs.

Mit Laser, diesem Lichtdolch von unvorstellbarer Reinheit, Stärke und Schärfe, kann heute schon auf kurze Entfernung jeder Stoff verdampft werden. Richtet man den Laserstrahl auf einen Gegenstand, etwa eine Münze, und löst den Mechanismus aus, so fährt mit einem Knall ein schmaler, grellroter Blitz aus dem Rubin, und glühende Funken spritzen aus dem Metall — der Laser hat das Geldstück glatt durchschlagen. Materialien mit hohem Schmelzpunkt wie Wolfram, Tantal oder Molybdän können jetzt ohne Schwierigkeiten geschmolzen und geschweißt werden. Man kann auch Metalle und Nichtmetalle miteinander verschweißen. Sogar Diamanten, die den höchsten Härtegrad 10 haben, werden vom Laserstrahl glatt durchbohrt. Mit Laser kann man Löcher in Drähte bohren, die feiner als Menschenhaar sind.

Auch in der Entfernungsmessung wird Laser früher oder später Radar ablösen. Die Fehlerquelle beim Radar ist fast viermal so groß. Einer der stärksten Laser ist der Kohlensäurelaser, der einen unsichtbaren und ständigen Infrarotstrahl von höchsten Hitzegraden aussendet. Ein Injektionslaser aus Gallium-Arsen wird augenblicklich zur Signalübermittlung im Computer erprobt; er ist nur stecknadelkopfgroß. Dieser Injektionslaser arbeitet am besten bei Tiefsttemperaturen. In der Entwicklung befindet sich ein Leuchtkörper von der Größe einer Bleistiftspitze. Dank des Laserstrahls wird er viel weniger Strom als unsere Glühbirnen verbrauchen und praktisch nie ausbrennen.

Durch Laser ist schließlich auch der Antrieb von Raketen durch Photonen, der von Eugen Sänger (siehe Kapitel 1) schon vor mehreren Jahren vorausgesagt wurde, nähergerückt. Wenn Licht in einer Richtung von der Rakete abgestrahlt wird, übt es in der entgegengesetzten Richtung nach dem Rückstoßprinzip eine Kraft aus; sie würde genügen, die Rakete im reibungslosen Weltraum fortzubewegen. Man könnte aber auch Gas durch Laser so stark erhitzen, daß es beim Austritt aus einer Düse zur Antriebskraft für ein Weltraumschiff wird. Sobald der überzeugenden Theorie die praktische Nutzanwendung folgt, steht der Menschheit wirklich der ganze Kosmos offen.

Das wunderbare Elektronengehirn

Es ist ein alter Traum der Menschen, Maschinen herzustellen und sich von ihnen bedienen zu lassen. Man träumt von Roboterheeren, die alle lästigen Arbeiten verrichten und alle Befehle widerspruchslos ausführen. Natürlich bemächtigte sich eines Tages das Gruseltheater der Idee. So schrieb der tschechische Schriftsteller Karel Capek Anfang der zwanziger Jahre ein Stück R.U.R., was soviel wie Rossums Universal Roboter bedeutet. Capek stellte eine abgewirtschaftete Gesellschaft auf die Bühne, die sich von Maschinenmenschen bedienen läßt und von ihnen überwältigt und ausgerottet wird. 25 Jahre später konstruierte der junge Ingenieur Roland Schäffer einen Maschinenmenschen nach Art eines mittelalterlichen Ritters. Der Roboter konnte mit stapfenden Schritten gehen, Fenster putzen, Nägel einschlagen, Möbelstücke tragen, ja sogar Baumstämme zersägen und die Bretter aufschichten. In seinem Metallkopf befand sich eine Antenne, der ein Sender Signale übermittelte. Die Antenne leitete den elektrischen Strom zu einem Preßluft-Apparat, so daß jedes Signal Luft in den Schädel und die Gliedmaßen des Maschinenmenschen preßte und sie dadurch bewegte. An Stelle von Herz und Lunge hatte der Roboter elektrisch-betriebene Kreisel, die ihn im Gleichgewicht hielten. Er konnte dank eines Lautsprechers reden und mit Mikrophonohren hören. Statt Augen hatte er Fotozellen. Eines Tages wurde Schäffer mit zerschmettertem Kopf tot aufgefunden. Neben dem Werkzeugkasten lag, zusammengebrochen, sein Roboter. Er hielt noch eine Schmiedekeule in der Hand. Die Einrichtung des Raumes war, wie in sinnloser Wut, zusammengeschlagen worden. Bis heute ist der unheimliche Vorfall nicht aufgeklärt, man nimmt aber an, daß Schäffer, in neue Konstruktionspläne vertieft, unabsichtlich den Mechanismus ausgelöst hatte, der seinem Metallgeschöpf den Befehl gab, eine Eisenkeule aufzuheben und niedersausen zu lassen.

In den vierziger Jahren bauten Studenten der Universität Bristol einen Maschinenmenschen, „Dynamo Joe", der sogar das Radfahren erlernte. Ferngesteuert, fuhr er durch die Straßen der Stadt, bog um Ecken, hielt vor Verkehrszeichen, drehte den Metallkopf nach hübschen Damen um, winkte dem Polizisten und kehrte wieder zu seinem Ausgangspunkt zurück. Das war ein Rückfall in die Denkweise vergangener Jahrhunderte, in denen man bestrebt war, Tiere und menschenähnliche Wesen aus Metall herzustellen und sich von ihnen unterhalten oder bedienen zu lassen.

Leonardo da Vinci konstruierte um 1500 für den triumphalen Einzug Ludwig XII. von Frankreich in Mailand einen Maschinenlöwen. Das Tier wirkte auf den ersten Blick wie lebendig, schritt aus, hob die Tatzen und öffnete sich vor dem Herrscher die Brust, so ein Wappenschild mit den drei bourbonischen Lilien freigebend. 250 Jahre vor Leonardo hatten Albert Magnus und Roger Bacon, diese erstaunlichen Eingeweihten des Hochmittelalters, künstliche Männer konstruiert, die gehen, arbeiten und sprechen konnten. Und wiederum 250 Jahre vor ihnen hatte Papst Sylvester II. (999—1003) mit einem sprechenden Kopf ungeheures Aufsehen erregt. So können wir die Geburt des künstlichen Menschen bis zum Anbeginn der Geschichte verfolgen, soll doch schon Dädalus auf Kreta Statuen geschaffen haben, die ausschritten und sich bewegten.

Eine Rechenmaschine baute 1645 Blaise Pascal, der große französische Mathematiker und Denker. Mit ihr konnte man addieren und subtrahieren, auch wenn man die Arithmetik nicht beherrschte. Die Automation wurde aber erst in unserer Zeit vollendet. 1927 fuhr ein Dampfer von San Franzisko nach Auckland auf Neuseeland. Während der 21tägigen Reise berührte keine menschliche Hand die Steuerung — das Schiff war von einem Roboter gelenkt worden. 20 Jahre später flog eine vollautomatische „Skymaster" von Neufundland nach England. Fortschrittsfanatiker sahen schon die Zeit gekommen, da wir uns blindlings ferngesteuerten Maschinen anvertrauen würden. Und doch sind Steuermänner, Piloten, Lokomotivführer und Omnibuschauffeure bis heute nicht überflüssig geworden. Auch die Automation in den Fabriken hat sich bisher nur in sehr beschränktem Ausmaß verwirklicht, obschon bereits 1955 in Detroit für 50 Millionen Dollar die modernste automatische Produktionsstätte für Automotoren errichtet wurde — alle Einzelteile wurden in der Werkhalle automatisch verfertigt und zusammengesetzt. Aber die Kosten weitgehender Automation sind für die Privatwirtschaft noch immer viel zu hoch. Und wie wir später sehen werden, sind es gerade die alltäglichen Arbeiten, für die nach wie vor der Mensch benötigt wird, weil Roboter dafür einfach zu teuer und zu kompliziert aufgebaut sind.

Der schachspielende Türke

Ende des 18. Jahrhunderts reiste der österreichische Baron Kempelen mit einem schachspielenden Türken, einer großen und kostbar gekleideten Puppe, von Hof zu Hof. Der künstliche Mensch soll Maria Theresia, Friedrich II., Katharina von Rußland und Napoleon schachmatt gesetzt haben. Später konstruierte Kempelen eine Sprechmaschine und baute sie in eine Puppe ein, die Glieder, Augen und Mund bewegen konnte. Das Geschöpf machte auf den russischen Großfürsten Paul, als er Joseph II. einen Besuch abstattete, einen so unheimlichen Eindruck, daß er aufschrie, zu zittern begann und nur mit großer Willensanstrengung an seinem Platz verharrte.

Heute sehen Roboter anders aus. Man versucht nicht mehr, es sei denn in der Spielzeugindustrie, ihnen ein menschliches Aussehen zu geben — es sind einfach Apparate, aber darum nicht weniger wunderbar. Der erste, dem es gelang, einen brauchbaren Informationsdienst anzufertigen, war ein nach Amerika ausgewanderter Österreicher, Dr. Hermann Hollerith. Bei einer Volkszählung vor der Jahrhundertwende wandte er sein System an, die Angaben in Millionen Fragebögen in Zahlen von 0—9 zu übersetzen, diese Zahlen in bestimmte Rubriken auf Pappkarten zu lochen oder anzukreuzen und die so verankerten Informationen, wenn sie verlangt wurden, elektrisch abzutasten und wiederzugeben. Von dieser Erfindung leiten sich unsere hochkomplizierten Metallgehirne ab. Bei den modernen Hollerithkarten greifen Drahtbürsten durch die Löcher in den Karton und schließen dabei einen sonst unterbrochenen Stromkreis. Die senkrechten Spalten der Karten sind zu Lochfeldern gruppiert. So kann man auf einer einzigen Karte ein halbes Buch an Informationen stapeln, besonders wenn man statt Zahlen Buchstabenreihen verwendet.

Das erste große Maschinengehirn konstruierte die Bell-Telefongesellschaft in den USA. Ein Wunder der Neuzeit war der Elektronenrechner Mark I, den die IBM*) 1944 herausbrachte. Mark I war ein kolossaler Maschinensatz mit einer Unmenge von Elektronenröhren und Drahtspulen. Er konnte Gleichungen, zu deren Lösung Mathematikprofessoren Jahre gebraucht hätten, in einigen Minuten ausrechnen. Etwas später baute der englische Nervenarzt Prof. Walter zwei schildkrötenartige Kreaturen, die er Elmer und Elsie nannte. Er schuf ihnen mit den Mitteln der Elektronentechnik Gesicht, Gehör, Tastsinn und ein Organ, das auf bestimmte Reize reagiert. Die beiden Tierchen liefen auf ein Ziel zu, wichen vor Hindernissen zurück, änderten Richtung und Tempo und schienen einander zu erkennen. Sie verdankten ihre Fähigkeiten vor allem einer beweglichen Fotozelle auf ihren Schalen. Die Fotozelle reagiert auf Licht weitaus empfindlicher als das menschliche Auge.

In gewisser Weise benahmen sich Elmer und Elsie verständiger als manche Tiere, die immer wieder gegen ein Hindernis anrennen, ohne auf den Gedanken zu kommen, es zu umgehen oder deren unvernünftiger Trieb sie zum Selbstmord in einer Kerzenflamme zwingt. Andererseits standen Elmer und Elsie aber wieder hinter primitiven Lebewesen zurück, die aus Erfahrung lernen. Um seine Metallgeschöpfe auf diese Stufe zu heben, koppelte Prof. Walter ihre elektrischen und lichtempfindlichen Vorrichtungen. So gelang es ihm, die Kreaturen auf Pfiffe und Lichtreize zu dressieren. Erhielten sie beim Ertönen eines Pfiffes einen Schlag, so konnte sie bald kein Lichtreiz mehr anlocken, sobald sie nur den warnenden Pfeifton gehört hatten. Und nun geschah etwas Gespenstisches. Dr. Walter baute einer seiner Schildkröten zwei verschiedene Systeme ein. Das eine System veranlaßte sie, auf eine Lichtquelle zuzugehen, das andere, beim Ertönen des Pfiffes einem Schlag auszuweichen. Das mechanische Geschöpf benahm sich genau wie ein von Panik ergriffener Mensch. Wie verrückt rannte es hin und her, bis es sich endlich kopflos im

---

*) International Business Machines.

Kreise drehte. Hätte sein Schöpfer noch eine Sirene in das Tier eingebaut, würde es zweifellos zu heulen begonnen haben.

Wer solche Phänomene als Spielereien abtut, weicht der Frage aus, ob der Mensch nicht auch auf bestimmte Reize mehr oder weniger gleich reagiert. Der gleiche Ablauf des Lebens bei Abermillionen, ja die stete Wiederholung geschichtlicher Ereignisse macht uns mißtrauisch gegen die menschliche Überlegenheit. Sind wir klüger als Prof. Walters Schildkröten, wenn jeder Demagoge berechnen kann, welche Worte uns entflammen, welche Gefühle er damit in uns wachrufen kann? Und wenn ein elektrischer Reiz auf unsere Gehirnzellen ganz bestimmte Empfindungen und Gedanken hervorruft, müssen wir uns da nicht fragen, ob wir vielleicht ebenso lenkbar wie Elmer und Elsie sind?

Die Entwicklung der Elektronengehirne wurde seit den letzten Kriegsjahren schnell vorangetrieben. Als die Universität Princeton (USA) ein für die Uranspaltung entscheidendes Problem einer Denkmaschine der IBM vorlegte, löste diese es in 103 Stunden. Dazu hätte ein hochqualifizierter Mathematiker über 100 Jahre gebraucht! Die Rechenmaschinen, die mit Elektronenröhren arbeiten, sehen wie das Innere komplizierter Radioapparate aus. Zwischen Tausenden Vakuumröhren ist ein Netz dünner Schaltdrähte gespannt. Auf Kontrolltafeln flirren rote und weiße Lichtscheine hin und her, während ein Zahlenstrom durch sie hindurchflutet. Das Material, mit dem man die Rechenmaschinen füttert, muß auf ein Zweiersystem zubereitet sein. Jede Zahl und jede Gleichung läßt sich mit den Ziffern 0 und 1 in verschiedenen Anordnungen ausdrücken.

Denken Maschinen wirklich?

Kann man die Robotergehirne denkende Maschinen nennen, wie es immer wieder getan wird? Wenn wir unter Denken das plötzliche Aufblitzen einer Idee und ihre folgerichtige Entwicklung verstehen, müssen wir die Frage verneinen. Phantasie haben die Rechenmaschinen keine. Andererseits denken die meisten Menschen auch nur auf Grund eines aufgestapelten Wissens,

134

und nur ein kleiner Bruchteil von ihnen kann Gedankengänge kombinieren. Sehen wir von den wenigen schöpferischen Genies ab, deren Gehirn originelle Gedankengänge produziert — wie, wird wohl niemals enträtselt werden! —, so ist das Denken der meisten anderen nur Erfahrung und erlerntes Verständnis. Und Prof. Culloch von der Universität Illinois hat zweifellos recht gehabt, wenn er das menschliche Hirn mit einer Rechenmaschine verglich. Hauptbestandteil des Gehirns sind die rund 10 Milliarden Nervenzellen. Diese kann man mit den Relais, Vakuumröhren oder Transistoren der Elektronenrechner vergleichen. Die Nervenzellen sind durch die feinen und vielfach verästelten Nervenfasern miteinander verbunden, durch welche elektrische Impulse laufen. Aus Milliarden solcher Stromstöße bilden sich die Gedanken.

Die ersten Elektronenrechner beanspruchten mehr Platz als der Tresor einer Großbank. Später konnten die zahllosen Röhren, Magnetbänder und -spulen, Schalttafeln und Speicherwerke in einem Kasten von der Größe eines Schranks untergebracht werden, besonders als die Elektronenröhren weitgehend durch die Transistoren (Kristallverstärker) ersetzt wurden. Die IBM-Maschine 701, die 1953 herauskam, konnte 16 000mal in der Sekunde addieren oder subtrahieren bzw. 2000 mal multiplizieren oder dividieren. Sie rechnete also ungefähr hunderttausendmal schneller als der Mensch. Ein anderer Großrechner der Remington-Rand-Gesellschaft leistet die Arbeit von 39 000 Addiermaschinen.

Der Mensch muß allerdings die Aufgabe für den Computer genau formulieren, sie in Zahlen und Gleichungen auf Lochkarten einstanzen und auch noch Anweisungen in Form von Zahlenreihen einlochen, die der Maschine ihre Arbeitsgänge vorschreiben. Erst wenn die Lochkarten in den Schlitz des Elektronenrechners gesteckt werden, beginnt die „selbständige" Arbeit der Maschine. Sie hält die Gleichungen und Anweisungen in einer Gedächtniszelle fest und führt die Befehle, einen nach dem anderen, aus. Auch Teilergebnisse werden in Gedächtniszellen aufgespeichert. Schließlich faßt die Maschine die Teilergebnisse zu der Gesamtlösung zusammen, druckt sie einem Papierstreifen auf und schiebt diesen heraus.

In der Gedächtniszelle, dem Speicherwerk, liegen auch die wichtigsten mathematischen Werte wie etwa die Logarithmen aufbewahrt. Werden sie gebraucht, wird das dem Elektronengehirn durch Impulse des Befehlsmagnetbandes mitgeteilt. Diese Impulse weisen die Maschine auch an, was sie mit dem gespeicherten Wissen tun soll. Je schwieriger die Aufgabe, um so mehr Arbeitsgänge — manchmal zehntausende — sind erforderlich. Da die Robotergehirne bzw. ihre Elektronenröhren oder Transistoren aber mit Lichtgeschwindigkeit (300 000 km/sec) arbeiten, werden auch die verwickeltsten Probleme in kurzer Zeit gelöst.

Schon Mitte der fünfziger Jahre wurden Elektronenrechner gebaut, die nachprüfen können, ob die Ergebnisse auch stimmen. Bei so hochkomplizierten Apparaten kann nämlich schon ein winziges ausgestanztes Papierstückchen, ja ein Staubkorn das Resultat verfälschen. Die Elektronenrechner brauchen auch eine gewisse Anlaufzeit, um flüssig und fehlerlos zu arbeiten, wie ja auch manche Menschen am Morgen noch unlustig und träge sind. Wenn andererseits eine Rechenmaschine heißläuft, darf man sich nicht wundern, daß sie falsche Ergebnisse ausspuckt. Auch Wakkelkontakte, durchgebrannte Sicherungen u. a. führen zu Fehlern. In der Monatszeitschrift „Popular Mechanics" führte D. Pursglove einen grotesken Fall an: Der Rechenautomat eines amerikanischen Heeresdepots tippte eines Tages Minus- statt Pluszeichen. Alarmiert durch den vermeintlichen Fehlbestand bestellte das Depotpersonal für $9^1/_2$ Millionen Dollar Ersatzteile, von denen es in den Lagern in Wirklichkeit mehr als genug gab. Elektronengehirne sind stur und halten oft halsstarrig an einem widersinnigen Ergebnis fest oder versuchen, es zu korrigieren, indem sie den Fehler verdoppeln, wie Abonnenten von großen Zeitschriften zu ihrem Kummer manchmal feststellen müssen — plötzlich bekommen sie zwei Ausgaben oder gar keine mehr geliefert. Aber das mögen Kinderkrankheiten sein.

Die modernen Elektronengehirne können gleichzeitig lesen, schreiben und rechnen. Ohne sie wären die Raketenprojekte der Amerikaner und Russen undenkbar. „Die Raketen, über die wir jetzt verfügen", erklärte kürzlich ein hoher Offizier der US-Luftwaffe, „senden während ihres Fluges Funksignale aus, mit denen jede Temperaturschwankung, die Veränderung der Windstärke oder Windrichtung, eine Erhöhung des Treibstoffverbrauchs — kurz, alle Tatsachen, die den Kurs der Rakete beeinflussen, einem Elektronengehirn zugeleitet werden. Diese Maschine berechnet im Handumdrehen die Auswirkungen solcher Einflüsse und funkt der Rakete fast augenblicklich neue Impulse zu, die sie auf dem befohlenen Kurs halten. Wenn wir die Großrechenanlagen nicht hätten, wären wir auf manchen Gebieten erst im nächsten Jahrtausend so weit wie heute", schloß der Luftwaffenoffizier. „Wäre es nur so!" wurde ihm von einem alten Herrn, Urbild des Zivilisten, geantwortet. Aber abgesehen davon, daß das Problem damit nur aufgeschoben wäre, müßten wir auch auf alle sonstigen Vorteile und Wunderleistungen der Denkautomaten verzichten, u. a. auf die langfristigen Wettervorhersagen, die dank der Computer zu über 93% eintreffen.

Andere „Kunststücke" der Großrechner sind noch eindrucksvoller. So wurde auf der Brüsseler Weltausstellung 1960 ein Elektronengehirn vorgeführt, das auf Befragen jedes historische Ereignis seit dem Jahre 4 v. Chr. nannte, und das in 10 Sprachen. Die Medizinische Bibliothek in Bethesda (Maryland, USA), Sitz des Nationalen Gesundheitsinstitutes, hat einen Elektronen-Bibliothekar, der die Flut von rd. 150 000 Beiträgen pro Jahr in 2500 medizinischen Zeitschriften katalogisiert. Täglich vermehrt sich das Erinnerungsvermögen des Computers um $1^1/_2$ Millionen Einzelheiten. Nach welchem medizinischen Thema auch gefragt wird, die Maschine bringt unverzüglich die Aufzeichnungen darüber heraus; sie braucht nur 5 Minuten, um eine Rolle Magnetband mit Zitaten aus ca. 30 000 Artikeln zu durchsuchen und auszuwerfen.

Seit Anfang der sechziger Jahre sind die Elektronengehirne mit Erfolg auch als Übersetzer tätig; vorher lieferten sie ein

„unvollkommenes Stammeln", wie sich ein amerikanischer Universitätsprofessor ausdrückte. Heute haben die Computer mit Hilfe von vielen Teilprogrammen die wesentlichen grammatikalischen Schwierigkeiten überwunden. Ein auf ein Magnetband gespeichertes Lexikon enthält Tausende von Begriffen. Für die Telefongesellschaft Bell hat Lee McMahon ein Computer-Englisch entwickelt, das anstelle nie fehlerfreier Spezialisten für schwierige Fachliteratur die Übersetzung besorgt. Der neue Computer 7772 der IBM in La Gaude bei Nizza antwortet, je nachdem in welcher Sprache er befragt wird, auf Französisch, Englisch, Deutsch, Italienisch, Spanisch oder Japanisch. Sein Wortschatz ist unbegrenzt. Jeder Kunde muß allerdings vorher „sein" Vokabular an das Institut liefern. Ein Sprecher spricht es auf Tonband, und diese Sprache wird, gefiltert und nach Impulsen unterteilt, in Ziffern übertragen. Im Bedarfsfall werden Sprache und Stimme aus den Lochkarten rekonstruiert. Die Elektronik ist hier schon auf dem Weg zur Intellektronik.

Regierungsmaschinen sollen die Staaten lenken

Prof. F. Martin von der Technischen Hochschule in Graz, der auch am dortigen Europäischen Rechenzentrum mitarbeitet, setzt der weiteren Entwicklung der Elektronengehirne kaum noch Grenzen. Seiner Auffassung nach wird „der optimierende Elektronenrechner" von den Lenkern der Staaten früher oder später als Regierungsmaschine benutzt werden. Nach seinen Worten heißt Optimieren „das Suchen nach der sinnvollsten Übereinstimmung extremer Forderungen". Der Krieg im Nahen Osten wäre nie ausgebrochen, wenn die Araber schon optimierende Elektronenrechner angewandt hätten. Optimieren bedeutet das Erreichen der höchstmöglichen Leistung. Im Wirtschaftsleben gelingt das mit Hilfe der Elektronenrechner derart, daß die schon durchorganisierten und aufeinander abgestimmten Arbeitsgänge weiter vereinfacht oder notfalls ausgebaut werden, bis sie die höchsten Erträge bei den denkbar niedrigsten Kosten einbringen. Prof. Martin glaubt auch, daß immer kleinere und preiswertere Elektronenrechner auf den Markt kommen werden, so daß sich eines Tages jeder einen Computer anschaffen kann. Heute schwanken die Preise noch je nach Größe zwischen 10 000 und 15 Millionen Mark. In den Vereinigten Staaten sind bereits rd. 30 000 Computer im Gebrauch, in Deutschland etwa 3000, in Frankreich noch weniger. Führend im Bau von Elektronengehirnen ist noch immer die IBM, mit der die General-Electric-AG., die Bell-Telefongesellschaft, ferner Remington-Rand-AG, Thompson-Ramo-Wooldridge-Co., US-Industries u. a. im scharfen Wettbewerb stehen.

Als die Denkroboter aufkamen, prophezeite man allgemein, daß diese Maschinen die menschliche Arbeitskraft verdrängen würden. Das Gegenteil ist eingetreten. Die Elektronengehirne haben in Amerika rd. $1/4$ Million neuer Arbeitsplätze geschaffen — für die Erbauer und Bediener von Elektronengehirnen! Auch hat sich herausgestellt, daß die Roboter viel leichter hochkomplizierte Aufgaben lösen, als Handarbeit verrichten. Der bereits erwähnte Publizist D. Pursglove führt dazu einen amüsanten Fall an: Eine Fabrik für Bootsmotoren hatte sich auf vollautomatische Fließbandherstellung umgestellt. So sehr man sich aber auch bemühte, man konnte die Roboter nicht dazu bringen, den Abfall einer Spritzgußmaschine wegzuschaffen. Endlich meinte der leitende Ingenieur: „Stellen wir doch einfach einen Mann mit einem Schubkarren ein!"

Aber der gesunde, voll entwickelte Mensch ist dem Elektronengehirn auch auf dessen Spezialgebiet, dem Erinnerungsvermögen oder der Speicherkapazität, überlegen. Unser Gedächtnis kann bis zu 10 Billionen „Ja-nein-Informationen" speichern, der Automat heute erst 100 Millionen. Und natürlich sind den Maschinen die Gebiete von Kunst und Wissenschaft verschlossen. Letzte Modelle bringen allerdings schon elektronische Musik und Gedichte hervor, die sich kaum von hypermodernen Hervorbringungen unterscheiden; sie sind auch künstlerisch ebenso wertlos. Daß Computer Schach spielen und Klubspieler besiegen können, heißt nicht, sie seien schöpferischer Leistungen fähig. Denn man kann ihnen zwar alle Eröffnungen, Mittelfeldzüge und Endspiele beibringen, aber der Genieblitz eines Weltmeisters stürzt sie in rettungslose Verwirrung. Da sie nur programmierte Züge kennen, würden sie hilflos ticken, schnarren und knirschen, bis eine Röhre durchgebrannt wäre, und damit wäre es aus. Triumphieren wir aber nicht, es sei denn, wir wären Weltmeister!

Die Geschwindigkeit, mit der Elektronenrechner ihre Aufgaben lösen, erhöht sich sozusagen von Maschine zu Maschine. Zu verdanken ist diese Tatsache einmal der hohen Schaltgeschwindigkeit und der immer kürzer werdenden Schaltzeit elektronischer Elemente, zum andern der optimalen Organisation des Ablaufes maschineller Arbeitsgänge. Heute führen Rechenmaschinen über 10 Millionen Additionen pro Sekunde aus. Das ist schon der hohen Kosten wegen nötig, weil ja die zehntausend Transistoren einer Großrechenanlage außerordentlich viel elektrischen Strom verbrauchen.

Der amerikanische Mathematiker Norbert Wiener, der den Begriff der Kybernetik in die Wissenschaft einführte, hielt es für gewiß, daß der Computer einmal auch als eine Art Wahrsager dienen würde. Im Rahmen der Kybernetik sei eine Vorausschau über Jahrzehnte durchaus möglich. Unter Kybernetik versteht er die Zusammenfassung mehrerer Wissenschaftsgebiete bzw. die Steuerungs- und Regelungsvorgänge in Technik, Biologie und Soziologie. Dank dieser Zusammenfassung können alle solche Vorgänge aufeinander abgestimmt und miteinander gekoppelt werden. Die Idee des optimierenden Elektronenrechners, den Prof. Martin als lenkende Staatsmaschine einsetzen möchte, ist nur die logische Weiterentwicklung der Wienerschen Gedankengänge.

Solche Aussichten sind ebenso großartig wie erschreckend. Welcher Leistung darf sich der Mensch rühmen, wenn ein Elektronengehirn bereits die Bahnen und Tageskonstellationen von Jupiter, Saturn, Uranus, Neptun und Pluto für die nächsten hundert Jahre errechnet und die Ausrechnungen der Astronomen ganz erheblich verbessert hat? Eines Tages mag aus der Maschine — aus der von Superspezialisten gefütterten Maschine — ein Wissen kommen, das kein Hirn mehr zu fassen vermag,

140

weil auch der genialste Kopf nicht über Jahrhunderte hinweg denken oder Schlüsse aus Abermillionen zusammenwirkender Einzelheiten ziehen kann. Wir werden dieses Wissen nicht bezweifeln dürfen, denn intakte Elektronenröhren und Transistoren irren nicht. Werden wir dann aber die uns noch unverständliche Folgerung — vielleicht erscheint sie uns sogar wie das Walten des Schicksals widersinnig! — annehmen und uns dem Befehl aus der Maschine beugen?

Und noch eine andere Möglichkeit läßt uns zurückschrecken. Der Umgang mit den komplizierten Großrechenanlagen ist nur einer Elite von Technikern und Wissenschaftlern mit einer langen Ausbildungzeit möglich. Wird diese Elite, möglicherweise unberührbare Anbeter des reinen Nutzens, unser Schicksal mit Hilfe der Maschinen gestalten und werden wir uns ihnen widerspruchslos fügen, weil jeder eigene Entschluß von den Robotern längst widerlegt worden ist? Sind das unsere neuen Diktatoren? Dämmert damit die Herrschaft hochmütig Wissender über eine riesige Herde von Dummen herauf? Der Mensch wird auch hier zwischen seinem Vorteil und Übel entscheiden können. Was würden ihm Heere von Robotern nutzen, wenn er mit der gewonnenen Zeit nichts anzufangen wüßte? Wenn die Maschinen ihn aller groben, unwürdigen und aller unvernünftigen Arbeit enthoben haben werden, kann er endlich darangehen, jenes Reich zu erobern, aus dem die Computer für immer ausgesperrt bleiben, weil es geistiger, weil es schöpferischer Natur ist.

Das Elektronenmikroskop

Der Mensch verlangt nach dem Helden. Jedes geschichtliche Ereignis, jede große Tat will er mit einem Namen verknüpfen. Cheops erbaute die große Pyramide bei Gizeh; die 20 000 Sklaven, die daran arbeiteten, blieben ebenso namenlos wie der Baumeister, der sie entwarf. Alexander eroberte die Welt; die zahllosen Soldaten, die für ihn verbluteten, nehmen an seinem Ruhm nicht teil. So verkehrt diese Denkweise ist, hat sie doch weitgehend unsere Zivilisation geprägt: ohne den strahlenden Sieger — ob McArthur, Sauerbruch oder Hillary — bleibt den Menschen das bedeutendste Geschehen blaß.

Die Entwicklung des Elektronenmikroskops ist zweifellos ein bedeutenderes Ereignis, als es die Feldzüge Hannibals oder Friedrichs waren. Das Elektronenmikroskop hat ja nicht nur die Welt des bisher Unsichtbaren sichtbar gemacht, sondern uns nahe an das Geheimnis des Lebens geführt. Wer aber kennt den Namen seines Erfinders? Professor Ernst Ruska ist kein Held für die Allgemeinheit. Und doch verdient sein Name vor denen aller Haudegen genannt zu werden. Allerdings kann heute ein einzelner kaum allein eine grundlegende Entdeckung machen; dazu sind Wissenschaft und Forschung zu kompliziert geworden. An die Stelle des Helden ist die Mannschaft getreten. Das hindert die Legendenbildung — wer möchte sich schon ein Dutzend Namen merken, um sich für eine Sache zu begeistern? Ein gedrittelter Nobelpreis verliert für die Öffentlichkeit viel von seinem Glanz, und eine Leistung, die von vielen gemeinsam vollbracht wird, erscheint ihr geringer als der Erfolg einer Persönlichkeit.

Die grundlegenden Ideen zur Entwicklung des Elektronenmikroskops stammen von Professor Hans Busch, der 1926 die geometrische Elektronenoptik begründete. Zusammen mit B. von Borries erfand Ruska dann 1933 das Elektronenmikroskop mit elektromagnetischen Linsen und entwickelte es mit Unterstützung von Siemens & Halske zu einem Hochleistungsgerät. An der weiteren Ausbildung der Elektronenmikroskopie waren noch ein Dutzend Physiker und Optiker maßgeblich beteiligt, darunter der Berliner Manfred von Ardenne und der naturalisierte Amerikaner Dr. Zworykin. Sie alle haben uns den Blick in die Welt des Mikrokosmos und der verborgenen Dinge eröffnet. Dank der Hilfe des Elektronenmikroskops kann die Elastizität von Stahl ebenso geprüft werden wie die Güte von Nahrungsmitteln, Textilfasern und Geweben, von Töpferton und Papier, Impfstoffen und Arzneien, aber auch die Abnutzung von Autoreifen, Flugzeugmaterial u.v.m. Hatte Professor Ruska mit den ersten Supermikroskopen nur gerade den flüchtigen Schatten von Bakterien sehen können, der gleich wieder zu Nebelflecken verschwamm, so entwickelten Dr. V. K. Zworykin und Dr. Marton mit Hilfe der Rockefeller-Stiftung im Krieg in den USA schon ein Elektronenmikroskop, das Vergrößerungen von 1 : 1 000 000 wiedergab.

Nachdem die Teleskope das Universum bis in die Tiefen des Weltalls aufgehellt hatten, wurden nun im Reiche des Allerkleinsten Welten entdeckt, deren Aufbau und Lebensäußerungen nicht weniger großartig waren als die der Sonnensysteme. Das Kleinste bekam plötzlich eine Bedeutung, die es dem Großen gleichwertig an die Seite stellte. Nicht länger war der Mikrokosmos nur die Spielzeugabbildung des Makrokosmos — nein! Das Riesige war nur die Verdeutlichung des Winzigen, und in diesem war, wie die in den Atomen schlummernden Gewalten enthüllt hatten, die schöpferische Kraft eingeschlossen. Möglicherweise bestehen die Begriffe „groß" und „klein" nur in der menschlichen Vorstellung, so wie sich der menschliche Geist an den Zeitbegriff klammert, um nicht in dem Meer der Unendlichkeit unterzugehen. Nun enthüllte das Unsichtbare sein verborgenes Antlitz, und es zeigte dieselben Züge, die wir bisher nur dem Überlebensgroßen zugebilligt hatten.

Fast 300 Jahre war das Lichtmikroskop die Waffe und der Verbündete der Wissenschaft gewesen. Der holländische Naturforscher van Leuwenhoek hatte damit schon die Spermatozoen bei Infusionstierchen, die Querstreifung der willkürlichen Muskeln, die Blutkörperchen und die Treppengänge, Tüpfel- und Spiralgefäße der Pflanzen entdeckt. Aber über eine 2000fache Vergrößerung gelangt man mit dem Lichtmikroskop nicht hinaus, weil dann schon die Größenordnung der Lichtwellen selbst erreicht ist; für weitergehende Untersuchungen ist das Licht zu grobkörnig.

1924 stellte der französische Physiker Louis de Broglie fest, daß sich Elektronen genau wie das Licht in Wellenform fortbewegen; einer bestimmten Masse entspreche eine bestimmte Welle. So war der Weg frei, um auch Elektronenstrahlen auf einen Brennpunkt einzustellen und damit das vergrößerte Bild von Objekten zu projizieren. Der Elektronenstrahl muß nur durch eine Anzahl Drahtspulen laufen, die auf ihn die gleiche Wirkung ausüben wie die Linsen der Optiker auf die Lichtstrahlen.

Elektronen können sich nur in luftleeren Räumen fortbewegen; ihre Geschwindigkeit ist geringer als die des Lichts, nämlich rd. 100 000 km/sec. Sie haben eine hunderttausendmal kleinere Wellenlänge als Lichtstrahlen. Auf ein einziges Gramm gehen so viele Elektronen wie Erbsen in eine Schale von der Größe der halben Erdkugel.

Das Objekt, das durch das Elektronenmikroskop betrachtet und aufgenommen werden soll, wird in einen Schlitz des Instrumentes geschoben. Dann wird auf das Objekt ein Elektronenstrahl gerichtet, der durch elektrische oder magnetische Felder (genau wie Lichtstrahlen durch eine Linse) abgelenkt werden kann. Auch das Elektronenmikroskop enthält zumeist zwei Linsen, die „Objektiv" und „Projektiv" genannt werden, weil der Betrachter nicht in das Mikroskop hineinsieht, sondern das Bild auf den Fluoreszenzschirm oder eine Platte projiziert wird. Ein Kondensor konzentriert die Elektronenstrahlen auf das abzubildende Objekt.

Die von einer Glühkathoder ausgehenden Elektroden werden durch eine Spannung von 60 000—300 000 Volt angetrieben. Ihre Geschwindigkeit ist dadurch groß genug, um das außerordentlich dünne Probestück (0,00025 mm) zu durchdringen. Die Elektronen laufen in einer Röhre, die auf ein hohes Vakuum ausgepumpt worden ist und bewegen sich durch das elektrische oder magnetische Feld von Metallplatten oder stromdurchflossenen Spulen, je nachdem ob es sich um ein elektrostatisches oder magnetisches Elektronenmikroskop handelt. Das Bündel der Elektronenstrahlen breitet sich aus, wird von einer zweiten Elek-

144

tronenlinse erfaßt und formt nun das leicht vergrößerte Bild des Objekts. Eine dritte Linse nimmt dann die Elektronen dieses Zwischengangs auf und faßt sie zu dem endgültigen Bild zusammen. Der Fluoreszenzschirm wandelt das Elektronenbild in ein Lichtbild um.

1 millionstel mm sichtbar gemacht

So arbeitet also das Gerät, das uns noch „ein Nichts" von 1 millionstel Millimeter Größe zeigt. In aller Klarheit liegen nun die scheinbar ewig verborgenen Dinge vor dem Auge des Forschers: Herzmuskel- oder Nervenfasern in 80 000facher Vergrößerung, unfaßbare Rauchteilchen, die kaum fünfhunderttausendstel Millimeter messen, Zellulose-Fibrillen, die erst bei 36 000facher Vergrößerung sichtbar werden, Viren und Moleküle. Vom Studium der bisher unsichtbaren Viren erhoffen die Ärzte sich Heilmittel gegen eine Reihe rätselhafter Krankheiten. Das Virus, das bei der Kinderlähmung auftritt, ist ein ballonartiges Körperchen, dem niemand seine Gefährlichkeit ansehen würde. Aber wenn Heere dieser Viren die motorischen Nerven in den grauen Vorderhörnern des Rückenmarks befallen und die Ursprungszellen dieser Nerven entzünden, kommt es zu den gefürchteten Lähmungen. Das Tabakmosaik- und das Gurkenmosaik-Virus sind stabförmige, das Tomaten- und das Tabaknekrose-Virus kugelförmige Gebilde, die bei den von ihnen befallenen Pflanzen schwere Krankheiten hervorrufen. Rauch von Zinkoxyd sieht bei 10 000facher Vergrößerung wie Stechpalmenzweige aus, Gasruß macht den Eindruck von Dünensand oder Glassplitterchen, Flammenruß wieder bildet unregelmäßige wurstförmige Gebilde.

All diese Verschiedenheiten zu erkennen, ist das Ziel der Wissenschaftler, seit sie entdeckt haben, daß die physikalischen und chemischen Eigenschaften der Materie nicht nur von ihrer chemischen Zusammensetzung abhängen, sondern auch von Form und Größe der Stoffpartikelchen. Je kleiner die einzelnen Teilchen und je weiter sie voneinander entfernt sind, um so größer ist ihr Spannungszustand. Es hängt also beispielsweise von der Größe der Kohlenstaubteilchen ab, ob es zu einer Staubexplosion kommt.

Die Metallurgen können nun die Oberflächen feinstbearbeiteter Metalle auf den Fluoreszenzschirmen studieren, um die Qualität der Produkte zu erkennen. Wo das Auge eine glattpolierte Fläche sieht, zeigt das Elektronenmikroskop eine wahre Felslandschaft von Wucht und Größe. Man muß nur einmal eine Aluminiumplatte, die mit Schwefelsäure geätzt wurde, auf der Fotoplatte des Elektronenmikroskops gesehen haben! Die spiegelglatte Oberfläche verwandelt sich in ein Plateau, von dem riesige Schluchten abstürzen. Die kubische Anordnung der Atome im Metall ergibt ein großartig-abenteuerliches Bild von Treppenzügen, Schächten, Quadern und Platten. Dabei kommt dem Betrachter die Unvollkommenheit der menschlichen Sinne schmerzhaft zum Bewußtsein.

Zumeist ist es nicht möglich, die Materialteilchen selbst im Elektronenmikroskop zu studieren; nur Materialschichten von ein bis zwei zehntausendstel Millimeter Stärke ergeben brauchbare Durchstrahlungsbilder. Man hat deshalb ein Abdruckverfahren entwickelt, bei dem die Oberfläche der zu untersuchenden Teile mit einer hauchdünnen Schicht, zumeist aus Lack, überzogen wird. Sie wird dann wieder abgelöst und bewahrt getreu die Reliefform der Oberfläche. Solche Oberflächenabdrucke sind wie abstrakte Gemälde, aber von einer Meisterschaft, die bisher noch kein Maler erreicht hat.

Ergebnisse der Untersuchungen unter dem Elektronenmikroskop haben zu der Annahme geführt, daß die Moleküle der kompliziert aufgebauten Eiweißstoffe — zu denen die Viren ebenso wie die Träger der Erbanlagen, die Gene, gehören — nicht etwa unzählige Male wie beispielsweise ein Wassermolekül vorkommen, sondern daß sie möglicherweise etwas Einmaliges sind, das sich nicht wiederholt — wie es ja auch keine zwei gleichen Fingerabdrücke gibt. In dieser Einmaligkeit liege die milliardenfache Vielfalt der Lebewesen und insbesondere auch der menschlichen Persönlichkeit begründet.

Das magische Auge - die Fotozelle

Durch die Stadt geht ein Mann, ein Bauer, der nur alle heiligen Zeiten sein abgelegenes Dorf verläßt, um eine neue Dreschmaschine oder eine Motorsäge zu kaufen. Der Mann staunt die Stadtmenschen, den Verkehr und die Auslagen an und bleibt endlich vor einem Sportgeschäft stehen, wo ihn eine Anglerausrüstung interessiert. Wie er einen Schritt voran macht, schiebt sich die Glastüre des Eingangs auseinander, und eine Stimme fordert ihn auf: „Treten Sie ein, bitte!" Verblüfft fährt er zurück, denn da ist keiner, der ihm aufgemacht hätte — wer hat da bloß gesprochen? Als er, erschrocken, zurückgetreten ist, schließt sich die Tür von selbst. Er denkt an Hexerei. Vorsichtig setzt er den Fuß wieder vor... wieder geht die Türe auf und die Geisterstimme fordert ihn auf einzutreten. Träumt er oder narrt ihn ein Spuk? Als er noch einmal vorgeht, kommt ein Verkäufer aus dem Laden und schnarrt ihn an: „Lassen Sie gefälligst diese Scherze — dafür sind Sie schon zu alt!" Aber woher sollte der gute Bauer wissen, daß eine Fotozelle den vermeintlichen Schabernack auslöst? Wie das vor sich geht, ist eines der vielen Wunder der Elektronik.

Auf der Innenwand einer luftleeren oder mit Edelgas gefüllten Glasröhre ist eine dünne Silber-Cäsium-Schicht aufgetragen. Ihr gegenüber befindet sich eine netz- oder schleifenförmige, positiv aufgeladene Elektrode. Wirkt ein Lichtstrahl auf die Metallschicht ein, so lösen sich aus ihr Elektronen heraus und fliegen zu der Stelle der positiven Spannung. Die Stärke des Lichtreizes ist dabei für die Anzahl der wandernden Elektronen maßgebend, und diese sind es wieder für die Stärke der fließenden Elektrizität. Der Vorgang beruht auf der erstaunlichen Tatsache, daß die äußersten Elektronen im Kristallgitter der Metalle nur noch locker an die Atome gebunden, ja fast schon frei beweglich sind und so zu Trägern des elektrischen Stromes werden können. Erwärmt sich das Metall, und Licht geht ja mit Wärme einher, so erhöht sich die Beweglichkeit der Elektronen noch; sie lösen sich schließlich völlig aus der Fesselung, dem Metallgitter. Die gesamte Elektronik, der wichtigste Zweig der Elektrotechnik, beruht auf solchen Vorgängen.

Das selbsttätige Öffnen von Türen wird durch einen Lichtstrahl besorgt, der auf eine Fotozelle trifft. Der dadurch entstehende Strom wird verstärkt und wirkt auf einen Magneten ein, der wiederum eine Art Anker festhält. Wenn jemand nun den Lichtstrahl durchschreitet und damit unterbricht, setzt der Strom vorübergehend aus — der Anker wird dann von einer Feder weggezogen. Dadurch wird ein zweiter Stromkreis geschlossen, und dieser treibt einen Motor an, die Tür zu öffnen.

Die Alkali-Fotozelle mit Edelgasfüllung wurde schon 1893 von den deutschen Physikern Julius Elster und Hans Friedrich Geitel erfunden. Eine andere Form der lichtelektrischen Zellen, die Selenfotozellen, lassen sich so bauen, daß ein Bestrahlen mit Licht unmittelbar zur Stromerzeugung führt. Da sich auf diese Weise Lichtenergie direkt in elektrische Energie umwandelt, wird man früher oder später in sonnig-heißen Gegenden aus Licht Elektrizität gewinnen.

Die Fotozelle nimmt viele Hunderttausend Vorgänge in der Sekunde auf. Mit ihrer Hilfe kann man Gold aus Flußsand herauswaschen, Körner oder Glasperlen sortieren und zugleich schlechte oder verunreinigte Stücke ausscheiden. Die Fotozelle prüft Obst auf Größe, Gewicht und Farbe, zählt fehlerlos Knöpfe, Nägel oder Schrauben ab und stellt die kleinste Farbabweichung bei Briefmarken oder auf Bildern fest; sie trennt im wahrsten Sinne des Wortes die Spreu vom Weizen — jede Unregelmäßigkeit löst augenblicklich das Relais aus. Ohne den Wachdienst der Fotozelle wäre kein Juwelier seiner Schätze, kein Fabrikant seiner Produktion und keine Behörde ihrer Dokumente sicher. Aus einem Museum ein Gemälde zu entwenden, über das Fotozellen wachen, ist praktisch ausgeschlossen. Auch bei der Bestimmung der Helligkeit der Sterne ist die Fotozelle unentbehrlich geworden.

Ultraschall - Diener, Helfer, Zerstörer

Ende Oktober 1965 war ein Flugzeug, eine große Transportmaschine, von Frankfurt nach Stockholm unterwegs. Sie war schon bei diesigem Wetter aufgestiegen und flog ab Kopenhagen in einem milchigen Dunst, der sich immer mehr verdickte. Die anfangs rege Unterhaltung unter den Passagieren war verstummt, mancher beobachtete ängstlich das dauernde Hin- und Hereilen des Bordmechanikers und der Stewardessen, die offenbar immer neue Weisungen von den Piloten und dem Funker bekamen. Um die Zeit, da die Maschine landen sollte, war sie 1³/₄ Stunden hinter dem Fahrplan zurück und befand sich über Kronoberg, einer Landschaft in Südschweden.

Dann ging das Flugzeug plötzlich auf Gegenkurs. Es dauerte aber nicht lange, da wendete es von neuem — zweifellos hatte der Funker die Meldung bekommen, daß Kopenhagen ebenfalls von dickem Waschküchennebel eingehüllt sei. Der Pilot wechselte jetzt mehrmals die Höhe; vergeblich versuchte er, das gefährliche Gebräu nach oben zu durchstoßen, es reichte wohl bis in sechs- oder gar siebentausend Meter Höhe. Endlich meldete eine Stimme im Lautsprecher, daß der Pilot versuchen werde, auf dem nächstliegenden Flugplatz niederzugehen. Es ging mittlerweile dem Abend zu, unter den herrschenden Umständen wäre es heller Wahnsinn gewesen, auf dem völlig vernebelten Stockholmer Flugfeld landen zu wollen. Dasselbe galt aber von Vexjö und Alfvesta.

„Und dann geschah das Wunder", berichtete ein Fahrgast später. „Wir kreisten über einem Flugplatz, den niemand sehen konnte, eine halbe Stunde und länger. Keiner sprach, alles starrte wie gebannt zur Kanzel. Plötzlich hieß es, wir sollten uns anschnallen. Wollte der Pilot wirklich ins Ungewisse hinab? Aber dann öffnete sich auf einmal, als die Maschine niederging, eine schmale Schneise im wattigen Luftmeer — wir sahen die Lichter der Rollbahn aufglänzen und die Scheinwerfer, die die Gebäude des Flughafens anstrahlten. Es war, als hätte der große Zauberer in die Hände geklatscht und dem Nebel befohlen, sich zu teilen. Wir landeten ohne Zwischenfall ..."

Kein Sturm hatte den Nebel hinweggefegt, der Flugplatz war nach wie vor von Nebelgebirgen eingeschlossen. Es führte nur eine dunstfreie, breite Straße über dem Rollfeld in die Höhe, und auch sie stieß in etwa achtzig Metern an die nächste Wolkenwand. Der Kommandant des Hafens löste das Rätsel. Ultraschall-Sirenen hatten einen Teil des Feldes und der darüber liegenden Luftschichten entnebelt. Unter dem Einfluß von Ultraschallwellen ballen sich die Teilchen des Wasserdampfes zusammen; die Nebelschleier werden, wie von unsichtbaren Händen ergriffen, auseinandergetrieben und rieseln als Regen nieder. Auf die gleiche Weise kann man auch Rauchschwaden, die über großen Industriestädten liegen, hinwegblasen. Durch das Zusammenballen der Rußteilchen, die unter der Einwirkung der Ultraschallwellen zu Boden fallen, wird die verschmutzte Luft wieder gereinigt.

Was sind Ultraschallwellen, und wie werden sie erzeugt? Ultraschall ist Schall mit Schwingungszahlen über der Hörgrenze des Menschen, also über 16 000 Hertz. Dagegen sind die Geschwindigkeiten von Schall und Ultraschall gleich groß: 331 m/sec in Luft von $0°$, 1440 m/sec in Wasser und 4714/sec in Stahldraht. Die außerordentliche Wirkung des Ultraschalls beruht einzig und allein auf der erhöhten Schwingungszahl. Diese erreicht man, indem man z. B. einen Nickelstab durch starke hochfrequente Wechselströme magnetisiert. Dadurch ändert sich seine Form; je nach der Stärke des Stromfeldes verlängert oder verkürzt er sich. Höhere Schwingungen erzielt man mit Piezoquarzplatten. Das sind Kristalle, die, mit hochfrequenten Wechselströmen angeregt, bis zu dreimillionenmal in der Sekunde schwingen. Unter der Einwirkung des Stromes dehnt sich der Quarz viele Tausende Male in der Sekunde aus und zieht sich wieder zusammen. Die entstehende Schwingung ist Ultraschall. Man kann ihn auch erzeugen, indem man Wechselstrom durch eine Spule sendet, die um einen Metallkern gewickelt ist. Dieser Kern dehnt sich bei jedem Periodenwechsel des Stroms um einen winzigen Bruchteil seiner Länge, etwa ein Millionstel, aus und schrumpft sogleich wieder zusammen. Berührt man ihn, so meint man, sich die Finger zu verbrennen.

Mit Ultraschall-Sirenen kann man Schalleistungen von 200-300 Watt in der Luft erzeugen, wobei sich Watte, die in den Schallstrahl gelangt, entzündet. Bazillen und kleine Tiere können durch Ultraschallwellen getötet, sie können aber in ihren Lebensfunktionen auch angeregt werden. Wenn man Saatgut mit Ultraschall behandelt, kommt es zu einer beachtlichen Steigerung der Ernteerträge, die z. B. bei Erbsen das Dreifache der normalen Ausbeute betragen kann. Im letzten Krieg sind bereits Ultraschallpfeifen verwendet worden — die Schwingungszahlen der Pfiffe lagen um 25 000 Hertz. Für das menschliche Ohr ist dieser Schall „stumm", er kann nur mit Spezialgeräten aufgefangen werden. Das Hundeohr dagegen nimmt höhere Schwingungszahlen auf. Es lag daher nahe, Meldehunde auf Ultraschallpfiffe zu dressieren und sie bei Spähtruppunternehmen u. ä. einzusetzen.

Schon seit längerem wird Ultraschall dazu benutzt, Alkohol und Käse schnell ausreifen zu lassen. Solche Reifeprozesse dauern bei Weinsorten und Schnaps viele Jahre. Bringt man aber ein sogenanntes Taumelgerät — das ist ein Schallgenerator — in Alkohol und Wasser, so reift die Mischung im Nu zu einer hochwertigen Whisky- oder Kognacsorte heran. Mit steigender Schallleistung wird nämlich die Bindung gelöster Gase in Flüssigkeiten zerrissen, ein Vorgang, den die Physiker Kavitation nennen. Aufnahmen mit Hilfe des Elektronenmikroskops haben gezeigt, daß diese Kavitation dann herbeigeführt wird, wenn bei starken Ultraschallschwingungen der Druck von einem ebenso starken Sog gefolgt wird. Beim Sog reißt die Flüssigkeit auf, die Bläschen, die sich dabei bilden, schlagen wieder in sich zusammen und erzeugen dabei unter Umständen beträchtliche Zerstörungen. Das Reifen alkoholischer Getränke beruht überdies auf dem nicht häufigen Zusammenstoßen bestimmter Moleküle. Ultraschallwellen erzwingen dieses Zusammentreffen fast unaufhörlich und lassen außerdem die Bakterien oder Schimmelpilze, die das Altern von Wein und Käse herbeiführen, besonders gut gedeihen.

Mit Schallwellen von Millionen Schwingungen in der Sekunde lassen sich die verborgensten Fehler bei Metallteilen feststellen. Es ist das nicht anders, als wenn ein Arzt die Brust seines Patienten abklopft. Fehlerfreie Gußteile senden ein Echo aus, das man auffangen und verstärken kann. Treffen die Schallwellen auf einen noch so kleinen Riß, eine Vertiefung oder Erhöhung, so kommt das Echo schneller oder langsamer zurück; auf einem Bildschirm zeichnet sich die Lage der fehlerhaften Stelle genau ab. Ein anderes Kunststück, das Ultraschall zuwege bringt, ist das Säubern von Wäsche ohne Seife und Wasser. Die Schallwellen mit hoher Schwingung boxen sozusagen den Schmutz aus dem Stoff heraus.

Zwei Berliner Ärzte, Richter und Parow, haben schon 1938 Ischiaskranke erfolgreich mit Ultraschall behandelt. Dann wurde der Überschall auch gegen Krampfaderngeschwüre und Gefäßerkrankungen, Muskelschmerzen, Nervenentzündungen und jene gefürchteten Gelenksveränderungen eingesetzt, die unter dem Namen Arthrosen bekannt sind. Auch Gehörverhärtung (Otosklerose), Bronchialasthma, Magengeschwüre u. m. können mit Ultraschall günstig beeinflußt werden. Viele Ärzte halten Ultraschall noch immer für eine besondere Form von Wärme oder Elektrizität; sie führen seine Wirkung auf eine heilende Durchstrahlung der Gewebe zurück, auf eine Massage des Zellgewebes, oder sie sprechen von einer „Reiztherapie". Andere glauben, daß die hohen Schallfrequenzen die Zellen gewissermaßen „anreißen". Um diese Schädigung zu beheben, raffe sich der Organismus zu einer zusammengefaßten Abwehr- und Aufbauleistung auf. Er entsende zu den geschädigten Stellen einen Strom heilender Stoffe. Dadurch erkläre sich die vielfältige Wirkung des Ultraschalls, der, richtig eingesetzt, mehrere Leiden auf einmal kurieren könne. Der deutsche Professor Stuhlfaut erklärt dagegen, daß durch Ultraschall starke Reize über die Nervenbahnen an das kranke Organ oder Gewebe herangetragen werden. Dafür spricht die Tatsache, daß Patienten mit Geschwüren an beiden Beinen auch dann von ihnen befreit werden, wenn sie nur einseitig beschallt worden sind. Das zweite Geschwür heilt mit!

Der Wiener Dr. Dussik hat 1937 festgestellt, daß krankhaftes Gewebe die Schallwellen anders als gesundes Gewebe absorbiert bzw. hindurchläßt. Die Unterschiede in der Schwärzung des Fotopapiers zeigen dem erfahrenen Spezialisten, ob irgendwelche krankhaften Veränderungen stattgefunden haben, welcher Art diese Veränderungen und an welcher Stelle sie aufgetreten sind. Die amerikanischen Ärzte Lynn und Putnam von der Columbia-Universität haben mit Ultraschall zuerst Gehirnoperationen an Katzen, Hunden und Affen vorgenommen und dabei Schallwellen von 800 000 Schwingungen durch einen gewölbten Kristall reflektiert und auf eine vorbestimmte Stelle im Gehirn der Tiere gesammelt. Die Ultraschallwellen regten das Gewebe zunächst an und zerstörten es dann. Auch beim Menschen sind Ultraschalloperationen schon erfolgreich vorgenommen worden.

Der Frankfurter Physiker Dr. Born hat seinen Daumen jahrelang tagtäglich beschallt, ohne dadurch Gewebs- oder Knochenschädigungen hervorzurufen. Allerdings kann es bei zu oft wiederholten oder zu starken und ausgedehnten Beschallungen zu einem Schallkater kommen. Das Herz, die Augen, die Keimdrüsen, die Gebärmutter oder der kindliche Knochen dürfen auf keinen Fall mit Ultraschall behandelt werden. Da kleine Weißfische schon bei einer Ultraschallstärke von zwei Watt auf den Quadratzentimeter sterben, ist zweifellos Vorsicht geboten.

Eigentlich verdanken wir die Anwendung des Ultraschalls — den Fledermäusen. Holländische und amerikanische Zoologen haben vor dem Zweiten Weltkrieg festgestellt, daß die schlafwandlerische Sicherheit der Fledermäuse im Dunkeln auf einer Ultraschall-Peilung beruht. Sie stoßen dabei Ortungsrufe aus, deren Frequenz bei 30 000—80 000 liegt. Der Kehlkopf der Fledermäuse ist ein natürlicher Sender, die Ohren sind zuverlässige Empfänger der Ultraschallwellen. In unseren Ortungsgeräten, dem Echolot oder dem Radar, ist diese Vereinigung von Sende- und Empfangsanlage nachgeahmt worden.

Es war vorauszusehen, daß der Mensch den Ultraschall auch für kriegerische Zwecke verwenden würde. Nach dem Zweiten Weltkrieg fanden die Amerikaner bei Lofer in Tirol Aufzeichnungen über eine Schallkanone. Das Geschütz erzeugte durch die Explosionen eines Gases im Innern eines sirenenähnlichen Metallgehäuses unhörbare Schallstöße. Die Soldaten mußten dabei einen schalldichten Schutzhelm tragen. Mit dieser Wunderwaffe, die allerdings nicht mehr eingesetzt werden konnte, hätte man, so wurde behauptet, Menschen in einer Entfernung von 50—60 Metern innerhalb einer halben Minute töten können. In diesem Zusammenhang ist der Bericht von Ultraschallforschern bedeutsam, die an einer Konferenz teilnahmen, in deren Mittelpunkt zahlreiche Experimente standen. „Plötzlich", so berichtete einer der Teilnehmer, „überkam mich das Gefühl eines unabwendbaren Verhängnisses. Ich mußte an mich halten, um nicht aufzuschreien. Als ich meinen Nachbarn anschaute, sah ich auch in seinen Mienen panische Angst. Er gestand später, daß er unter dem Eindruck eines unnennbaren Terrors stand. „Es gab allerdings", so setzte der Erzähler fort, „unter uns auch Männer, die von den hohen Schallschwingungen kaum beeinflußt wurden. Ultraschall wirkt sicherlich auf jeden Menschen verschieden. Deshalb wird auch seine Anwendung in der Heilkunde so verschieden beurteilt."

1943 hatten die Deutschen einen selbststeuernden Torpedo entwickelt, der mit einem Schallempfänger ausgestattet war. Die von Schiffsschrauben hervorgerufenen Überschallwellen wurden von diesem Empfänger, der sich im Kopf des Torpedos befand, aufgefangen und zogen das Geschoß auf sein Ziel zu. „Es war, als würde das Opfer die Hand seines Mörders lenken", erklärte seinerzeit ein englischer Admiral dazu. Wenn der Torpedo entdeckt wurde und das angegriffene Schiff ihm noch ausweichen konnte, machte er die Ausweichbewegung sogleich mit und traf sein Ziel mit untrüglicher Sicherheit." Die deutschen Techniker hatten die Störungen, denen der Schall unter Wasser ausgesetzt ist, die Eigengeräusche des Torpedos, auftauchende Fischschwärme u. a., in ihre Konstruktion mit einkalkuliert. Spulen im Schwanz und im Kopf des Torpedos stellten ein elektromagnetisches Feld her. Kam der Torpedo in Schiffsnähe, so störten dessen Eisenteile dieses Feld, und der entstehende Strom, durch Elektroröhren verstärkt, ließ die Sprengladung detonieren. Die Entwicklung ist inzwischen in den USA und in Sowjetrußland weit vorangetrieben worden.

Glücklicherweise ist die Anwendung des Ultraschalls für friedliche Zwecke ebenso tatkräftig ausgenutzt worden. Das bereits erwähnte Ultraschall-Echolot wird zur Messung der Schiffshöhe über dem Meeresgrund und zum Anpeilen von Fischschwärmen (natürlich auch von feindlichen U-Booten) verwendet. Die Fische besitzen offenbar auch ein Echolotverfahren zur Orientierung. Seit über einem Jahrzehnt gibt es Blindenleitgeräte, mit denen Blinde auf kurze Entfernungen noch Hindernissen in Bindfadenstärke ausweichen können.

Der Mensch kann entscheiden, wie seine Erfindungen ausgewertet und angewandt werden. Bestimmt, zu dienen und zu helfen, kann der Überschall auch zerstören, ja vernichten — es kommt nur auf die geistige Haltung seines Herrn an.

Die Schlange auf dem Meeresgrund

Die Überseekabel

Sie ist schon 110 Jahre alt und hat sich doch noch nicht überlebt, die Schlange auf dem Meeresgrund, das Transatlantikkabel. Als es von den beiden Dampffregatten, der Agamemnon und der Niagara, 1858 zwischen Irland und Neufundland verlegt worden war, nannte man es das größte Weltwunder und glaubte, es müsse den Frieden für ewige Zeiten sichern. Präsident Theodore Roosevelt übergab das Transpazifikkabel, die Schwester des Atlantikkabels, am 5. Juli 1903 seiner Bestimmung mit den

Worten: „Nun ist die Erde umgürtet." So große Worte klingen uns heute fremd. Ja, wir fürchten manchmal, daß das Aneinanderrücken der Völker und Kontinente nur um so größere Gefahren heraufbeschwört. Der heiße Draht zwischen Washington und dem Kreml beruhigt nur das kindliche Gemüt.

Der Draht, der sich im vorigen Jahrhundert zwischen dem alten und dem neuen Kontinent spannte, ließ nur ein Gespräch zur gleichen Zeit zu. Heute führt man auf einem Kabel mit einigen Koaxialkanälen*) gleichzeitig 12 000 Ferngespräche. Das mindert nicht die Pionierleistung aus der Urgroßvaterzeit. Ohne sie müßten wir, wie es ein führender englischer Funktechniker ausdrückte, noch immer die Urwaldtrommel rühren.

Die elektrische Telegraphie wurde von einem deutschen Arzt erfunden, dessen Name zu Unrecht vergessen worden ist. Samuel Thomas von Sömmerring (1755—1830), der 1809 den ersten elektrischen Telegraphen baute — er beruhte auf der elektrolytischen Wasserzersetzung —, war ein universaler Geist, der mit den großen Dichtern und Denkern seiner Zeit wie Goethe, Kant und den Brüdern Humboldt in regem Gedankenaustausch stand. Aber erst als der amerikanische Maler Samuel Morse einen brauchbaren Schreibtelegraphen entwickelte und dafür die Morseschrift einführte, überzogen sich die Länder nach und nach mit einem Netz von Telegraphendrähten. Die Nachrichtenübermittlung mit elektrischen Impulsen, die durch Drähte weitergeleitet werden, hatte ihr Alphabet gefunden, das der Franzose Baudot dann noch vereinfachte. (Fünferalphabet.) Wie aber konnte man die durch Ozeane getrennten Erdteile miteinander verbinden? Wasser war zwar am geeignetsten, schwache elektrische Stromzeichen weiterzuleiten. Unterwasserkabel konnten aber erst verlegt werden, als man die isolierenden Eigenschaften des Guttaperchas entdeckt hatte, das auch von den alkalischen Eigenschaften des Wassers nicht angegriffen wird.

Das erste Kabel wurde 1851 von Dover nach Calais gelegt. Ein Fischer, dem ein Teilstück ins Netz ging, zerschnitt es und verteilte die Andenken unter seinen Kameraden. Das zweite Ka-

---

*) Koaxial = mit gleichen Achsen.

bel, 40 km lang und 175 Tonnen schwer, erwies sich als zu kurz; man mußte ein Stück anlöten. Vier Jahre später wand sich eine Kabelschlange auf dem Grund des Mittelmeers, um Italien mit Nordafrika, wo es Kolonien „erwerben" wollte, zu verbinden, und bald darauf verband man mit dem 4100 km langen Atlantikkabel die Alte und die Neue Welt.

Zunächst hatte man befürchtet, daß ein so langes Kabel zerreißen oder von scharfzackigen Felsen zerscheuert werden könnte. Auch Schiffsanker, Eisberge, ja unbekannte Seeungeheuer mochten es beschädigen. Würde elektrischer Strom überhaupt eine so riesige Strecke durchlaufen? Man wußte damals noch nicht, daß man mit einem fingernagelgroßen Element Strom über die Ozeane schicken kann. Schwarzseher prophezeiten auch, daß kein Schiff die Last des über 2500 Tonnen schweren Kabels transportieren könne. Sie wurden in ihrem Pessimismus bestärkt, als das von der Agamemnon und der Niagara geschleppte Drahtseil zweimal riß und versank. 1858 fuhren die Schiffe, beide mit je einer Hälfte eines neuen Kabels beladen, zur Atlantikmitte. Von da dampfte die amerikanische „Niagara" nach Neufundland, die britische „Agamemnon" zur irischen Küste. Als die Agamemnon in einen Orkan geriet, rollte sich das an Deck liegende Kabel auf. Wie Laokoon und seine Söhne von Meeresschlangen umstrickt wurden, packte das Kabel mehrere Matrosen und brach ihnen die Glieder. Nur die Pistolen ihrer Offiziere hinderten die wütenden Seeleute daran, „das teuflische Ding" über Bord gehen zu lassen.

Das Atlantikkabel riß noch zweimal. Aber dann lief die Agamemnon am 3. August 1858 Irland an, und die Niagara erreichte am 5. August Neufundland. Zwei Wochen später ging das erste Kabelgramm von Amerika nach England. Es dauerte nicht lange, da hatten die Miesmacher wieder Oberwasser. Die Telegramme kamen nicht mehr an, es herrschte „totale Kabelstille". Die (inzwischen schon beschädigte) Metallhülle gab die Elektrizität ans Wasser ab. Fast acht Jahre dauerte das Schweigen. Keine Fehlkonstruktion und kein Eisberg oder Seemonstrum waren schuld daran, sondern der nordamerikanische Bürgerkrieg. Kaum war er beendet, ging man an die Herstellung des dritten Atlantikkabels. Diesmal maß es 4760 km, war 5000 Tonnen schwer und kostete 3¹/₂ Millionen Dollar. Die riesige Great Eastern, die 3000 Passagiere befördern konnte, nahm die drei Kabelspulen auf und schaffte sie nach einem mißglückten Versuch Mitte 1866 nach Neufundland. Wieder war beim ersten Mal das Kabel gerissen, und zweimal hatten Saboteure es mit Drahtstücken durchbohrt, um seine Verlegung zu verhindern. Einer der wütendsten Gegner des Fortschritts begründete seine Abneigung gegen die Telegraphie mit den klassisch-kauzigen Worten: „Schlechte Nachrichten bekommt man am besten überhaupt nicht, und über eine gute Nachricht freut man sich auch ein paar Wochen später."

Nach dem Abenteuer der ersten Kabellegungen wurden bald alle Meere mit den modernen Seeschlangen bevölkert. Heute liegen rund 650 000 km Seekabel auf dem Grund der Ozeane, und man schickt in der Minute 2400 Buchstaben durch ein Kabel.

2500 m unter dem Gipfel des Montblanc

Der kühnste Alpen-Durchstich

Jahrtausende lang galt der Montblanc, der höchste Berg Europas, als unbezwinglich. Ehrfurchtsvoll schauten die französischen, italienischen und schweizer Bauern zu ihm auf, manche abergläubische Seelen sahen in ihm einen Standort böser Geister. Les Monts Maudits — die verrufenen Berge — wurde das Montblanc-Massiv genannt, bevor die Bergsteiger Balmat und Paccard im Jahre 1786 den 4810 m hohen Hauptgipfel bestiegen und die einzigartige Landschaft den Alpinisten erschlossen. Wer allerdings damals vorausgesagt hätte, daß der Montblanc durch einen Straßentunnel durchstochen und dem Fremdenverkehr geöffnet werden würde, wäre als Phantast verlacht worden. 100 Jahre später waren aus einer scheinbaren Utopie ernsthafte Projekte französischer und italienischer Ingenieure geworden; sie scheiterten aber an der Bürokratie. Noch ein Dreiviertel Jahrhundert mußte vergehen, bevor die Behörden Frankreichs und Italiens den Durchstich durch das Zentralalpenmassiv in Angriff nahmen. Letzten Anstoß dazu gab „ein verrückter Graf", der Italiener Dino Lora-Totino. Als Seilbahnspezialist hochgeachtet, scheiterte er mit seinen Eingaben, einen Tunnel zwischen dem Aostatal und Chamonix durch den Montblanc zu bauen. Kurz entschlossen, erwarb er in Entrèves Land und ließ seine Leute nach Frankreich zu graben. Er war erst 400 m weit gekommen, da verfügte die italienische Bürokratie die Einstellung der Arbeiten. Aber das Aufsehen, das er mit seinem eigenmächtigen Unternehmen erregt hatte, veranlaßte die Behörden endlich zum Handeln. 1957 schlossen Italien und Frankreich einen Vertrag, der den Bau des Montblanc-Tunnels in Gemeinschaftsarbeit sicherte und die Kosten — über 220 Millionen Mark — auf beide Länder verteilte.

Mit Tigerbohrern gingen die Italiener im Januar 1959 vom Aosta-Tal aus den Berg an. Ein halbes Jahr später folgten ihnen die Franzosen von Les Pélérins bei Chamonix. Sie setzten einen 100 Tonnen schweren Koloß ein, dessen 16 Bohrer in einem Arbeitsgang 139 vier Meter tiefe Löcher in den Berg rissen. Dann wurden die Löcher mit Sprengstoff gefüllt und dieser gezündet, nachdem die Arbeiter sich und die Bohrmaschine in Sicherheit gebracht hatten. Auf diese Weise wurden jedesmal Gestein und Geröll im Gewicht von 800—900 Tonnen aus dem Fels gesprengt. Durch Verschiebung der Spannung, unter der das Montblanc-Massiv steht, lösten sich oftmals Felsstücke aus der Tunneldecke und polterten mit der Wucht und Geschwindigkeit von Geschossen durch den Schacht. Obgleich man versuchte, das Gestein durch Stahlplatten zu sichern und die Italiener noch Drahtnetze unterhalb des Bohrdachs anbrachten, gab es bei solchen und anderen Unfällen doch 18 Todesopfer. Auch Wassereinbrüche und Gletscherfluß bedrohten das Leben der mehr als 1000 Arbeiter, die an dem Tunnelbau beschäftigt waren. Nach 10 Millionen Arbeitsstunden traten die französischen und italienischen Arbeitsgruppen am 4. August 1962 durch das letzte

Sprengloch aufeinander zu. Die beiden Stollen waren mit einer Abweichung von nur 13 Zentimetern zusammengekommen!

Mitte Juli 1965 wurde der Montblanc-Tunnel auf zwei je 3,5 m breiten Fahrbahnen für den Verkehr freigegeben. In einer Stunde können 450 Wagen den Tunnel durchfahren. Die niedrigste Maut (für die kleinsten Autos) beträgt fünfzehn, die höchste (für die schwersten Laster) 200 Francs. Fast $1/2$ Million Fahrzeuge haben den 11,6 km langen Tunnel seit seiner Eröffnung jährlich passiert. Durch acht zementierte Gänge, die in ihn hineinführen, wird mit Sturmstärke frische Luft eingeblasen, während die verbrauchte Luft durch zwei andere Gänge abgesaugt wird. Der Gehalt der Luft an Kohlendioxyd wird laufend durch Detektoren gemessen, Radaranlagen „melden" den Kontrolleuren, wie viele Fahrzeuge sich zu jeder Zeit im Tunnel befinden.

Die Autostrecke von Nord-, Mittel- und Osteuropa in den sonnigen Süden ist durch den Montblanc-Tunnel stark verkürzt und wintersicher gemacht worden. Ebenso erspart er den Reisenden von Frankreich, Spanien und Portugal mühsame Umwege. Neben der außerordentlichen praktischen Bedeutung ist er als Meisterleistung der Ingenieurkunst zum Vorbild für alle künftigen Untertunnelungen hoher Gebirgszüge geworden. Auch wenn es eines Tage längere und breitere Durchstiche geben wird — die Ausschachtung 2500 m unter dem höchsten Gipfel Europas wird immer als ebenso kühne wie richtungweisende Pioniertat in der Geschichte der Menschheit verzeichnet bleiben.

Radar

Im Winter 1934 kam der englische Generalstab zu einer niederschmetternden Erkenntnis. „Die britischen Inseln sind einem Angriff aus der Luft schutzlos ausgeliefert", erklärten die Sachverständigen. Viscount Swinton, der Staatssekretär für die Luftfahrt, forderte daraufhin Millionenbeträge für die Entwicklung neuer Abwehrwaffen. „Nur die Entwicklung der Radartechnik kann England schützen", behauptete Henry Tizard, der führende Kopf unter den wissenschaftlichen Beratern der Luftwaffe. „Stellen Sie sich doch vor, meine Herren", rief er auf einer Sitzung aus, „was es bedeuten würde, wenn wir die Annäherung feindlicher Flugzeuge so rechtzeitig entdeckten, daß unsere Jäger sie schon über dem Kanal angreifen könnten. Das Schicksal Englands liegt in diesen zwölf Minuten beschlossen!"

„Aber das ist Utopie", murmelte ein hoher Offizier.

„Wir müssen unsere Luftwaffe auf Kosten aller anderen Waffengattungen verstärken", forderte ein anderer.

Tizard stimmte zu, beharrte aber darauf, daß innerhalb dieses Programms die Radartechnik mit Vorrang gefördert würde. „Sagen Sie nicht, es sei utopisch, Flugzeuge schon vor ihrem Einflug nach England zu lokalisieren!" erklärte er. „Watson-Watt, ein Nachkomme unseres großen James Watt*, hat kürzlich mit Radiowellen elektrische Strömungen und Gewitterwolken gemessen. Er hat mir versichert, daß es möglich sei, auf dieselbe Weise auch die Höhe und Entfernung von Flugzeugen auszumachen."

Kurz darauf trat Watson-Watt einem Kreis von Physikern und Technikern bei, die die Entwicklung von Radargeräten vorantreiben sollten. In einer Denkschrift schrieb er: „Die Entfernung eines Flugzeuges läßt sich vom Boden durch die Rückstrahlung von ausgesendeten Ultrakurzwellen messen. Man wird die von dem Flugzeug zurückgeworfenen Wellen auf dem Schirm einer Kathodenstrahlröhre sichtbar machen. Der Bildschirm dieser Röhre ist ja mit einer Leuchtschicht versehen, auf welcher die gebündelten Wellen als Strahl und Lichtpunkte erscheinen."

Schon Ende Februar 1935 fand auf dem Funkgelände Daventry der erste Versuch mit der neuen Technik statt. Auf der Rundfunkwelle fing Watson-Watt das Echo eines 10 km entfernt fliegenden Flugzeuges auf; es zeichnete sich auf der Braunschen

---

*) James Watt (1736—1819), Erfinder der Dampfmaschine.

Röhre als leuchtender Punkt ab, so daß man Höhe, Richtung und Schnelligkeit seiner Fahrt genau berechnen konnte. Ein Jahr später ermittelten die englischen Radargeräte Flugzeuge bereits in einer Entfernung von 125 Kilometern.

Milliarden für das englische Radarprogramm

Der Luftwaffenstab der Royal Air Force war sich nun darüber klar, daß Radar in einem künftigen Krieg die entscheidende Rolle spielen würde. Radar mußte England vor der Vernichtung aus der Luft retten. Darüber hinaus würde es den englischen Luft- und Seestreitkräften die feindlichen Ziele mit tödlicher Genauigkeit aufdecken. Um diese neue ,Waffe' zu vervollkommnen, schien kein Betrag zu hoch. Bis auf 100 Millionen Pfund stiegen die jährlichen Ausgaben Großbritanniens für das Radarprogramm, 3000 Spezialisten widmeten sich ausschließlich der Entwicklung von Radargeräten. Zwischen 1937 und 1939 wurden die Süd- und die Ostküste der Insel mit einem Geflecht von Radarstationen bedeckt. Die 100 m hohen Türme ragten wie Wachtposten — und das waren sie auch! — über die Steilufer empor.

Um diese Zeit war Hitler entschlossen, nach der Tschechoslowakei auch Polen niederzuwerfen und das Risiko eines zweiten Weltkrieges einzugehen. England hatte ja Polen durch einen überstürzt angebotenen Beistandspakt auch gegen verhandlungswürdige Forderungen Deutschlands (wie die Rückkehr Danzigs zum Reich oder eine Verbindungsstraße zwischen dem getrennten West- und Ostpreußen) unnachgiebig gemacht. In dem Bemühen, die Stärke Großbritanniens zu erkunden, entsandten die Deutschen kurz vor Kriegsausbruch das Luftschiff „Graf Zeppelin" an die Grenzen des englischen Hoheitsgebietes. Zwei Tage kreuzte „der Zepp" mit Funkmeßtechnikern und Abhorchgeräten an Bord, knapp außerhalb der Dreimeilenzone. Kein einziges Mal schlug eines der Instrumente aus, im Äther herrschte Funkstille. Befriedigt nahm Hitler die Meldung entgegen. „Sie sehen, meine Herren", erklärte er seinen Generälen, „die Engländer sind noch lange nicht so weit wie wir." Er kam gar nicht auf den Gedanken, daß seine Gegner von morgen den Zweck des

Zeppelinfluges durchschaut haben könnten. Das britische Kriegsministerium hatte für die Dauer des unerbetenen Besuches die Radartätigkeit einstellen lassen.

Hitler und Göring waren überzeugt, sie könnten England aus der Luft auf die Knie zwingen. Als im August 1940 die Luftschlacht über der Insel begann, rechneten sie nur mit einem kurzen Widerstand. Die Stukaflieger glaubten den Endsieg vorzubereiten; in Wirklichkeit flogen sie in den Tod. Schon die ersten Verlustmeldungen verbreiteten Entsetzen. Wer die englischen Meldungen abhören konnte, erfuhr, daß die Spitfire-Jäger 120, 140, ja sogar 180 Bomber an einem Tag abgeschossen hatten. Konnte das wahr sein? Gewiß nahmen die Engländer im Gefühl ihrer Ohnmacht Zuflucht zu wilden Übertreibungen. Im großen und ganzen kamen die amtlichen britischen Verlautbarungen der Wahrheit zum Verzweifeln nahe. Im September 1940 schossen die Engländer tatsächlich an manchen Tagen über 100 Stukas ab. So oft die deutschen Verbände auch ihre Angriffsrichtung wechselten und so oft die britischen Patrouillenjäger über dem Kanal auch zersprengt wurden — immer wieder stürzten sich auf den Flugschneisen die Rudel der behenden Spitfire-Maschinen auf die unbeholfenen Bomber. Endlich wurde es den Männern um Göring klar, daß die deutschen Flugzeuge mit Radar aufgespürt und verfolgt wurden.

Während die deutschen Stukas trotz der schweren Verluste in immer neuen Wellen ihre Bomben auf die Inselstädte herunterdonnerten, arbeitete die englische Forschung ununterbrochen an der Vervollkommnung der Radartechnik weiter. Im Spätherbst 1940, als Göring die Nachtangriffe rollen ließ, übergab die englische Industrie der militärischen Führung zwei Geräte, Wunderwerke an Erfindungskraft und Genauigkeit. Mit ihnen, dem Panorama-Gerät und Mark IV, wurde auch die tödliche Bedrohung Englands aus dem Nachthimmel gebannt. Mark IV arbeitete auf einer 1,5 m-Welle und zeigte ein herannahendes Flugzeug in einer Entfernung von 6000 m an. Wie aber brachte man die Nachtjäger bis auf 6 km an die angreifenden Bomber heran? Die Messungen der Radartürme waren dazu noch nicht genau genug. Man würde, so folgerten die englischen Physiker, die Nacht mit einem Funkwellen-Scheinwerfer wie von Leuchttürmen aus durchdringen müssen. Der Luftraum vor und über England mußte mit einem solchen drehbaren Scheinwerfer, mit einer Hohlspiegelantenne, kreisförmig abgetastet werden. Das Panorama-Gerät verwirklichte diesen technischen Traum. Eine Mattscheibe wurde durch den Radarstrahl bei freiem Luftraum gleichmäßig schwach erhellt; wenn die ausgesandten Funkwellen von einem Flugzeug zurückgeworfen wurden, leuchtete dieser Strahl an der entsprechenden Stelle der Scheibe hell auf. Richtung und Entfernung des Angreifers waren damit verraten. Auch wenn er sich in 10 000 m Höhe und unter dem Schutz von Wolken oder der Nacht heranschleichen wollte, wurde er von den feinnervigen Fingerspitzen der Funkwellen berührt, von dem magischen Auge erspäht, von dem rotierenden Funkstrahl festgenagelt und gemeldet.

Dennoch kam Vernichtung über die britischen Inseln. Die deutschen Nachtangriffe richteten unermeßlichen Schaden an. In den ersten Monaten entgingen die Stukas bei Nacht dem umherschweifenden Zyklopenauge. Die unerhörte Erfindung überstieg noch das menschliche Fassungsvermögen, die Fähigkeit der Techniker und Soldaten. In diesem kritischen Augenblick appellierte England an seine Radiobastler, an die Funkamateure, die mit ihren Geräten und den Wellen „spielten". Sie sollten, bevor ein Heer trainierter Radarsoldaten sie ablösen konnte, die Luftschlacht um England gewinnen helfen. Unter ihnen befanden sich siebzigjährige, längst pensionierte Postbeamte und siebzehnjährige Bastelbuben, die mit den Funkwellen so vertraut waren wie ihre Väter mit der Jagdflinte. Die Eigenbrötler, die in der Stille ihrer Dachkammer Funkverbindung mit Schiffen im Stillen Ozean aufnahmen und sich Sendeanlagen schufen, mit denen sie oft genug die offiziellen Programme störten, erinnerten sich ihrer patriotischen Pflicht und stellten sich mit ihrer ganzen Erfahrung der Regierung zur Verfügung. England verdankt es nicht zuletzt seinen funkbegeisterten Zivilisten, wenn es die Schlacht um die Nachtherrschaft in seinem Luftraum gewann. Eine Zeitlang gehorchten seine Generale den Weisungen von Funkliebhabern und Laientechnikern, die unter der Führung von Watson-Watt den angreifenden Nachtbombern Schach boten. Von Oktober 1940 bis Mai 1941 stiegen die Abschußziffern auf über 7 Prozent. Solche Verluste waren untragbar. Hitler hatte, ohne daß es dem deutschen Volk bewußt wurde, in der Zeit seiner großen Triumphe eine entscheidende Schlacht verloren. Bald kehrten die Briten den Spieß der Luftkriegführung um, und wieder waren es die Radarstrahlen, denen sie neue Siege gegen den Diktator verdankten.

Ein Radarnetz über Deutschland

Die wenigsten, die die Zerstörung der deutschen Städte aus der Luft miterlebten, wußten, daß die Lohe dieser Götterdämmerung von dem geheimnisvollen Radarstrahl angezündet wurde. Die Engländer haben 1942 über Deutschland ein Radarnetz gelegt. Dieses unsichtbare Netz, über Rhein und Ruhr gestülpt, bestand aus elektromagnetischen Zentimeterwellen. Über Holland und Belgien strahlten die Briten das Radarnetz in die deutschen Industriegebiete. Es waren Positionslinien, die sich über dem Angriffsziel schnitten, sobald je zwei Sendestationen von verschiedenen Orten der Insel Strahlungsimpulse ausschickten. Nun wußte jeder Flugzeugführer, dessen Maschine mit einem Radargerät ausgerüstet war, dank seiner Funkverbindung mit zwei Sendepaaren jederzeit genau, wo er sich befand. Nicht die tiefste Schwärze der Nacht, nicht die dicksten Wolkenbänke, nicht quirlendes Nebelgebräu konnten ihm die Erde verhüllen. Auf dem scharf gebündelten Leitstrahl flog er, blind und doch hellsichtig, seinem Ziel entgegen. Ein Radargehirn befahl den Abwurf der Bomben von einer Station in Südengland aus, sobald der Zacken auf der Skala anzeigte, daß der Flugzeugverband genau über der Angriffsfläche stand.

Allerdings werden die Ultrakurzwellen durch die Krümmung der Erde „aufgehalten". Aber man kann dieses Hindernis in die Ferne rücken; die Flugzeuge brauchen ja nur höherzugehen, dann rückt der Horizont in die Weite. Die Pfadfinderflugzeuge der

Engländer leiteten die Bombenangriffe aus großen Höhen. Hitler hatte gedroht: „Ich werde ihre Städte ausradieren!" Nun radierten die englischen und amerikanischen Bomber die deutschen Städte aus.

Wenn man weiß, daß Radar auf eine deutsche Erfindung zurückgeht, wird man die Tatsache, daß mit seiner Hilfe Deutschland weitgehend zerstört wurde, kaum begreifen. Besaß Deutschland nicht ebenso geniale Physiker und Techniker wie England, um eine Erfindung auszubauen, die der Deutsche Christian Hülsmeyer schon 1904 gemacht hatte? Die Geschichte der Vernachlässigung einer so genialen Idee kann hier nur kurz gestreift werden. 1887 hatte der Hamburger Physiker Heinrich Hertz entdeckt, daß elektromagnetische Wellen von festen Gegenständen zurückgeworfen werden. Diese Tatsache veranlaßte Hülsmeyer 1904 zur Herstellung seines ersten Radarapparates. Da er aus Geldmangel seine Erfindung nicht auswerten konnte, interessierte er einen Kölner Finanzmann dafür und demonstrierte sie ihm an der alten Rheinbrücke. Dort schaltete er die Apparatur ein, als ein Schleppzug sie passierte. Von Hülsmeyers Gerät angestrahlt, warf der Dampfer die Ätherwellen — wie sie damals genannt wurden — zurück und löste ein deutliches Signal aus. Dann schwieg der Apparat, die Strahlen gingen zwischen dem Leitschiff und den Schleppkähnen hindurch. Sobald sie jedoch auf den ersten Kahn trafen, meldete er sich wieder. Für Hülsmeyer waren diese Signale wie Musik. Wie er später, wehmütig lächelnd, erzählte, fühlte er sich damals in den Kreis der großen Erfinder aufgenommen und sah sich schon an der Seite Edisons.

Von den großen Schiffahrtsgesellschaften zu einer Vorführung seiner Konstruktion nach Rotterdam eingeladen, ermittelte Hülsmeyer von einem Tender aus Schiffe, die in beträchtlicher Entfernung auf hoher See fuhren. Es war ein Ereignis, von dem die Blätter aller seefahrenden Nationen in großer Aufmachung berichteten. Hülsmeyers „Telemobiloskop", so erklärten sie, mache Dampferunglücke zu Katastrophen von gestern. Aber dann entbrannte ein wilder Patentstreit zwischen den Gesellschaften für

166

drahtlose Telegrafie, vor allem der englischen Marconi Company, und Hülsmeyer. Dieser besaß weder Geld noch fand er einen Advokaten, der es mit seinen großen Konkurrenten aufnehmen wollte. So mußte Hülsmeyer seine deutschen und ausländischen Patente verfallen lassen. Unverständlicherweise geriet die Erfindung daraufhin in Vergessenheit. Erst 1922 erinnerte Marconi in einer Bankettrede vor Radioingenieuren in New York wieder an sie, und 3 Jahre später schickten die Amerikaner Breit und Tuve Radiowellen in die Ionosphäre, von wo sie zur Erde zurückgestrahlt wurden. Die Ionosphäre wirkte nicht anders als ein fester Gegenstand. 20 Jahre nach Hülsmeyer erprobte der amerikanische Funktechniker Gernsbach ebenfalls das Prinzip der Zurückstrahlung von Radiowellen durch feste, flüssige und gasförmige Objekte, und ein wenig später ermittelte Ernst Alexanderson, der schwedisch-amerikanische Erfinder, erstmals mit Radar die Höhenlage eines Flugzeugs.

Die vergessene Erfindung

Was war in all den Jahren in Deutschland geschehen? Hülsmeyers Erfindung ruhte in den Aufzeichnungen der Fachblätter. Endlich erinnerte sich ein Marinebaurat von der primitiven Forschungsstation Pelzerhaken in der Lübecker Bucht an die Versuche, die Hülsmeyer vor nunmehr 30 Jahren durchgeführt hatte. Mittlerweile hatten Habann in Deutschland und Hull in Amerika die Voraussetzungen zur Konstruktion des Magnetrons geschaffen, jener hochkomplizierten Elektronenröhre, in der die kleinsten Partikelchen der Materie gebändigt und dienstbar gemacht werden. Das Magnetron ermöglichte es, Wellen von Millimeterlänge zu erzeugen. Diese Mikrowellen sind die Heinzelmännchen der Funkmeßtechnik.

1934 arbeitete das Magnetron noch mit Wellen von $1/2$—1 m Länge; sie wurden von den Schiffen zurückgeworfen und lösten einen an- und abschwellenden Heulton aus. Den Technikern und Seeoffizieren eröffneten sich schwindelerregende Ausblicke. Das war eine Erfindung, die die Kriegstechnik, ja, die Welt revolutionieren mußte! In Zukunft würde man sich dem

Feind im Schutz der Nacht, des Nebels oder eines Schneesturms nähern, das Feuer auf ihn richten und ihn vernichten, bevor er wußte, von wem und von wo aus er angegriffen wurde. Die Wissenschaftler forderten 3 — 5 Millionen Mark, um die Entwicklung voranzutreiben und bessere Geräte herzustellen. Sie stießen auf taube Ohren. Weder die Admiralität noch Hitler hatten Gelder für sie übrig. Die Folgen solcher Kurzsichtigkeit waren das Scheitern der deutschen Luftoffensive gegen England, zerbombte Städte, die Vernichtung der U-Boot-Flotte und schließlich die bedingungslose Kapitulation. Selten in der Geschichte ist der Materialismus, der sich in der Verachtung der Wissenschaft durch einen Diktator so hochmütig kundgab, schneller und erbarmungsloser gestraft worden. Zur gleichen Zeit, als die europäischen Tyrannen Forscher wie Einstein, Fermi, Niels Bohr, L. Meitner und andere ins Lager ihrer Rivalen trieben, in derselben Zeit, da sie die epochale Entdeckung der Funkmeßtechnik beiseitestellten, bauten sie Unterseeboote, die sie nicht schützen konnten, Bomber, die sie den feindlichen Jägern in die Arme trieben und Produktionsstätten, die so offen dalagen, daß sie die Zerstörung geradezu herbeiriefen. 1939 besaßen die Deutschen nur das „Würzburg-Gerät", dessen 50 cm-Wellen 25 km weit reichten; seine Fortentwicklung war nur eine Frage von Geldmitteln. Kurz vor Kriegsende hatte Deutschland eine Rakete mit Funkmeß- und Peilanlage zur Verfügung; sie wurde von den elektromagnetischen Wellen, die das feindliche Flugzeug zurückstrahlte, auf dieses hingelenkt. Aber Hitlers Zeit war schon zu kurz bemessen, als daß er diese Spürhundrakete noch hätte wirkungsvoll ausnutzen können.

Das Radar-Frühwarnsystem der USA

Kaum hatte der Zweite Weltkrieg ein Ende gefunden und der Kalte Krieg zwischen Amerika und der Sowjetunion begonnen, bauten die USA ein Netz von Radarstationen auf; es umspannt heute ca. ein Drittel der Welt und reicht von Alaska bis Grönland und Süditalien bis Südkorea. Noch Ende der fünfziger

Jahre planten die Amerikaner die Bestückung der Ozeane mit Radarinseln. Als eine von ihnen, der „Texas Tower IV", 100 km südöstlich von New York in einem Orkan mit 28 Mann Besatzung unterging, waren diese Inseln, deren jede rd. 100 Millionen Mark kostete, schon veraltet. Mittlerweile hatten nämlich die amerikanischen Physiker Booker und Gallet eine revolutionierende Entdeckung gemacht. Bis dahin hatte man geglaubt, daß sich Radarstrahlen wie Lichtwellen in gerader Linie fortsetzen. Das ist auch bis an die Grenze der Ionosphäre, also bis zu einer Höhe von etwa 100 km, der Fall. Dann aber wirkt sich das Magnetfeld der Erde aus, dessen Kraftlinien bis in den erdnahen Weltraum reichen. Dieses Magnetfeld wirkt für elektrisch geladene Partikelchen wie ein Käfig: Sie folgen seinen gekrümmten Linien und umkreisen sie in schraubenförmig gewundenen Bahnen. Auf diese Weise gehen Radarstrahlen um die halbe Erde, mit ihnen kann man also hinter den Horizont und „um die Ecken" sehen.

Aus solchen Tatsachen folgerten die amerikanischen Physiker, daß man den Abschuß feindlicher Raketen auf eine Entfernung von mehreren tausend Kilometern sofort feststellen können müßte — der glühende Flammenstrahl der Rakete sei ja ebenfalls teilweise ionisiert. Tatsächlich konstruierten bald darauf die Amerikaner hochempfindliche Sende- und Empfangsgeräte, mit denen sie sowjetische oder chinesische Raketen Sekunden nach dem Start entdecken können. Mit den neuesten Antennen kann man schon den Flug einer Gewehrkugel über eine Entfernung von 1600 km verfolgen. Natürlich ist die russische Forschung etwa ebensoweit gekommen, und die Chinesen werden nicht lange nachhinken. Das Gleichgewicht der Kräfte scheint im Augenblick noch der sicherste Garant für den Weltfrieden.

Öl... Öl... Öl...

Im Jahre 1947 wurden in der kanadischen Prairieprovinz Alberta mehrere Ölbohrungen fündig, von denen jene bei Leduc die ergiebigste war. Binnen kurzem schossen überall Bohrtürme empor, immer neue Quellen wurden angezapft, und bald wichen weitausgedehnte Viehweiden und Weizenfelder dem neuen Herrn der Provinz. Hatte Kanada bis zu dieser Zeit weniger als $1/10$ seines Ölbedarfs selbst gedeckt, gewann es schon 1952 fast 8 Millionen Tonnen. Schätzungen, die aber schnell überholt sind, sprechen von einer Ölreserve Kanadas von 30 Milliarden Barrels*) im Jahre 1980; das sind rd. 4,3 Milliarden Tonnen.

Die reichen Erdöl- und Erdgasfelder Albertas sind in schnellem Tempo aufgeschlossen worden; auch die riesigen Lager ölhaltiger Sande im Norden der Provinz liefern mehr und mehr Ausbeuten. 1950 baute Kanada eine Ölleitung von Edmonton, der Hauptstadt Albertas, zu dem Hafen Superior am Oberen See. Sie beliefert 13 Pumpstationen mit einem Ausstoß von 31,3 Millionen Liter am Tag und erstreckt sich über 2856 km — die längste Ölleitung der Welt. Sie wird allerdings bald von der transsibirischen Ölleitung, die von Tuismasy über Omsk und Nowosibirsk nach Irkutsk führt, mit einer Gesamtlänge von 3732 km übertroffen werden.

Ölleitungen, mit Vorliebe auch in Deutschland Pipelines genannt, hat man schon im vorigen Jahrhundert verwendet, um das Rohöl von den Ölfeldern zu den Raffinerien oder zum Verschiffungshafen zu pumpen. 1865 transportierten die Amerikaner das Öl erstmals in Holzröhren. Die heutigen Leitungen bestehen aus ineinandergesteckten und verschweißten Stahlrohren, meist von 76,2 cm und 78,7 cm Dicke. Die 1875 km lange Leitung von Kirkuk im Irak nach Banias am Mittelmeer beförderte schon Anfang der fünfziger Jahre bis zu 15 Millionen Tonnen jährlich.

Öl, das Gold des 20. Jahrhunderts, hat trotz der Nutzung von Atomkraft nichts von seiner Bedeutung für die Industrie, das

---

*) Barrel = englisches Hohlmaß; Faß, Tonne.

170

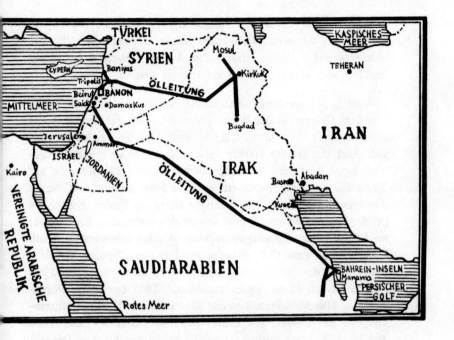

Militär, den Verkehr und die Haushalte eingebüßt. Der Mineralölverbrauch der Welt beträgt heute über 1½ Milliarden Tonnen und steigt von Jahr zu Jahr. Die USA verbrauchen rd. 600 Millionen Tonnen, die Sowjetunion 170, die Bundesrepublik und England je 70 und Japan über 65 Millionen Tonnen. Die größten Förderländer sind die USA (385 Mill.), Sowjetrußland (230) und Venezuela (180). Der Ausstoß aller Nahostländer erreicht, zusammengerechnet, nicht ganz die Kapazität Nordamerikas. Trotzdem denkt man bei uns, wenn von Erdöl und Erdgas die Rede ist, in erster Linie an die Ölschätze der arabischen Welt. Einer der Gründe dafür ist die Tatsache, daß dank ihrer Ölfunde einige gottverlassene, dürre Scheichtümer wie Kuwait, „das umwallte Dörfchen", zu schwerreichen Ländchen geworden sind. Glücklicherweise ist der Scheich von Kuwait, der die Hälfte der

Einnahmen der britischen Ölgesellschaften kassiert, ein ebenso aufgeklärter wie sozial denkender Mann, so daß seine 200 000 „Untertanen" von hervorragenden Ärzten kostenlos behandelt und ihre Kinder unentgeltlich unterrichtet werden.

Aber nicht nur die 8 Scheichtümer am Persischen Golf haben von dem Ölsegen in der Wüste profitiert. Auch die nordafrikanischen Länder, vor allem Libyen und Algerien, modernisieren sich dank der immer stärker sprudelnden Gelder aus der Ölgewinnung. Libyen mit einer Bevölkerung von 1,24 Millionen auf $1^3/_4$ Millionen Quadratmetern war ein bettelarmes Land, bevor die Amerikaner Ende der fünfziger Jahre im Fessan endlich Öl (in der Nähe der Oase Zelten, unweit des algerischen Erdölgebietes Edjele in der Sahara) entdeckten. Wenige Jahre später besaß Libyen schon eine 175 km lange Pipeline zum Ölhafen Marsa el Brega, und die Ölflut nahm von Jahr zu Jahr zu. Schon 1963 lieferte Libyen 45 Millionen Tonnen Öl, 1967 betrug die Förderung rd. 100 Millionen Tonnen. Das jährliche Durchschnittseinkommen der Libyer, vor Einbringung der Ölernten nur etwa 400 Mark, hat sich seither verzwölffacht. In den Städten Tripolis, Bengasi, Tobruk u. a. gibt es heute kaum noch jene Existenzen zwischen Bettlern und Schuhputzern, die das arabische Straßenbild früher mitgeprägt haben. Der Staatshaushalt Libyens (ca. 1 Milliarde Mark) wird zu mehr als der Hälfte aus den Öleinnahmen gedeckt.

Algeriens Ölreichtum wird augenblicklich· auf 1,2 Milliarden Tonnen geschätzt. Sein Erdölzentrum ist In-Amenas, das mit dem tunesischen Verschiffungshafen La Skhirra durch eine 800 km lange Pipeline verbunden ist. Hassi-Messaoud, das größte Ölfeld Algeriens, transportiert sein schwarzes Gold nach dem Ölhafen Arzew. Große Erdöl- und Erdgaslager besitzt auch Nigeria. Die 225 km lange Transniger-Pipeline von den Urwäldern und Sümpfen im Norden zu dem Atlantikhafen Bonny transportiert jährlich über 10 Milliarden Tonnen Rohöl. Sie überquert mehrere Flüsse und ein 29 km breites Sumpfgebiet, in dem die 61 cm dicken Rohre während der Regenzeit 3 m tief einsinken.

172

Mit der Verlegung von Ölleitungen sind allerdings auch große Gefahren heraufbeschworen worden. Da man die oft über Tausende Kilometer führenden Strecken nicht durchgehend bewachen kann, sind sie verhältnismäßig leicht Sabotageanschlägen ausgesetzt. Ebenso groß ist die Gefährdung durch Ölausfluß und Einsickern des Rohöls in das Grundwasser. Erst seit der Torrey-Canon-Katastrophe werden für alle Pipelines Schutzrohre gefordert, die mit komprimiertem Stickstoff gefüllt sind. Tritt Öl aus und verändert sich dadurch der Druck, wird innerhalb einer Minute das schadhafte Rohr durch Schieber abgeriegelt. Schlecht geschweißte Ölleitungen haben schon viele Unfälle verursacht; fast täglich kommt es in irgendeinem Teil der Welt zu Ölalarm. Als 1966 einmal Öl aus einem Tank in den Boden sickerte, mußten vier 25 m tiefe Bohrungen durchgeführt werden. Die gesamte Ölmenge konnte aber erst nach 16monatiger Arbeit aus dem Grundwasser herausgepumpt werden — ein Beweis, wie schwer und kostspielig die Beseitigung selbst verhältnismäßig kleiner Ölmengen aus dem Boden und wie gefährdet unser Trinkwasser ist.

Die größten Ölfelder der Vereinigten Staaten liegen in Texas, das etwa die Hälfte der Jahresförderung Nordamerikas an Öl und Erdgas liefert. Durch Öl- und Gasrohrleitungen nach allen Richtungen werden auch die fernsten Landesteile versorgt. Hauptleitungen sind die Pipelines Big und Little Inch, deren Installierung über 1/2 Milliarde Vorkriegsdollar kostete. Die Big-Inch-Leitung führt über 2770 km von Longview nach Phoenixville in Pennsylvania, die Little-Inch-Line von der Golfküste nach Linden in New Jersey; sie ist mit Abzweigungen 2738 km lang.

Ein Wald von Bohrtürmen bedeckt den Maracaibo-See in Venezuela. Unter ihm liegen die reichen Ölfelder des Landes, die seit 1921 erschlossen werden. An dem 14 344 qkm großen Brackwassersee liegt die Universitätsstadt Maracaibo, die 1529 von einem Deutschen, Ambrosius Ehinger, gegründet wurde. Dank des Ölreichtums ist sie heute die modernste Tropenstadt der Welt.

Hassi Messaoud, Ölstadt in der Wüste

Nur Nomaden und Forschungsreisende kannten bis 1953 den Platz Hassi Messaoud. Wer in Algerien zu den Sahara-Oasen im Süden des Landes wollte, war glücklich, auf dem Wüstenpfad zwischen Ouargla und Fort Flatters auf eine Stelle zu stoßen, wo es noch Wasser gab. Man nannte deshalb die winzige Siedlung inmitten des trostlosen Sandmeeres „Glücklicher Brunnen — Hassi Messaoud." Heute leben Tausende dort, die Einwohnerzahl wird bald die 10 000er-Grenze erreicht haben. Es sind Franzosen, Algerier, ehemalige Fremdenlegionäre aus einem Dutzend Staaten, auch die einstmals räuberischen Tuaregs, ferner Berber aus dem Norden, arabische Steppennomaden und Neger. Sie wohnen in Zelten, Baracken, Hütten und massiven Würfelbauten mit Klimaanlagen inmitten von hochragenden Bohrtürmen und dicken Öltanks. In dem Viertel der Bevorzugten gibt es erstklassige Restaurants, Schwimmbäder, Fußball- und Tennisplätze, Kinos, Bars und Spielautomaten. Hier findet man auch unter Palmen und Platanen Schutz vor der sengenden Sonne — 60 000 Bäume und die Erde dazu hat man im Laufe der Zeit herangeschafft und auch Vögel, vor allem Spatzen und Stare, hertransportiert.

Natürlich hat Hassi Messaoud einen Flugplatz, und die schweren Lastwagen donnern auf asphaltierter Rollbahn nach Norden. Nur wenn der Sandsturm die Sonne verdunkelt und die gelben, knirschenden Körner durch die kleinsten Ritzen in die Wohnungen dringen, merken die glänzend bezahlten Verwaltungsbeamten, daß sie sich in einem ungeheuren Wüstengebiet befinden; es erstreckt sich 5500 km von Meer zu Meer und fast 2000 km von Norden nach Süden.

Die Ölingenieure, Arbeiter und Fahrer der schweren Tankwagen spüren die glutende Hitze der Wüste bei jedem Handgriff. Man muß schon eine eiserne Gesundheit haben, um bei 55° das Gestänge einer Bohrung hochzuziehen, an der Pumpstation zu arbeiten, Kabel und Rohre zu verlegen oder einen der riesigen Bulldozer über das Ölfeld zu steuern; bei solchen Arbeiten ver-

174

liert man in der Stunde durchschnittlich ein Kilogramm an Gewicht. Die Leute ersetzen es durch gewaltige Flüssigkeitsmengen, viele schütten am Tag ein Dutzend Liter Bier, Sprudel und Obstsäfte in sich hinein. Sie schuften 3 Wochen nacheinander, ohne Sonn- und Feiertag, und haben dann eine Woche frei. Die Ferienwoche verbringen sie in der Oasenstadt Tuggurt, in Algier oder gar Paris — die Flugreise bezahlt die Ölgesellschaft REPAL. Sie weiß, warum sie ihre Leute verwöhnt ... in 5 Jahren, so heißt es, wird man in Hassi Messaoud um 20 Jahre älter. Die Arbeiter bekommen über 1000 DM Lohn, die Ingenieure das Doppelte und Dreifache, Spezialisten noch mehr. Wer die Strapazen durchsteht, kann sich nach 10 Jahren zur Ruhe setzen. Aber die meisten läßt die Wüste nicht los. Wie viele sind schon nach Hassi Messaoud zurückgekehrt, die geschworen hatten, keinen Fuß mehr auf afrikanischen Boden zu setzen!

Die Vorgeschichte dieser großartigen und unheimlichen Stadt beginnt 1880. Damals unternahm der unglückliche Oberst Flatters für Frankreich zwei Expeditionen in das Gebiet der Tuaregs, um die Möglichkeiten einer transsaharischen Eisenbahn zu erkunden. Kurz nachdem er einen unbegründet hoffnungsvollen Bericht nach Paris geschickt hatte, wurden er und seine Begleiter hingemetzelt. Einige Eingeborene entkamen nach Ouargla. Es dauerte fast 50 Jahre, bevor wieder ein wagemutiger Mann die Sahara erschließen wollte, diesmal durch Verkehrswege zu ihren sagenhaften Bodenschätzen. Ein Vierteljahrhundert durchforschte Conrad Killian die Wüste, immer wieder reichte er seine Beobachtungen und Schlüsse ein und wies auf ölführendes Gestein, auf Salpeterlager, Zinn- und Wolframvorkommen hin. Entweder beachtete man seine Eingaben nicht, mißtraute ihnen oder hielt den Abbau und Transport für viel zu kostspielig. Aber die Ölgesellschaften waren doch hellhörig geworden. Sie schickten Geologen in die Sahara, ließen die Wüste von Flugzeugen aus fotografieren und stellten Seismographen auf, um unterirdische Beben zu registrieren. Sie suchten nach asphaltartigen Rückständen und nach Gasausbrüchen, sie befragten die Eingeborenen und studierten die Berichte von Einzelgängern.

Mitte der fünfziger Jahre begann die REPAL an den aussichtsreichsten Stellen zu bohren: bei Hassi Messaoud, bei Edjelé, Tigenturin und In-Amenas nahe der libyschen Grenze. Im Juli 1956 wurde die Bohrung bei Hassi Messaoud fündig: Aus über 3000 m Tiefe stieg Erdöl an die Oberfläche. Bald zählte man auf einem Gebiet von rd. 2000 qkm über 50 Bohrstellen und Förderbrunnen. Fachleute schätzten die Vorräte erst auf 500, heute auf 1000 Millionen Tonnen. Die Erdölreserven der Welt betragen etwa das Hundertfache. Davon besitzt das winzige Fürstentum Kuwait am Persischen Golf, „das umwallte Dörfchen", allein 8500 Millionen Tonnen.

Bis 1966 hatte die Produktion von Hassi Messaoud einen Stand von knapp 14 Millionen Tonnen jährlich erreicht. Da das Erdöl hier durch poröses Gestein an die Oberfläche gepumpt werden muß und dadurch ein Teil des Öls aufgesogen wurde, mußte Gas eingeleitet werden, um eine Drucksteigerung und damit einen unverminderten Ölausstoß zu erzielen.

Für Frankreich hatte die Ölgewinnung aus der Sahara vor allem auch politische Bedeutung. Ägyptens diktatorischer Präsident Nasser verfügte 1956 die Verstaatlichung des Suezkanals; da wollte Frankreich sein Öl nicht mehr über die Kanalroute beziehen. Deshalb baute es eine Rohrleitung von Hassi Messaoud nach Tugurt und transportierte das Öl mit Zisternenwagen nach Bougie an der Mittelmeerküste weiter. Die sogenannte Baby-Pipeline wurde später durch die große Rohrleitung nach Arzew ersetzt.*)

Aber Frankreich wollte sich auch von den Lieferungen der englischen und amerikanischen Ölgesellschaften unabhängig machen, ja, womöglich auf dem Weltmarkt als selbständiger Erdölproduzent auftreten. Dazu mußte es zunächst einmal seinen Bedarf von 25 Millionen Tonnen aus der Sahara decken können. Es rechnete auch damit, daß die Nachfrage nach Erdgas zunehmen würde — dann konnte Frankreich aus einem Vorrat von rd. 3 Milliarden Tonnen in der Sahara schöpfen. Es gründete daher

---

*) Siehe auch voriges Kapitel.

1957 eine Art Protektorat Sahara, die „Organisation Commune des Régions Sahariennes". Dieses Protektorat hatte auf einer Fläche von 3,2 Millionen qkm nur 500 000 Einwohner. Dafür lagen auf seinem Boden alle bedeutenden Ölquellen.

Inzwischen dehnten aber die algerischen Freiheitskämpfer ihre Operationen gegen Frankreich auch auf die Sahara aus. Paris, so verkündeten sie, habe kein Recht, algerisches Öl zu bohren und zu verschiffen; wer sich daran beteilige, sei der Feind Algeriens und riskiere sein Leben. Als jedoch der französische Präsident de Gaulle den Mut hatte, Algerien die Unabhängigkeit zu geben, arbeiteten bei Hassi Messaoud schon mehrere hundert Bohrtürme und nicht viel weniger bei Edjelé, Tigeturin, Zarzaitin, In-Amenas und Deschebel Hamara — hier war man erst in 4422 m Tiefe auf Öl gestoßen.

Mitte 1965 schloß Frankreich mit Algerien ein Ölabkommen, das der jungen arabischen Republik eine 50%ige Beteiligung an der REPAL sicherte. Trotzdem übernahm Frankreich noch 80% aller Bohrkosten. Den für Algerien außerordentlich günstigen Vertrag verdankte es der internationalen Konkurrenz, in die sich sogar das kommunistische China einschalten wollte. Besonders pikant war in diesem Zusammenhang ein 125-Millionen-Kreditangebot des Scheichs von Kuwait an Algerien. Da Kuwait, um es überspitzt zu sagen, von einer englischen Ölgesellschaft regiert wird, hatte die Anleihe natürlich den Zweck, englische Interessen in der algerischen Sahara zu verankern.

Mittlerweile war der starrköpfige Diktator Algeriens, Ben Bella, durch den realistischen Oberst Boumedienne abgelöst worden; dadurch war der Weg zu einer großzügigen Verständigung Frankreichs mit seinem ehemaligen „Nebenland Algerien" frei. Dazu kam, daß die Ölgesellschaften immer mehr Supertanker von 80 000—100 000 Tonnen in Dienst stellten — sie waren also nicht mehr länger von den verwundbaren Rohrleitungen abhängig. Und schließlich hatte auch die Entdeckung riesiger Erdöllager in der Sandwüste des Syrte-Beckens in Libyen die Algerier nachgiebiger gemacht. Wer im Nahen Osten auf seinem Öl sitzenbleibt — und das ist bei den unerschöpflichen Lagern in den USA, in Venezuela und der Sowjetunion immer möglich —, der riskiert Verarmung und Revolution.

Unter diesen Umständen und angesichts der steigenden Erdölgewinnung vom Meeresboden werden Algerien und die Ölgesellschaften die Produktion des Öls aus der Sahara eher drosseln als steigern. Wenn aber Kernkraftwissenschaftler und die Ölfachleute Saudi-Arabiens, Kuwaits und Libyens prophezeien, daß die algerischen Ölstädte in der Wüste wieder verlassen und vom Sande zugedeckt werden, so ist hier der Wunsch der Vater des Gedankens. In den nächsten 100 Jahren wird Hassi Messaoud wachsen und gedeihen. Und sollte einmal die düstere Prophezeiung wahr werden, wird die Stadt zum glücklichen (Öl-)Brunnen doch immer als ein Wunder der Welt des 20. Jahrhunderts genannt werden, so wie wir heute noch die Gärten der Semiramis als eines der antiken Wunder kennen.

Bohrinsel „Sea Quest"

In der Nordsee liegt eine Reihe von Inseln, die vor 1965 noch keine Karte verzeichnet hatte. Es sind Bohrinseln, die Öl und Erdgas aus dem Meeresgrund heraufbringen. Eine der größten ist die Bohrinsel „Sea Quest". 1966 war ihr Standort 71 km östlich des Humber-Mündungstrichters an der englischen Ostküste. Eine marschierende Festung nennen die Engländer den stählernen Riesen, der mit drei wuchtigen Beinen auf einem 50 m hohen Untergestell, scheinbar unerschütterlich, im Wasser steht. Das Wörtchen „scheinbar" deutet schon an, daß auch das stolzeste Menschenwerk immer noch den Launen der Elemente unterliegt: Am 25. Dezember 1965 war die Bohrinsel „Sea Gem" im Sturm gekentert. 13 Arbeiter, in ihren Unterkünften eingeschlossen, fanden dabei den Tod.

Die „Sea Quest" ist, menschlichem Ermessen nach, gegen die Tücken des Meeres und des Wetters gefeit. Sie ist ein stählernes Dreieck, dessen Seiten je 100 m lang sind. Zwischen ihrer Plattform und dem Wasserspiegel ist immer ein Sicherheitsabstand von wenigstens 17 m. Ihre Beine sind 43 m hohe und 10 m dicke Säulen; sie stehen auf 3 Pontons von $7^{1}/_{2}$ m Höhe, die auf dem Meeresboden aufliegen. In den Säulen und den 18 Kammern der Pontons befinden sich 12 700 Tonnen Wasser. Je zwei der sechs Kammern eines Pontons sind mit Dieselöl gefüllt. Da die Bohrinsel rund 7700 Tonnen wiegt, könnte höchstens ein Seebeben ihre Standfestigkeit erschüttern.

Wenn die Wassertiefe 33,5 m überschreitet, kann aus den Säulen und den Pontons Wasser abgelassen werden. Dadurch hebt sich die Bohrinsel, bis der Sicherheitsabstand wieder erreicht ist. Zusätzlich sichern dann noch 9 Anker von je 15 Tonnen Gewicht die Insel. Dieses Ausbalancieren geht mit Hilfe von ferngesteuerten Pumpen, Schiebern und Ventilen auch bei hohem Wellengang fast unmerklich vor sich.

Im Herbst 1966 arbeitete die „Sea Quest" im Bohrabschnitt 48/6 der British-Petroleum-Company (BP). Schon bei der ersten Bohrung, ein Jahr vorher, war der Platz fündig geworden, ein außerordentlicher Glücksfall. Für das geförderte Erdgas wurde auf dem Grund der Nordsee eine Rohrleitung bis zur Küste verlegt und dort an das Netz der staatlichen Gasgesellschaft angeschlossen. Bohrabschnitt 48/6 bestand, außer der „Sea Quest", noch aus der 62 mal 21 m großen Bohrplattform A, deren zwanzig stählerne Beine 24 m tief in den Grund der Nordsee eingerammt sind. Die Belegschaft der beiden Plattformen besteht aus 140 Mann, die in 3 Schichten arbeiten. Der Arbeitslohn beträgt 1500 Mark, Verpflegung und Unterkunft sind umsonst. Alle 10 Tage gibt es 5 Tage Landurlaub.

Die Öl- und Erdgassuche in der Nordsee wurde 1960 ausgelöst. Damals waren die Holländer in der Provinz Groningen, bei Slochteren, auf ein reiches Erdgaslager gestoßen; man schätzt seine Reserven auf über 2000 Milliarden cbm. Die englischen

Geologen wiesen sofort darauf hin, daß das Nordseebecken bis nach Ostengland hinüber aus den gleichen Formationen wie das Gebiet in Nordholland bestehe; es sei daher mit an Sicherheit grenzender Wahrscheinlichkeit auf dem versunkenen britischen Festlandsockel in der Nordsee mit ebenso großen Erdgas- und wohl auch Erdöllagern zu rechnen wie in Groningen. Dieser Festlandsockel bildete einst die Landbrücke zwischen dem Kontinent und England. Infolge einer tellurischen Katastrophe brach die Landbrücke vor 10 000—12 000 Jahren ein. Welches Seegebiet konnte nun England und welches konnten Holland, Deutschland, Dänemark und Norwegen beanspruchen?

Auf der Genfer Seerechtskonferenz waren diese Fragen 1958 beantwortet worden. Danach sind die Küstenstaaten auf ihrem Festlandsockel souverän berechtigt, etwa vorhandene Bodenschätze auszubeuten. England umriß daraufhin ein Gebiet von rund 100 000 Quadratmeilen zwischen dem Ärmelkanal im Süden und den Shetland-Inseln im Norden als britischen Festlandsockel in der Nordsee. In Anbetracht seiner langen Ostküste wurde ihm dieses Gebiet auch zugesprochen; es hat etwa die Größe von Großbritannien und Nordirland. Für die Vergebung der Lizenzen wurde dieser Raum in Parzellen (Blocks) zu je 250 qkm aufgeteilt. Holland und Dänemark beanspruchten 115 000 qkm, während Deutschland, dessen Küstenanteil ja viel kleiner ist, nur 25 000 qkm zugebilligt wurden. Gegen diese vermeintliche Benachteiligung hat Deutschland beim Internationalen Gerichtshof in den Haag Einspruch erhoben. Allem Anschein nach ist aber in dem deutschen Teil des Festlandsockels das Erdgas- und Erdölvorkommen geringer als in dem englischen und holländischen Teil. Denn in der Deutschen Bucht haben fünf Konsortien seit 1965 nichts Wesentliches zutage gefördert. Eine Gasblase vor Borkum versprach mehr, als sie hielt. Dagegen haben die Dänen große Hoffnungen, in einem vor dem deutschen Gebiet liegenden Raum zwischen der dänischen und englischen Nordseeküste auf Öl vom Meeresgrund zu stoßen. Vorläufig unerschlossen bleiben die reichen „Seelager" vor Holland: Der Staat verlangt von den Ölfirmen eine unverhältnismäßig hohe Abgabe.

Nach den ersten Erdgasfunden unter dem englischen Festlandsockel erklärte Frederick Erroll, der britische Minister für Energieversorgung, triumphierend: „Vor unserer Haustür liegt ein kleines Texas!" Allerdings sind die Kosten der Förderung vier- bis fünfmal so hoch wie an Land. Eine Versuchsbohrung in der Nordsee verursacht Kosten zwischen 6 und 11 Millionen Mark. Trotzdem stellten bis zum 20. Juli 1964 bereits 31 Gesellschaftsgruppen Anträge auf Bohrungserlaubnis in 1300 Parzellen. In der Zone, die Nordholland gegenüberliegt, also in dem Seegebiet vor Great Yarmouth bis vor Middlesbrough, war die Konkurrenz besonders scharf. Hier kamen auf eine Parzelle acht Anträge. Nach strengster Prüfung durch die Regierung erhielten schließlich 22 Gruppen insgesamt 52 Lizenzen. Davon gingen 8 Lizenzen für 75 Parzellen an die Esso- und die Shellgesellschaft, die hier zusammenarbeiten. 36 Parzellen übernahm die staatliche britische Gasgesellschaft unter Beteiligung von drei amerikanischen Firmen.

Englands Eigenproduktion an Mineralöl betrug bisher rund 400 000 Tonnen pro Jahr. Mit 65 Millionen Tonnen Jahresverbrauch ist es aber der zweitgrößte Ölverbraucher der westlichen Welt. Die Erdgas- und Erdölfunde auf seinem Festlandsockel sind also für das Inselreich von lebenswichtiger Bedeutung.

Im Golf von Biskaya hat auch Frankreich seinen Festlandsockel angebohrt. Schon 1951 war der Esso-Gesellschaft die Konzession für Bohrungen südlich von Bordeaux erteilt worden. Das Gebiet mit dem Erdölzentrum Parentis gehört heute zu den ertragreichsten Feldern in Westeuropa. Den Geologen war es klar, daß sich diese Felder im Festlandsockel fortsetzen. So bewarben sich drei Ölgesellschaften um die Bohrkonzession und bauten gemeinsam die imposante Bohrinsel „Neptune Gascogne". Das Bohrgestänge läßt Schürfungen bis zu einer Tiefe von 6000 m zu. Die „Neptune Gascogne" lief in Rouen von Stapel, wurde bis zur Mündung der Gironde geschleppt, hier noch einmal überholt und dann 12 km westlich von Biscarosse im Golf aufgestellt; ihre Reise ging über 1000 km.

Die „Neptune Gascogne" mit ihren 100 m langen Flaschenbeinen ist nur eine der ca. 250 Bohrinseln, die heute in den Seegebieten der westlichen Welt arbeiten. Die Ausbeute macht bereits 16% der Weltölproduktion aus — jährlich 17,5 Millionen Tonnen.

Die Russen bohren schon seit geraumer Zeit Öl aus dem Grund der Küstengewässer des Kaspischen Meeres. Für den Transport und die Errichtung von Öltürmen haben sie ein Kranschiff mit einer Hebeleistung von 250 Tonnen erbaut; es hat die Höhe eines 20stöckigen Hauses. Da es auf zwei parallel zueinanderliegenden Schiffsrümpfen montiert ist, kann es auch bei stürmischer See arbeiten.

Die meisten Bohrinseln stehen zur Zeit im Golf von Mexiko zwischen der Südspitze von Florida und Brownsville in Texas. Auch der Persische Golf und der See von Maracaibo (Venezuela) sind mit Bohrinseln bestückt. Der Festlandsockel im Golf von Mexiko umfaßt ein Seegebiet von 386 000 qkm Umfang. Zwischen seinem Fels- und Schiefergestein sind ölführende Sandschichten eingebettet. Man schätzt, daß hier 1,4 Milliarden Tonnen Erdöl und Erdgas lagern.

Kurz nach dem Zweiten Weltkrieg hatten Geologen durch Sprengungen auf dem Meeresgrund diese ölgetränkten Sandschichten mit Hilfe von seismographischen Apparaten entdeckt. In den verschiedenen geologischen Formationen pflanzen sich nämlich die Schallwellen länger oder kürzer, stärker oder schwächer fort, und der Fachmann kann die Ergebnisse kartographisch auswerten. Als dann Bohrproben vom Grund des Golfes die Angaben der Geologen bestätigten, schickten die Ölgesellschaften ihre auf riesigen schwimmenden Plattformen aufgebauten Bohrtürme aus, um die Öllager unter dem Meer auszubeuten. Schon Mitte der fünfziger Jahre standen oder schwammen rund 500 solcher $4^1/_2$-Millionen-Dollar-Plattformen im Golf; heute sind sie kaum mehr zu zählen.

Wer nachts mit dem Schiff durch dieses Seegebiet fährt, erlebt einzigartige Eindrücke. Überall lodert die rote Glut der wehenden Gasflammen durch das Dunkel; wie Feuermännchen steigen die Lichter an den Bohrtürmen empor, und grelle Tiefstrahler heben die Decks der Plattformen wie blitzende Inseln ins Licht. Unheimlich wirken die sich selbst hochstemmenden Pfahlrost-Plattformen, die die Bohrtürme tragen: Wenn so ein 4000 Tonnen schweres Ungetüm seine Röhrenbeine zum Meeresgrund hinabstreckt und sich dann aus den Wellen hebt, denkt man unwillkürlich an ein Fabelwesen aus der Vorzeit. Nicht umsonst haben ja die Franzosen eine ihrer Bohrinseln „Neptun" genannt. Aber diese Monstren enthalten die modernsten Maschinensäle, Aufenthaltsräume mit Klubsesseln, kleinen Bibliotheken, Spieltischen und Fernsehapparaten. Die Ölgesellschaften wissen, was sie ihren Männern schuldig sind.

Aus den Millionen, die die Gesellschaften investieren, werden Milliardengewinne, wenn die Quellen richtig sprudeln und die Gasblasen zu zischen beginnen. Wer denkt dann noch daran, daß sich das Öl, Jahrmillionen bevor der Mensch die Erde betrat, aus abgestorbenen winzigen Tierchen und Pflänzchen gebildet hat?

Die Transsibirische Eisenbahn

9300 km trennen Moskau von der Küste des Stillen Ozeans. Diese ungeheure Strecke wird seit Anfang des Jahrhunderts von der Transsibirischen Bahn überwunden, die mit Recht als eines der modernen Weltwunder gilt. Heute dauert die Reise von der russischen Hauptstadt nach Wladiwostok, der schnell aufgeblühten Hafenstadt am Japanischen Meer, 9 Tage; vor dem Ersten Weltkrieg brauchte man 12—16 Tage dafür, je nach der Jahreszeit und dem Zustand der Geleise. Aber nur für Gleichgültige sind diese Tage mit Eintönigkeit und Langeweile verbunden; der Zug fährt ja durch hochmoderne Industriestädte und weltverlorene Dörfer, durch riesige Urwälder und weite Steppen, tiefe

Täler und Gebirgsschluchten, über breite Flüsse und entlang den Ufern stimmungsvoller Seen. Die Transsib, wie die Bahn abgekürzt genannt wird, durchquert ein Gebiet, das größer ist als die Vereinigten Staaten, Indien und Pakistan zusammen. Manche Geographen betrachten Sibirien als einen Kontinent für sich.

Land der Verbannung — Land der Verheißung

Der Plan, Sibirien zu erschließen, geht auf die russischen Pelzhändler Stroganow zurück, die gegen Ende des 16. Jahrhunderts im Bündnis mit dem Kosakenführer Jermak den „Kaiser von Sibirien" (den Uzbeken Kutschum) besiegten. Die Kolonisierung scheiterte indessen an der Weite und Undurchdringlichkeit des Landes wie an der Feindschaft seiner freiheitsliebenden Völkerstämme. Als die Zaren im vorigen Jahrhundert über 1 Million politische Gefangene und Verbrecher nach Sibirien verbannten, schreckten die Siedler erst recht vor dem unwirtlichen und gefahrdrohenden Kontinent zurück. Das änderte sich erst, als einer der fähigsten Köpfe des alten Rußland, Sergej Witte, 1892 Minister der Verkehrswege und Finanzminister geworden war. Die große Hungersnot von 1891 brachte auch die Gegner seiner weitreichenden Pläne und Reformen vorübergehend zum Verstummen. Witte, von holländischer Abkunft, ordnete Rußlands zerrüttete Finanzen, kämpfte gegen die Trunksucht der Russen, begann die Verstaatlichung der Eisenbahnen und dehnte Rußlands Einfluß in China und Persien aus. Er nahm aber gegen die Besetzung von Port Arthur Stellung, die den Russisch-Japanischen Krieg auslöste, und bemühte sich im Ersten Weltkrieg um einen Sonderfrieden mit Deutschland.

Witte hatte frühzeitig erkannt, daß die Besiedlung Sibiriens und die damit zusammenhängende Steigerung der Getreideernten für das europäische Rußland lebenswichtig sei. Vorbedingung für beides war der Bau einer durchgehenden und leistungsfähigen Eisenbahnlinie — der Verkehr auf den Flüssen war zeitraubend, erforderte öfteres Umladen der Güter und zwang zu großen Umwegen. Wer sich aber mit Pferdewagen fortbewegte, kam auf den gestampften Straßen oder in der wegelosen Steppe am Ziel mit

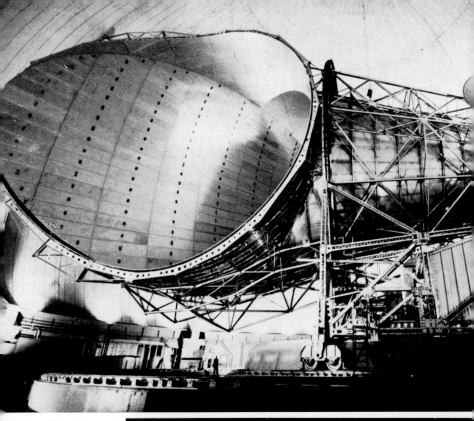

e riesige Horn-Antenne
rt zu der Bodenstation
over (USA). Sie ist der
ikanische Pfeiler zu der
brücke, die der Nach-
en-Satellit „Early-Bird"
6 europäischen Boden-
onen geschlagen hat.

dpa Bild

Empfangsantenne für
Signale der Satelliten
oulder im Staate Colo-
(USA).   *dpa Bild*

Die nördlichste Radar-Warnstation im US-Staat Alaska. Der Radargürtel, in den auch Kanada einbezogen ist, erstreckt sich bis nach Grönland.

Bild: Amerika-Dienst

Das magische Auge des britischen Flugzeugträgers „Victorious" ist eine riesige Funklinse aus Hunderten Richtstrahlern; sie besteht aus 10 000 Röhren und rd. 100 000 Einzelteilen. Die reflektierten Strahlen werden an ein Elektronengehirn weitergeleitet, das Entfernung, Höhe, Geschwindigkeit, Kurs und sogar den Typ des georteten Flugzeugs mitteilt. *dpa Bild*

verrenkten Gliedern und gelockerten Zähnen an. Welche Zustände damals herrschten, lassen die Berichte von Auswanderern nach Sibirien am Ende des vorigen Jahrhunderts erkennen. Die Reise nach dem Fernen Osten dauerte auf dem Landweg 2 Jahre; sie war so strapaziös, daß unterwegs ein Drittel der Kinder und 10 v. H. der Erwachsenen starben. Noch nach der Jahrhundertwende warteten an den großen Stationen oft Tausende auf die Weiterfahrt und ihr Gepäck. Erst 1908 bewilligte die Duma, das russische Parlament, Kredite für den Bau von genügend Waggons 4. Klasse für die Sibirienfahrer.

Hindernisse und Schwierigkeiten ohne Zahl

1891 gab Zar Alexander III. Wittes Plänen seine Zustimmung, und Alexanders Sohn Nikolaus — der Thronfolger — legte in Wladiwostok den Grundstein zu der Transsibirischen Bahn. Ihr Bau sollte 13 Jahre dauern. Wenn man es genau nimmt, ist er noch heute im Gang, denn erst seit 1938 ist die Transsib zweigleisig und nur zwischen Moskau und Irkutsk, auf einer Strecke von 5300 km ist sie elektrifiziert. Das schmälert weder die Größe des Vorhabens noch seiner Vollstrecker, waren doch Hindernisse zu überwinden, wie sie wohl kaum einer anderen Bahn im Wege standen. In der Taiga, dem sumpfigen sibirischen Waldland, ist der Boden weiter Gebiete tief mit Moor bedeckt, das im Winter einfriert; es taut oft erst nach Frühlingsende auf. Bevor man Knüppeldämme anlegte, auf denen man die Strecke verlegen konnte, mußten diese Moore erst entwässert werden. Der gebirgige Teil der Zentralsibirischen Bahn zwischen Nowosibirsk und Irkutsk zwang zu enormen Erdbewegungen, Durchbrüchen und Überbrückungen. So erforderte die Verlegung einer Strecke von nur 75 km Länge den Bau von über 80 Brücken.

Die größten Schwierigkeiten traten aber bei der Heranschaffung des Materials auf. Viel ging auf Seetransporten und bei Expeditionen verloren, viel verdarb auf primitiven Lagern, und manches wurde bei Überfällen räuberischer Stämme vernichtet. Bauholz gab es zwar in den unerschöpflichen sibirischen Wäldern genug; um es aber in die Steppengebiete zu schaffen, mußte es über reißende Flüsse geflößt und mit Pferdekarren weitertransportiert werden. Und da man schließlich kaum Arbeiter aus der ansässigen oder nomadisierenden Bevölkerung bekam, wurden neben europäischen Russen für den Bahnbau auch Sträflingsheere abkommandiert. Für sie gelten noch die Verse von Nikolai Nekrassow:*)

> *„Der Weg ist gerade, der Damm ist schmal,*
> *Telegraphendrähte, Schienen, Brücken*
> *und überall, zu beiden Seiten, russische Knochen —*
> *Wanetschka, weißt du, wie viele?"*

Bau in 7 Etappen

Als erste Teilstrecke der Transsib wurde 1896 die Westsibirische Bahn von Tscheljabinsk bis zum Ob — eine Strecke von 1421 km — eröffnet. Erbauer dieser Linie war Michailowski, der sich schon bei der Errichtung der Strecke Samara-Slatoust bewährt und die Alexander-Brücke über die Wolga gebaut hatte. Bevor seine 800 m lange, siebenbögige Brücke über den Ob fertiggestellt war, mußten die Reisenden und ihr Gepäck mit Fähren über den Fluß gesetzt werden.

Die zweite Teilstrecke, die Ussuri-Eisenbahn von Wladiwostok nach Chabarowsk (778 km), führt durch Urwald und Taiga, so daß allein für Zufahrtsstraßen ein Betrag von 400 000 Rubel aufgewendet werden mußte. Das entsprach 864 000 (Gold-)Mark. Obzwar sich genug Chinesen um Arbeitsplätze an der Ussuribahn bemüht hatten, wurden ihre Bewerbungen aus politischen und rassischen Gründen abgewiesen. Dafür wurden Sträflinge von der Sachalin-Insel und Militär eingesetzt. Sie waren auch an der Erweiterung und Befestigung des Kriegshafens Wladiwostok beteiligt, wofür die Regierung 13 Millionen Rubel bewilligt hatte.

Die Mittelsibirische Bahn zwischen dem Ob und Irkutsk an der Angara überwindet eine Strecke von 1830 km; sie wurde ab 1898 betrieben und 1900 mit der Westsibirischen Bahn zusammenge-

---

*) Nekrassow (1821—1878) trat in seinen Gedichten und Verserzählungen für die Unterdrückten und Entrechteten ein.

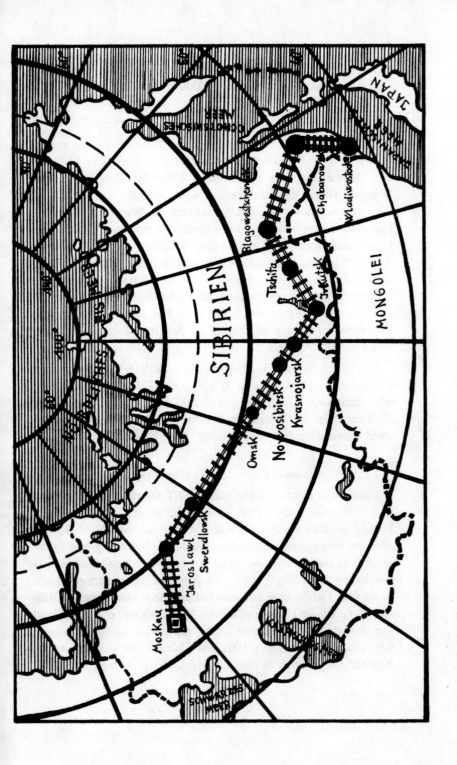

legt. Auch hier waren viele Sträflinge und Verbannte unter den Arbeitern, deren Zahl zeitweise 30 000 erreichte.

Transport über Suezkanal und Stillen Ozean

Im Jahre 1900 wurde, wegen riesiger Überschwemmungen verspätet, die Transbaikalische Bahn eröffnet. Sie läuft über 1102 km von Myssowaja am südöstlichen Ufer des Baikalsees nach Sretensk. Wegen der herrschenden Kälte stieß ihr Bau auf unvorhergesehene Schwierigkeiten. So mußten die Wasserleitungen mit Holzrinnen verkleidet werden, durch die warme Luft strömte. Das Eisenbahnmaterial wurde mit Schiffen von Odessa durch die Dardanellen, den Suezkanal und über den Pazifischen Ozean nach Wladiwostok transportiert. Von hier aus ging es mit der Bahn nach Chabarowsk, wurde auf Flußdampfer umgeladen und kam über den Amur und Schilka zu den Baustellen. Einzelne Lokomotiven wurden im Winter auf Schlitten über den zugefrorenen Baikalsee geschafft.

Das Glanzstück der Transsib ist die Baikalsee-Umgehungsbahn von Irkutsk nach Myssowaja. Obgleich nur 325 km lang, brauchte man dazu eine Arbeitszeit von 5 Jahren. Die Linie mußte mit 33 Tunnel in die Felswände des Jablonojgebirges eingesprengt werden und steigt fast 1000 m hoch.

300 Millionen Rubel zum Fenster hinausgeworfen

Die Kosten dieser 4 Teilstrecken der Transsib beliefen sich auf 385 Millionen Rubel. Fast ebensoviel, an die 300 Millionen, kostete der Bau der Amur-Linie von Sretensk nach Chabarowsk. Sie kam erst zustande, nachdem Rußland im Krieg gegen Japan (1904/05) eine Niederlage erlitten hatte. Die russischen Strategen hatten nämlich geglaubt, mit dem Bau einer ostchinesischen Bahn von Tschita über das mandschurische Charbin nach Wladiwostok (2049 km) besser zu fahren. Die Konzession war Rußland von dem damals machtlosen China, das gerade Japan unterlegen war, eingeräumt worden. 1901 war China sogar bereit gewesen, Rußland die Herrschaft über die Mandschurei zu überlassen. Als

Rußland dann nach Korea griff und den chinesischen Kriegshafen Port Arthur (Lüschan) befestigte, war der Krieg mit Japan unvermeidlich geworden. Durch die Niederlage verlor es 1905 den südlichen Teil der ostchinesischen Bahn an die Japaner. Schon vorher aber war die Strecke während des Boxeraufstands (1900/01) weitgehend zerstört worden, weil die chinesischen Truppen, die sie schützen sollten, mit den fremdenfeindlichen Aufständischen sympathisierten. So war das Geld für diese Abkürzungslinie praktisch zum Fenster hinausgeworfen worden.

Die unpopuläre Amur-Linie

Gegen den Bau der Amur-Linie setzte sich fast die Hälfte der Duma-Abgeordneten erbittert zur Wehr. Die Strecke führe durch unkultivierbares Land, das dauernd überschwemmt würde, erklärten sie. Die Überbrückung des Amur und die Überquerung mehrerer Wasserscheiden erfordere Gelder, die Rußland um so weniger aufbringen könne, als der Krieg gegen Japan fast 2 Milliarden Rubel verschlungen habe. Aber gerade dieses Argument gab den Ausschlag für die Befürworter des Unternehmens. Sie wiesen auf die Verwundbarkeit der mandschurischen Strecke und den strategischen Wert der Amur-Linie hin und erreichten, daß der Zar 1907 den Bau genehmigte. Um die Arbeiter in den trostlosen Gegenden bei guter Laune zu halten, wurden allenthalben Schnapsbutiken errichtet. Trotzdem mußte man die Bahnpolizei durch 14 Kompanien Militär verstärken und Gefängnisse für „fahnenflüchtige" Arbeiter errichten. Erst 1916 konnte die von Sretensk nach Chabarowsk über 2133 km führende Strecke eingeweiht werden.

Damit war auch das letzte Stück der Transsib, der längsten Eisenbahnlinie der Welt, vollendet; alles, was später dazukam, waren Abzweigungen und Verbesserungen. Genaugenommen ist die Streckenlänge der Transsib nur 7021 km, da die Linien westlich von Tscheljabinsk zum Großteil früher erstellt und nicht zur Transsibirischen Bahn hinzugerechnet wurden. Heute laufen die Züge Moskau-Fernost sowohl über Kasan-Swerdlowsk-Omsk wie über Kuibyschew-Ufa-Tscheljabinsk-Omsk, und viele Passa-

giere ziehen die längere, südlich verlaufende Linie der kürzeren
vor.

Erste Bewährungsprobe im Russisch-Japanischen Krieg

Ihre erste Bewährungsprobe bestand die Transsib während des Russisch-Japanischen Krieges. In dieser Zeit wurden wesentliche Erweiterungsbauten vorgenommen, so daß 1905 täglich 20 Züge in jeder Richtung verkehrten. Es wurden 1,8 Millionen Personen und 4,1 Millionen Tonnen Güter und Gepäck befördert. Bei Betriebsstörungen im Gebiet der Transbaikalstrecke fuhr ein Eisbrecher über den See; er konnte 25 beladene Güterwagen und 150 Fahrgäste aufnehmen und war 2 Stunden und 20 Minuten unterwegs.

Die Bedeutung der Transsibirischen Bahn für die Erschließung des Landes kann nicht hoch genug eingeschätzt werden. 1901 wurden aus Sibirien rund 100 000 Tonnen Getreide, Mehl und Ölsaaten ausgeführt, 1908 waren es bereits 720 000 Tonnen. Zwischen 1906 und 1909 siedelten sich rund 1$\frac{1}{2}$ Millionen Menschen in Sibirien an, die Bevölkerung stieg auf fast 8 Millionen. Im Jahre 1909 stellte die Regierung über 1200 Extrawaggons für Einwanderer zur Verfügung, verteilte 5$\frac{1}{2}$ Millionen Hektar Land, ließ 1645 Brunnen graben und 2671 km Wege anlegen. Auf der Station Ob an der Westsibirischen Bahn, wo das Getreide aus dem südlichen Sibirien umgeladen wurde, wuchs der Güterverkehr von 16 500 Tonnen im Jahre 1897 auf 1 605 000 Tonnen. Die Butterausfuhr Sibiriens betrug 1910 mehr als 62 000 Tonnen. Wenn die Sowjets heute mit viel höheren Zahlen aufwarten, sollte darüber nicht vergessen werden, daß der Grundstock dafür schon um die Jahrhundertwende gelegt wurde. Auch die großartigen Erfolge bei der Industrialisierung in unseren Jahrzehnten beruhen nicht zuletzt auf dem Bau der Transsib und ihrer Nebenstrecken.

Sibiriens bewundernswerter Aufschwung

Die an der Bahn liegenden Städte nahmen schnell einen ungeheuren Aufschwung. Tscheljabinsk, das 1900 erst 25 000 Einwohner hatte, entwickelte sich zu einem Industriezentrum erster Ordnung mit heute 650 000 Einwohnern. Die Bevölkerungszahl von Omsk stieg von 38 000 auf über 600 000 — aus einer Provinzstadt wurde das kulturelle Zentrum Sibiriens. Auch die ostsibirischen Städte wie Irkutsk (380 000 Einwohner), Ulan-Ude und Tschita sowie das fernöstliche Chabarowsk, alles einst kleine Steppen- und Waldsiedlungen, wurden zu mächtigen Mittelpunkten landwirtschaftlicher und industrieller Erzeugnisse. Der Bürgermeister von Chabarowsk, das heute 330 000 Einwohner hat, sagte denn auch kürzlich: „Wir alle sind Kinder der großen Transsib."

Was kostet die Fahrt?

Eine Reise von Moskau nach Wladiwostok kostet rund 500 DM, wozu noch fast 200 DM für die Mahlzeiten im Speisewagen kommen. Wer in sibirischen Städten Station machen will, muß noch einmal mit Ausgaben von 150 DM pro Tag für Hotelkosten und die Bezahlung eines dolmetschenden Begleiters (= Aufpassers) rechnen. Die Sowjetunion hat sich also auf internationaler Ebene dem kapitalistischen System gut angepaßt. Der Transsibirien-Expreß mit seinen 8 eindrucksvollen grünen Waggons hat auch Schlafwagen 1. und 2. Klasse, nur spricht man hier von einer weichen und einer harten Klasse. In der harten gibt es nur Holzbänke, in der weichen wird das Bettzeug gestellt; auch ist in den geräumigen Abteilen außer den 4 Betten noch Platz für einen Tisch.

Reste der sibirischen Urbevölkerung

Auf den Bahnhöfen begegnet man Männern und Frauen aus der sibirischen Urbevölkerung. Da sind die Burjäten, die östlich des Baikalsees noch in Jurten, und die Tungusen, die in Kegelzelten wohnen — manche von ihnen leben heute noch nach den Sprüchen des Schamanen, der mit Dämonen und den Seelen der Verstorbenen verkehrt. Da sind die Kalmücken, die sich 1942 gegen die Sowjets erhoben und dafür schrecklich bestraft wurden; die finnisch-ugrischen Ostjaken mit ihren schönen Märchen und

Heldengesängen; die mohammedanischen Kirgisen, die tatarischen Jäger, Fischer und Viehzüchter und andere. Mit ihnen, wie mit den meisten „Sibiriaken", kann man leicht Freundschaft schließen. Weiter im Westen, im europäischen Rußland, ist das viel schwerer; ehe man das Mißtrauen der politisch geschulten Kommunisten überwindet, müßte man die Zeit anhalten. Wie auch immer, die Transsibirische Bahn, die sich unter dem zaristischen wie dem bolschewistischen Regime bewährt hat, wird man noch rühmen, wenn alle politischen Parolen unserer Zeit längst verhallt sind.

Die Alaskastraße - 2500 km Einsamkeit

Wer die Alaskastraße zu den modernen Weltwundern rechnet, läuft Gefahr, von empörten Autofahrern am Kragen gepackt zu werden. „Was, diese rumplige, staubige, lebensgefährliche Schotterbahn? Ich hätte mir dort beinahe den Hals gebrochen!" Aber dann kommen andere und sagen: „Wenn Sie in unserem Jahrhundert, ohne gleich zum Pol oder zu den Menschenfressern auf Neuguinea aufzubrechen, ein richtiges Abenteuer erleben wollen, müssen Sie auf der Alaskastraße von Britisch-Kolumbien nach Fairbanks oder Anchorage fahren. So etwas gibt es nur einmal in der Welt!"

Vor 25 Jahren war alles noch gnadenlose Wildnis. Nur Trapper, nomadisierende Indianer und Einsiedler streiften durch das Land, vielleicht auch der eine oder andere flüchtige Spitzbube. Wer nach Alaska wollte, fuhr mit dem Dampfer von Vancouver nach Anchorage. Auf den Gedanken, von der Großen Prärie über das grausame Yukon-Territorium nach Alaska zu wandern, wären nur tollkühne Entdecker oder Selbstmörder gekommen. In der Zeit des Goldfiebers um die Jahrhundertwende, als alle Abenteurer der Welt in Klondike Millionäre werden wollten, starben Hunderte in den pfadlosen, eisigen Wäldern, die sich als undurchdringliche Barriere um das Goldzentrum im Hohen Norden Kanadas legten. Immerhin war Dawson, das einmal 25 000 Einwohner hatte (heute aber nur noch 800), damals Regierungssitz und ein Platz, wo das Geld nur so herumflog. 1898 wurden hier für 16 Millionen Dollar Gold geschürft. George Carmack, „der Dawson-Charlie", der mit zwei Indianern als erster Gold am Bonanza-Creek gefunden hatte, lebt noch in den Liedern und Geschichten der Yukon- und Alaska-Glücksritter weiter. Aber der Goldrausch ist heute Legende. Dafür erhoffen sich „die Leute am Ende der Welt" nun von der Alaskastraße neuen Wohlstand.

Das Abenteuer der Straße begann Anfang 1942. Damals fürchteten die Amerikaner, daß die Japaner ihre Häfen im Nordpazifik blockieren und Alaska besetzen könnten. Präsident Roosevelt ordnete daher an, eine Landverbindung zwischen dem vom Mutterland getrennten Alaska und dem verbündeten Kanada zu schaffen. Amerikanische Pionierregimenter und kanadische Straßenarbeiter — insgesamt 16 000 Mann — begannen mit der Anlage der Rollbahn bei Dawson Creek, einer kleinen Siedlung in Britisch-Kolumbien. Von Big Delta in Alaska arbeiteten ihnen die Amerikaner entgegen. Da Teile der Strecke durch unerforschte Gegenden führten, verlegten die Pionieroffiziere sie stellenweise nach Gutdünken; sie mußte nur die Flugplätze der beiden Luftwaffenstreitkräfte berühren. Das bekommen die Automobilisten heute noch zu fühlen: In den Waldgebirgen knickt die Straße manchmal so jäh um, daß nur eine gestaffelte Reihe von Warnschildern die Fahrer vor einem Sturz ins Bodenlose bewahrt. Im flachen Land werden sie dafür durch ganz überflüssige Haarnadelkurven gepeinigt. Und wer im kanadischen Felsengebirge nicht schwindelfrei ist, der sollte das Steuer jemand anderem überlassen, wenn sich der Wagen die steilen Spiralen hinaufwindet. Allerdings ist er im Rücksitz womöglich noch übler dran. Wenn er nach überstandener Strapaze dann erzählt, er hätte buchstäblich frei über einem 300 m tiefen Abgrund gehangen, wird man das für Jägerlatein halten. Und doch ist es dicht an der Wahrheit. Manchmal rutscht die Kiesdecke an Berglehnen ab, man fährt dann über Geröll und Wurzeln, als sei man der Vorauswagen eines Spähtruppunternehmens. Oder man bleibt gar im Bodenbrei stecken. An anderen Stellen mag man gezwungen werden, durch einen seichten, aber kilometerbreiten Fluß zu fahren; wollte man warten, bis die vom Hochwasser weggeschwemmte Brücke wieder aufgebaut ist, würde doch zuviel Zeit vergehen. Im Sommer fährt man besser mit Scheinwerferlicht, wenn der Staub in dicken Schwaden über die Straße zieht. Dort, wo der Boden auftaut, wirft sich die Straße, und das Auto vollführt Bocksprünge. Dabei hat jeder Kilometer $1/4$ Million Mark gekostet! Aber man bekommt es eben zu spüren, daß die Alaskastraße in $8^1/_2$ Monaten fertiggestellt wurde. Damals stießen die beiden Bautrupps bei der 588. Meile aufeinander — „Contact Creek" (Rendezvous-Pfütze) tauften sie den Treffpunkt.

Aber der Lohn für alle Mühsal und Unzuträglichkeit ist reich! Wer von Alaska südwärts fährt, wird über Hunderte Kilometer von dem wildromantischen Tananafluß begleitet. Dann sieht er sich, am Ufer des prachtvollen Kluane-Sees vorbeirollend, „Aug in Aug" mit dem höchsten Berggipfel des Kontinents, dem 6050 m hohen Logan. Über eine Kette reißender Flüsse und dunkler, fischreicher Teiche geht es im Yukon-Territorium fast 1000 km nach Südosten. In den Wäldern leben Bären, Wölfe, Elche, Schneeziegen, Füchse und Biber — wenn man Glück hat, muß man stundenlang warten, bis eine Herde von ein paar Tausend Rentieren (Karibus) die Straße passiert hat — die Tiere kümmern sich nicht um Mensch und Auto.

Über dem Wipfelmeer spähen Adler, die noch nie eine Flinte knallen hörten, nach Beute. Wer die Alaskastraße im Frühjahr passiert — allerdings biegt sie sich dann durch und versinkt streckenweise —, der erlebt das Steigen der Lachse in den Flüssen, ein Drama sondergleichen. Wie die Heere der Lachse, sich übereinander wälzend, die breiten Ströme verstopfen; wie sie, sich aufwärts kämpfend, silberschuppig und rotbäuchig, durch die Luft fliegen, das allein gehört zu den Wundern der Welt. Vom Auto aus kann man beobachten, wie an seichten Stellen die Bären

196

mit schnellem, unbarmherzigen Griff Lachse aus dem Wasser holen und sie, laut schmatzend, verzehren — sie lassen sich dann auch durch einen laufenden Motor in ihrem Genuß nicht stören.

Im Frühling und Sommer ist das Land paradiesisch: Die Fichten so hoch und dicht und grün wie sonst nirgendwo, die Birken silbrig, die Bergkiefern wie herbe Blüten duftend. Die Teiche quellen von Seerosen über, Hänge und Wiesen sind mit herrlichen Blumen überschüttet. Über den sonst nebelverhangenen Mooren zittert die heiße Luft und schweben Tausende Mückenschleier. Wer im Wiesengrund oder am Waldrand zeltet, wer sich in einem der zahlreicher werdenden Logierhäuser einmietet, wird immer wiederkehren. „Rieche die Alaskastraße einmal, und deine Nase wird dich immer wieder hinführen", sagen die Pendler. Hier sind die Menschen noch ursprünglich und unverdorben, die Einsamkeit schweißt sie zusammen.

Auch die Chauffeure der Autobusse, die jetzt dreimal in der Woche über die Rollbahn donnern, sind in die große Kameradschaft einbezogen und fühlen sich zugehörig zu der wachsenden Familie der Alaskastraße. An einem entlegenen Meilenpfosten hält ein Trapper den Bus auf. „Laß mir die Falle in Whitehorse reparieren", sagt er zu dem Fahrer. Oder ein Gastwirt, der unvermutet Pensionsgäste bekommen hat, will einen halben Elch oder ein Dutzend Birkhühner haben. Der Chauffeur verkauft auch für den Trapper Felle und den Schürfer Gold, er bringt den Indianerfrauen schreiend-bunte Kleider und füttert, wenn es sein muß, für die verreisten Besitzer Hunde, Katzen und Hühner. Wenn einer Benzin braucht, bekommt er es mit dem nächsten oder übernächsten Bus. Zu einem Fest kommen die Leute über Hunderte Kilometer zusammen. Wer sich „da oben" kennenlernt, vergißt den andern zeitlebens nicht.

Am Südende der Linie, am Friedensfluß, sind schon freundliche Farmen mit wehenden Weizenfeldern und Obstplantagen entstanden. Aber das ist die Alaskastraße nicht mehr, die beginnt so richtig erst hinter Fort Nelson, wo sie ins Felsengebirge, die Rocky Mountains, aufsteigt. Im Winter hält sie der Schneepflug offen; auf einer oft meterdicken Packung von gepreßtem Schnee fährt man mit Ketten sicherer als im Sommer. Wer einen Unfall hat, bekommt sofort Hilfe . . . wenn er noch das nächste Straßentelefon erreicht oder ein anderer Wagen auftaucht. Auch sind ja die berühmten kanadischen Reiter, die berittenen Polizisten, unterwegs, um überall nach dem Rechten zu schauen. Wehe, wenn einer die Gebote der Kameradschaft mißachtet — er wird wie ein Pestkranker gemieden. Und keiner unterschätze das „Mokassin-Telefon"! Die Indianer erfahren alles und verbreiten es oft schneller als das Radio. Fahrerflucht gilt hier schlimmer als Mord.

Die Geologen und Unternehmer, die nach Uran und Öl suchen; die Trapper, Fischer, Jäger und Wasserbauingenieure, die Wirte, Farmer, Buden- und Tankstellenbesitzer, sie alle verbindet noch das Gesetz, das für die Pionierfamilien galt und nicht aufgezeichnet werden mußte, das Gesetz der großen Bruderschaft. Wer an ihm teilhaben will. kann es nirgendwo besser erproben als auf der Alaskastraße.

Der Panamakanal

„Die Geschichte des Panamakanals ist die Geschichte der Menschheit." Der das sagte, war Gustave Eiffel, berühmter Erbauer des Wahrzeichens von Paris und einer der Angeklagten im Panamaskandal-Prozeß 1892. Wie die Geschichte der Völker aus Heldentaten und Spitzbüberei, Anstand und Verderbnis, aus stummer Pflichterfüllung und eitler Selbstbespiegelung, weiser Voraussicht, Engstirnigkeit und kläglichem Versagen bestehe, spiegle auch die Chronik von Panama alle Tugenden und Laster des Menschen wider. Der Prozeß sollte Eiffels Worte noch unterstreichen — er wurde selbst zu einem Teil dieser Chronik. Aber wie war es überhaupt zu einem Prozeß gekommen? Wessen Schuld war es, daß eines der großartigsten Vorhaben der Menschheit, der Bau des Panamakanals, unter unsäglichen Opfern scheiterte, und wie kam er endlich doch zustande?

Seit im Jahre 1513 der spanische Konquistador Balbao — er wurde später hingerichtet — den Isthmus von Panama durchquert hatte, setzten sich immer wieder weitblickende Männer für die Verwirklichung des Planes ein, den Atlantischen mit dem Pazifischen Ozean durch einen Kanal zu verbinden und damit den langen, gefährlichen Seeweg um das Kap Horn zu vermeiden. Es sollte aber fast 400 Jahre dauern, bevor das Projekt reif wurde. Die ersten Züge machten die Franzosen. Die Unterhändler der französischen Panamagesellschaft schlossen 1878 mit der kolumbianischen Regierung einen Vertrag, der ihnen den Bau und die Verwaltung eines Kanals über die Landenge zusprach. An den Kanalgebühren sollte Kolumbia, mit dem sich Panama 1821 vereinigt hatte, beteiligt werden.

Zum Leiter des Unternehmens wurde der 75jährige Vicomte de Lesseps, der Held von Suez, bestimmt. Vergeblich riet ihm sein Sohn ab. „Was suchst du in Panama?" fragte er ihn. „Geld? — du wirst dich dort nicht mehr um Geld kümmern als in Suez! Ruhm? Du hast so viel Ruhm eingeheimst, daß du ruhig etwas davon ablassen kannst. Der Panamakanal ist ein großartiges Projekt; er wird, wenn er glücklich vollendet ist, der Menschheit zweifellos viel nützen. Aber welches Risiko, sich an die Spitze eines solchen Unternehmens zu stellen! Denk an den Suezkanal — während der 10jährigen Bauzeit drohte jeden Augenblick die Katastrophe. Und als er eröffnet worden war, mußtest du um 20 Millionen betteln, um den Bankrott der Gesellschaft aufzuhalten. Suez ist dir durch ein Wunder gelungen — genügt e i n Wunder nicht und wagst du es, mit einem zweiten zu rechnen?"

Der Vater antwortete: „Wenn man einen General, der eine Schlacht gewonnen hat, fragt, ob er eine zweite gewinnen will, kann er nicht nein sagen." 15 Jahre später werden er und sein Sohn zu 5 Jahren Gefängnis, 20 000 Franken Geldstrafe und zur Rückerstattung von 3 Millionen Franken verurteilt. Eiffel erhielt 2 Jahre und sollte ebenfalls 3 Millionen zurückzahlen. Aber kaum waren die Wahlen vorbei, die diese Urteile zumindest beeinflußt hatten, weil man dem Volkszorn Rechnung tragen mußte, hob der Kassationshof die Urteile auf und sprach auch alle Abgeordneten mit Ausnahme des Ministers für öffentliche Arbeiten von der Anklage der Bestechlichkeit frei.

1879 hatte die Panamagesellschaft Aktien herausgegeben, die niemand haben wollte. Lesseps mußte in ganz Europa und Nordamerika Propaganda für den Kanal machen, unhaltbare Versprechungen abgeben und Gelder in viele offene Taschen stecken. Ende 1880 hatten dann kleine Sparer, wohlhabende Bürger, Großkaufleute und Banken Aktien für 300 Millionen gezeichnet — immer noch viel zu wenig für ein so gigantisches Vorhaben. Dann fährt Lesseps mit seiner Familie und einem Stab Techniker nach Panama. Unter dem Jubel des Volkes tut er den ersten Spatenstich. Aber erst 3 Jahre später, nachdem in Panama und Colon Paläste, Wohnviertel, Baracken, Lager und Werkhallen errichtet worden sind, beginnt man mit den Grabungen.

Krankheit, Bestechlichkeit, Verschwendung

Von Anfang an steht das Unternehmen unter Druck. Von 40 000 Arbeitern, die die Gesellschaft verpflichtet, fallen an manchen Tagen über zwei Drittel aus. Das Gelbe Fieber und die Malaria fordern in den Sumpfgebieten Tausende Opfer, viele Arbeiter und Techniker sterben an den Bissen von Giftschlangen und Skorpionen, unter den Familien der Beamten hält der Tod reiche Ernte. Es scheint, als sei die Medizin gegen die Tücken des feucht-heißen Klimas und die Epidemien machtlos. Spielhöllen und Freudenhäuser schießen aus dem Boden, die Korruption zersetzt alles. Dazu die Schwierigkeiten des Geländes! Lesseps, der einen Kanal ohne Schleusen haben wollte, sieht zu seinem Entsetzen, daß die Erdarbeiten kaum vorankommen; Erdrutsche machen die Anstrengungen von Monaten zunichte. Ein 12 km langer Hügelzug von 100—120 m Höhe, die Culebra, erwies sich als so widerspenstig, daß nach 4 Jahren erst ein paar Meter abgetragen waren. Die Kosten für den abgebauten Kubikmeter

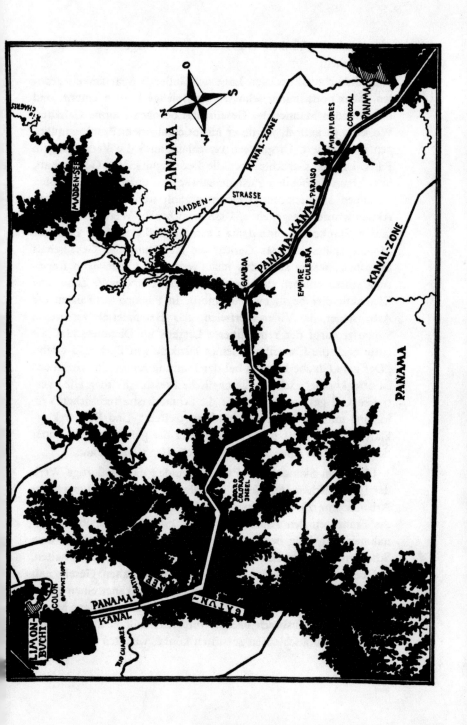

waren mit 7 Franken angesetzt — sie stiegen bis 1886 auf 150 Franken!

In dieser aussichtslosen Lage war äußerste Sparsamkeit geboten. Aber noch immer schossen kostspielige Bauten empor, und die leitenden Männer der Gesellschaft bezogen enorme Gehälter. Wo Lesseps auftrat, wurde er mit orientalischem Prunk empfangen und gefeiert. Unsummen verschlang auch die Verwaltung in Paris. Um die Gerüchte über die Bedrängnisse der Gesellschaft, über einen drohenden Zusammenbruch zu unterbinden, mußten Millionen an Bestechungsgeldern gezahlt werden. Immer neue Aktien wurden ausgegeben, 1888 erreichte ihr Wert rd. $1^1/_2$ Millarden Franken — eine damals astronomische Summe. Ein paar Monate später, als das Gericht die Auflösung der Gesellschaft anordnete, waren sie nichts mehr wert. Die französische Regierung schien entehrt, das Land bebte vor Empörung. Zahlreiche Kleinaktionäre begingen Selbstmord. In Panama verwaisten die Arbeitslager, die Villen verfielen, das Baumaterial verrostete. 90jährig, stirbt der rehabilitierte Lesseps im Dämmerschlaf. Er hatte noch die Einweihung seines Denkmals in Port Said erlebt. „Der gute Glaube Lesseps bei der Führung seines Unternehmens ist offenkundig", schrieb die englische Presse. „Er mag allzu vertrauensvoll gewesen sein, aber die Schmach strafrechtlicher Verfolgung muß die wahren Schuldigen treffen." Und Bismarck erklärte: „Jeder weiß, daß Lesseps, einer der glorreichsten Männer der Welt, durch einen Prozeß nicht getroffen werden kann."

Über dem Skandal von Panama werden das großartige Werk der französischen Ingenieure und die unerhörten Leistungen der Arbeiter nur zu oft übersehen. Man darf nicht vergessen, daß die Franzosen den Amerikanern, die 1906 den Kanalbau übernahmen, den Weg bereitet hatten und die Amerikaner aus dem Scheitern des französischen Unternehmens erst gelernt hatten, die Fehler zu vermeiden, die zum Ruin der alten Gesellschaft geführt hatten. Ursprünglich wollten die Amerikaner einen Kanal durch Nicaragua anlegen. Erst als der angeblich erloschene Monotombo-Vulkan ausbrach und sie fürchten mußten, daß ein Erdbeben die Kanalschleusen zerstören könne, wandten sie sich dem

Der Moskauer Fernsehturm ist mit 520 m
Höhe das höchste Bauwerk der Welt.

Eine der großen Bohrinseln
Frankreichs, die „Neptune"
steht im Golf von Gas-
cogne; sie arbeitet Tag und
Nacht ohne Unterbrechung.
dpa Bild

Die Oper vc
Sydney, das m
dernste Bauwe
der Welt, ku
vor ihrer Vo
endung.

Der Grand Co
lee Damm a
Columbia-Flu
(USA) gehört
den mächtigst
Wasserbauten d
Erde. *Bild: US*

Panamaprojekt zu. Für ein Spottgeld — 200 Millionen Franken — erwarben sie die Konzession und das noch vorhandene Material, sicherten sich das Gelände zu beiden Seiten des Kanals und die Stationierung von Militärpolizei in der Kanalzone. Sie waren bereit, an Kolumbien 10 Millionen Dollar Abfindung und 1/4 Million Dollar Jahresgeld zu zahlen. Obwohl vor dem Bankrott, zögerte Kolumbien in der Erwartung besserer Angebote. Da zettelte der französische Unternehmer und Unterhändler Philippe Bunau-Varilla, einst Generaldirektor der unglückseligen Panamagesellschaft, für die Amerikaner eine Revolution an. Sie dauerte nur einen Tag und kostete den listigen Franzosen 100 000 Dollar. Dafür wurde er Minister der freien Republik Panama und Teilhaber an einem der glänzendsten Geschäfte, die die USA je gemacht haben.

Unter der energischen Leitung des Generalmajors der Genietruppen George Washington Goethals wurde der Panamakanal nun in 7jähriger Bauzeit fertiggestellt. Zuvor hatte man die Anophelesmücke, die Überträgerin der Malaria, und, soweit möglich, auch die Gelbfiebermücke ausgerottet. Die Sterblichkeit unter den Arbeitern und Angestellten sank auf 5 pro Tausend — während der französischen Verwaltung hatte sie 6% betragen! Als Gouverneur der Kanalzone war Goethals Herr über Leben und Tod — er scheute sich nicht, mit Billigung von Präsident Th. Roosevelt Plünderer und die Rädelsführer bei Unruhen öffentlich hängen zu lassen.

Der 81,6 km lange Panamakanal führt von den Häfen Cristobal und Colon auf der atlantischen Seite durch Mangrovesümpfe zu den Schleusen von Gatun. Hier werden die Schiffe durch 3 Schleusen um 26 m gehoben. Sie fahren dann durch den aufgestauten Gatunsee und überwinden in dem 13 km langen Gaillard-Graben die bis 80 m hohe Wasserscheide zwischen den beiden Meeren. Am Ende des Durchstichs passieren sie eine Doppelschleuse und den Stausee von Miraflores. Von hier steigen sie durch zwei weitere Doppelschleusen und den kanalisierten Rio Grande zum Hafen Balboa am Pazifik ab. Alle Zwillingsschleu-

sen, 305 m lang und 33,5 m breit, trennen dicke Eisenbeton-
wände, auf der Züge verkehren.

Der Panamakanal hat den Seeweg von New York nach Japan
um 7000 Seemeilen verkürzt. Die Kanalzone, Hoheitsgebiet der
Vereinigten Staaten, umfaßt 1432 qkm mit einer Bevölkerung
von 55 000 Einwohnern. Der Kanal steht den Schiffen aller
Nationen offen; für die USA ist er von größter strategischer Bedeutung, wenn ihn auch die neuen großen Flugzeugträger wie die
Enterprise nicht passieren können. Als die Flugzeugträger
Lexington und Saragato im Dezember 1941 den Kanal durch-
fuhren, wurden die Mauern der Schleusen schwer beschädigt.

1965 kam es in der Kanalzone zu schweren Unruhen — Panama wollte den ihm s. Z. aufgezwungenen Vertrag kündigen.
Es verlangte höhere Gebühren und forderte die Hoheitsrechte
über die Kanalzone zurück. Kurz darauf beauftragte die amerikanische Regierung eine Mannschaft von Geologen und Technikern, die günstigste Stelle zwischen dem Golf von Mexiko und
dem Golf von Darién für einen neuen Kanaldurchstich zu finden. Sofort lenkte Panama ein, denn es fürchtete, durch einen
Konkurrenzkanal um seine Haupteinnahmen zu kommen. Trotzdem wird ein neuer, schleusenloser Kanal früher oder später
gebaut werden. Amerika war vor der Verschärfung des Vietnam-
krieges bereit, dafür 4—5 Milliarden Dollar auszugeben. Obgleich sich der Isthmus von Tehuantepec für einen Kanaldurchstich geradezu anbietet, hat die kleine Bananenrepublik Nicaragua die meisten Aussichten auf einen neuen Seeweg durch seine
Landenge. Denn Mexico ist ein härterer Verhandlungspartner als
das vom nordamerikanischen Kapital abhängige Nicaragua —
die Durchfahrt der US-Flotte will Mexiko keinesfalls erlauben.

Was immer geschehen mag — der Panamakanal wird dank
des stetig wachsenden Schiffsverkehrs seine Bedeutung behalten.
Jährlich passieren ihn 8000 Schiffe mit rd. 40 Millionen Tonnen
Ladung in beiden Richtungen. Ein solcher Weg ist praktisch un-
ersetzlich, ein zweiter Kanal könnte ihn nur vorübergehend be-
nachteiligen. Wenn wir uns erinnern, unter welchen Opfern der

Panamakanal zustande kam, können wir nur wünschen, daß sich das große Amerika mit seinem kleinen Gegenüber über den Ausbau und die Modernisierung des noch immer beispiellosen Kanals einigt.

Der St.-Lorenz-Seeweg

Den endlosen Fluß nennen die Indianer Nordamerikas den St.-Lorenz-Strom. Es war ihr Fluß, sie befuhren ihn mit ihren Kanus vom Ontariosee bis zu seiner Mündung in den Atlantischen Ozean und meisterten dabei reißende Schnellen. Als der französische Seefahrer Jaques Cartier 1535 den St. Lorenz hinauffuhr, kam er nur bis zu der Indianersiedlung Hochelaga. (Er nannte sie Mont Royal — Montreal.) Dann mußten seine beiden Schiffe vor den Lachine-Stromschnellen haltmachen. Heimgekehrt, wies er König Franz I. auf die Bedeutung der fruchtbaren Ländereien hin, aber in Frankreich wollte zunächst niemand etwas von seinen Entdeckungen wissen. Erst unter Heinrich IV. begann, um 1608, die Kolonisierung von „La Nouvelle France", wie Cartier das Land getauft hatte.

Mittlerweile hatten auch die Engländer in Kanada Fuß gefaßt und 1629 wie auch 1711 vergeblich versucht, es zu erobern. Dann legten die Franzosen im Rücken der englischen Niederlassungen von Kanada nach Louisiana eine Kette von Befestigungen an. In dem darüber ausbrechenden Krieg zogen die Franzosen den kürzeren. Sie verloren die Entscheidungsschlacht bei Quebeck und damit auch die ganze Kolonie.

Noch lange unbesiegt blieb der St.-Lorenz-Strom. Zwar erkannten die Engländer bald, daß die Entwicklung des Landes von der Zähmung des Flusses und der Auswertung seiner Wasserkraft abhing. Aber nur Tollkühne wagten sich durch die Stromschnellen. Die Neusiedler versuchten, für ihre Kanus schmale

Kanäle zu bauen, um Klippen, Wasserstürze und Untiefen zu umgehen. Sie wurden jedoch durch die Überfälle der Irokesen und Huronen, die sie sich zu Todfeinden gemacht hatten, wieder zurückgedrängt. Auch ließ das harte Gestein eine Ausschachtung vielerorts nicht zu. Erst gegen Ende des 18. Jahrhunderts gelang es den Engländern, 5 Schleusen mit einer Wassertiefe von $3/4$ m um die Cascade-, die Cedar- und die Coteau-Stromschnellen, 40 km stromaufwärts von Montreal, zu errichten. Aber auch die flachsten Boote mußten immer noch um die Niagarafälle herumgetragen werden.

Welche Bedeutung der St.-Lorenz-Wasserstraße zwischen Kanada und den Vereinigten Staaten schon damals zugemessen wurde, zeigte der Bau des Erie-Kanals, der den Hudson mit dem Eriesee bei Buffalo verbindet. Zur Zeit der Errichtung des Erie-Kanals waren Buffalo und Cleveland (am Eriesee) unbedeutende Dörfer. Schon 1870 hatte Buffalo 117 000 Einwohner und verdreifachte seine Bevölkerungszahl bis 1900. (Heute mehr als 600 000.) Cleveland hatte 1900 fast 400 000 Einwohner und hat heute über 1 Million.

Kaum war der Erie-Kanal eröffnet worden, trat William Merrit mit dem Plan an die Öffentlichkeit, die Niagarafälle durch einen Kanal zu umgehen. Schon 1829 war der Bau des Merrit-Kanals mit seinen 40 Schleusenkammern beendet; sie konnten bereits von Lastkähnen und Segelschiffen passiert werden. 12 Jahre später mußte der Kanal vergrößert werden, und 1875 wurde mit dem Bau eines dritten Kanals für Schiffe bis zu 80 m Länge begonnen. Fast 20 Jahre (von 1913—1932) dauerte dann der Bau des heutigen (Welland-)Kanals, der nur mehr 8 Schleusenkammern hat. Zur Einfahrt in diesen Kanal wurde am Ontariosee ein künstlicher Hafen: Port Weller, errichtet.

Inzwischen hatten auch die kanadischen Städte am St. Lorenz bzw. dem Ontariosee: Quebeck, Montreal und Toronto, einen ungeahnten Aufschwung genommen. Quebeck, 1608 an der Stelle des Indianerdorfes Stadacone gegründet, wurde die Hauptstadt des französischen Kolonialreiches in Nordamerika und ist noch heute Mittelpunkt des kulturellen Lebens der Franko-Kanadier,

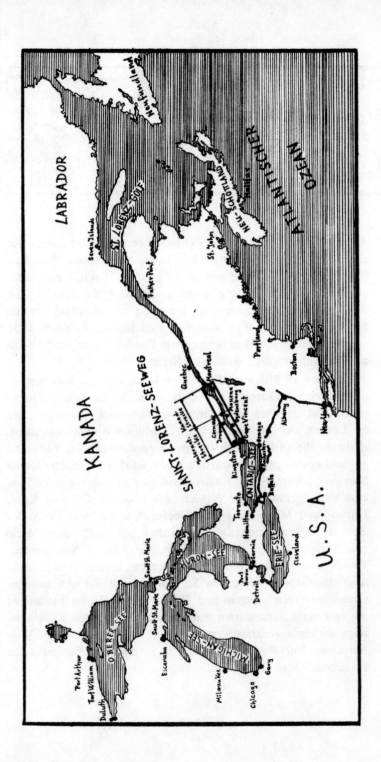

die zäh an ihrer Sprache und Lebensart festhalten. Montreal, auf einer riesigen Insel gelegen, hat heute mit seinen Vororten 2,2 Millionen Einwohner und ist zur größten Handels- und Industriestadt Kanadas herangewachsen. Toronto, das jährlich von 4000 Schiffen angelaufen wird, wetteifert mit Montreal um den Spitzenplatz in Kanadas Wirtschaft und Kultur. Zwischen 1951 und 1961 nahm die Bevölkerung von Groß-Toronto um 51% zu und erreicht jetzt die 2-Millionen-Grenze.

Von den 19 Millionen Kanadiern leben über 12 Millionen in den Provinzen Quebeck und Ontario in der St.-Lorenz-Stromsenke und zwischen dem Ontario-, Erie- und Huronsee. Der St. Lorenz, der ein Gebiet von 1,3 Millionen qkm entwässert, ist heute die verkehrsreichste Binnenwasserstraße der Erde und gewinnt noch weiter an Bedeutung. Seit an den Ufern des Oberen Sees große Kupfer- und Eisenvorkommen gefunden wurden, war eine Verlängerung dieser Wasserstraße über den Ontario-, Erie-, Huron- und Michigansee zum Oberen See nur eine Frage der Zeit. 1855 errichteten die Amerikaner bei Sault Sainte-Marie eine Schleusenanlage mit einer Tiefe von 3,50 m. Nun konnten 400-Tonnen-Frachter von dem Erzzentrum Duluth in Minnesota über die Großen Seen, den St. Lorenz und den Atlantischen Ozean nach den europäischen Häfen fahren. Heute bewältigen die mehrmals verbesserten Schleusen und vertieften Kanäle infolge der umfangreichen Verschiffungen von Eisenerzen und Weizen einen Verkehr, der den des Suez- und des Panamakanals zusammen übertrifft.

210

Wenn der St.-Lorenz-Strom zugefroren ist, entstehen auf ihm kleine Siedlungen. Jeden Winter errichten die Leute Hütten auf dem Eis, streichen sie in allen Farben an und geben den Gassen originelle Namen. Ihre Zeit verbringen sie hauptsächlich mit Fischen. Sie hacken Löcher ins Eis und hängen ihre Angeln hinein. Für die meisten ist das ein Sport, aber es gibt genug Familien, die davon leben müssen.

Hinter Quebeck, dort wo der Fluß immer breiter wird und zu beiden Seiten hohe Berge aufragen, kann man seltsame Luftspiegelungen erleben. Manchmal sieht man eine Insel in der Nähe, die in Wirklichkeit weit weg ist, oder einen riesigen Turm, ein kopfstehendes Dorf oder ein Schiff, das scheinbar die ganze Breite des Wassers einnimmt. So plastisch ist eine solche Fata Morgana, daß sie sogar erfahrene Schiffer täuscht.

*

Schon Anfang der 30er Jahre wollte Kanada den St.-Lorenz-Seeweg für Schiffe bis zu 25 000 Tonnen, also mit einem Tiefgang von 8,1 m, ausbauen. Dazu brauchte es die Mitarbeit der Vereinigten Staaten, denn der Fluß bildet auf lange Strecken die Grenze zwischen den beiden Staaten; sie teilen sich außerdem in den Besitz der Großen Seen. Der 1932 abgeschlossene Vertrag wurde jedoch vom amerikanischen Kongreß nicht gebilligt, weil die einflußreichen Eisenbahngesellschaften dagegen Stellung nahmen und Boston wie New York fürchteten, daß ihre Häfen von vielen Schiffen nicht mehr angelaufen würden. Erst als Kanada 1951 bekanntgab, es würde die Schiffahrtsstraße notfalls auch allein ausbauen, stimmte der US-Kongreß 1954 einem neuen Vertragswerk zu. Entscheidend dafür war die gemeinsame Ausnutzung der ungeheuren Wasserkräfte, vor allem der Grenzgewässer der Internationalen Stromschnellen; sie erstrecken sich östlich vom Ontariosee über 72 km bis zum St.-Francissee, der eigentlich nur eine Verbreiterung des St.-Lorenz-Stromes ist. Hier erbauten die Elektrizitätsbehörden von New York und Ontario die notwendigen Kraftwerke gemeinsam.

Die Bauarbeiten wurden im Herbst 1954 aufgenommen. Der Hauptabschnitt der neuen Strecke des Seeweges liegt bei Mont-

211

real, das mit dem Ostzipfel des Ontariosees durch eine 9 m tiefe Fahrrinne verbunden wurde. Den Höhenunterschied überwinden nun 7 große (statt früher 22 kleinere) Schleusen. Die Cartier-Brücke zwischen Montreal und dem Südufer des St. Lorenz wurde durch hydraulische Pressen um 15 m gehoben, ohne daß der Verkehr deshalb eingestellt werden mußte. Jetzt bleiben auch die Schornsteine von Ozeandampfern noch 3 m unter der Brückendecke.

In dem fast 50 km langen Abschnitt um die Lachine-Schnellen sind zwei Kanäle überflüssig geworden: der Lachine- und der Soulanges-Kanal. Der Lachine-Kanal umging die Stromschnellen im Norden und führte dabei mitten durch das Stadtzentrum von Montreal. Seit 1959 folgt der Seeweg in einem neuen Kanal dem Südufer des Flusses. Die Ausmaße der Schleusen betragen jetzt 217,93 m : 24,38 m : 8,22 m.

Bei Iroquois im internationalen Stromschnellen-Abschnitt führt ein neuer Kanal ganz über kanadisches Gebiet an dem Iroquois-Damm vorbei. Der neugeschaffene Stausee dient als Fahrrinne. Im Abschnitt der 1000 Inseln zwischen Ogdensburg bzw. Prescott und Kap Vincent bzw. Kingston mußten von den Amerikanern Felsen und Sandbänke entfernt werden, um eine Wassertiefe von 9 m zu erreichen. Der Schiffahrtsweg ist hier mindestens 150 m, zumeist aber mehr als 230 m breit.

Schwierigkeiten, Hindernisse, Probleme . . .

Besondere Probleme entstanden an zahlreichen Stellen, wo Straßen und Eisenbahnen den Seeweg kreuzen. Alle Brücken der Hauptstraßen wurden in hohen Bögen darüber hinweggeführt. Die Dreh- und Schwenkbrücken der Eisenbahnlinien wurden zu Hebebrücken umgebaut. Dabei wird das Hauptstück der Brücke zwischen den zwei Hebetürmen hochgehoben. Ebenso heikel waren die Probleme, mit denen man beim Bau der Schleusen fertig werden mußte. Zwischen Montreal und dem Ontariosee war ein Höhenunterschied von 68 m zu überwinden. Über eine Strecke von drei Kilometern mußte das Kanalbett aus Granit herausgesprengt werden. Dann stieß man auf so harten Sandstein, daß die Bohrer nach wenigen Stunden unbrauchbar wurden. Die Arbeiten wurden auch im Winter fortgeführt. Mit heißem Dampf verhinderte man das Einfrieren des Betons vor dem Erstarren.

Zugleich mit dem Ausbau des Schiffahrtsweges wurde die Wasserkraftnutzung enorm gesteigert. Außer dem bereits erwähnten Grenzkraftwerk erbaute man westlich von Cornwall (Ontario) eine Reihe von Staudämmen. Dadurch wurde der St. Lorenz zu einem 50 km langen See aufgestaut. Ein Kraftwerk mit einer Kapazität von fast 1,9 Millionen Kilowatt wurde hier 1958 fertiggestellt. Es liegt zur Hälfte auf kanadischem und zur anderen Hälfte auf nordamerikanischem Gebiet. Auch die erzeugte Energie wird zwischen Kanada und den USA im Verhältnis 50:50 aufgeteilt.

Für den Bau der 7 Schleusen wurden 40 Millionen cbm Erde bewegt und 14 Millionen cbm Geröll, Sand und Schlamm ausgebaggert. Die Kosten für den Ausbau des Seeweges betrugen 4,5 Milliarden DM; davon waren $1^3/_4$ Milliarden für die neuen Kanäle und 800 Millionen für zehn neue Brücken. Trotz so gewaltiger Leistungen waren zu keiner Zeit mehr als 22 000 Arbeiter an den weit auseinanderliegenden Baustellen beschäftigt — die Hauptarbeit leisteten Maschinen. Eine Million Touristen, die schon 1958 „das 8. Weltwunder" anstaunen wollten, wurden daher einigermaßen enttäuscht; sie sahen nicht viel mehr als an anderen großen Bauplätzen. Trotzdem war der Ausbau des St.-Lorenz-Seeweges eine der technischen Großtaten unseres Jahrhunderts. Als er am 26. Juni 1959 von Königin Elisabeth von England und Präsident Eisenhower eingeweiht wurde, nannte ihn die Presse ein Wunderwerk, bei dessen Errichtung alle Rekorde gebrochen wurden, die beim Bau des Suez- und des Panamakanals aufgestellt worden waren.

Der Umfang der beförderten Güter auf dem erweiterten Seeweg ist schnell von 13 Millionen Tonnen jährlich auf 25 Millionen Tonnen gestiegen. Die Gebühren für seine Benutzung sind nach einer jährlichen Gütermenge von 50 Millionen Tonnen berechnet worden. Sie betragen von Montreal bis zum Eriesee 24 Pfennige Grundgebühr pro Tonne. Für 1 Tonne Massengüter (Getreide, Erze, Schrott, Holz etc.) werden 1,70 DM und für 1 Tonne sonstiger Güter rd. 4 DM berechnet. Verglichen mit den Abgaben beim Passieren des Panama- und des Suezkanals sind die Gebühren für Massengüter auf dem neuen Schiffahrtsweg beträchtlich niedriger. So wird der Transport von 1 Bushel Getreide (= 36,37 l) um etwa 20 Pfennige verbilligt. Aber auch bei der Ein- und Ausfuhr von Automobilen wird eine Verbilligung um 300—400 DM pro Wagen erzielt. Und der Strom von den St.-Lorenz-Kraftwerken ist um 42% billiger als die thermische Elektrizität, mit der die meisten Industrieanlagen bisher gespeist worden waren. Auf Grund dieser Vorteile mußte auch New York eine Ermäßigung seiner Verschiffungstarife für Getreide und Bauxit um 20—25% zugestehen. Der einzige Nachteil des Seewegs: Er kann während der vier Wintermonate wegen Vereisung nicht benutzt werden. Um in dieser Zeit trotzdem Getreideverschiffungen durchzuführen, werden am St. Lorenz riesige Silos errichtet.

An den Großen Seen bauen die Städte ihre Hafenanlagen stark aus. In Chicago ist am Calumet-Fluß ein Hochseehafen entstanden. Auch Toronto, Buffalo, Cleveland, Detroit, Milwaukee und Duluth (der nach New York zweitgrößte Hafen der USA) haben nun eine direkte Verbindung zu den Weltmeeren. So ist es nur wenig übertrieben, wenn die Amerikaner und Kanadier den St.-Lorenz-Seeweg „das achte Weltmeer" nennen und stolz verkünden: „Wir sind der einzige Erdteil, dessen Mitte man mit Ozeandampfern erreichen kann."

Brasilia - Hauptstadt aus der Retorte

Als Juscelino Kubitschek im Jahre 1956 die Wahl zum Präsidenten Brasiliens gewonnen hatte, erklärte er: „Ich werde das Land während meiner Amtszeit um 50 Jahre voranbringen, und als erstes werde ich eine neue Hauptstadt bauen: Brasilia." In Rio de Janeiro nahm man diese Ankündigung nicht ernst. Seit Brasilien 1822 unabhängig geworden war, träumte man davon, dem riesigen Reich von $8^1/_2$ Millionen qkm ein richtiges Zentrum zu geben. Der Norden und Westen des Landes waren ja von Rio durch Entfernungen zwischen 2000 und 3000 Kilometern und scheinbar undurchdringliche Wildnis getrennt. Man mußte einen besseren Platz finden und von da aus die menschenleeren Gebiete erschließen. Ein Land konnte nicht nur von seinen Küstenprovinzen leben.

Als Brasilien Republik geworden war, wurde die Verpflichtung, die Hauptstadt von Rio ins Innere zu verlegen, 1891 in die Verfassung aufgenommen. Aber es blieb ein Lippenbekenntnis, und auch von Kubitschek hieß es, er wiederhole es nur wie jeder Präsident vor ihm. Aber Kubitschek, dessen Großvater aus dem alten Österreich nach Brasilien gekommen war, hatte schon als Bürgermeister von Belo Horizonte gezeigt, wie man schwierige Probleme anpackt. Ursprünglich Arzt, hatte er während seiner 5jährigen Amtstätigkeit die Stadt zu einer der schönsten und modernsten von ganz Südamerika gemacht. Später, als Gouverneur von Minas Gerais, hatte er diesen volkreichen Staat weitgehend industrialisiert und die Korruption eingedämmt.

„Er ist imstande und schafft es", meinten die Brasilianer, halb hoffnungsfreudig, halb besorgt, als Kubitschek 1956 mit ausländischen Krediten von einer Weltreise zurückkam. Und wirklich gelang es ihm, den Kongreß für die Verlegung der Hauptstadt auf das 1200 m hohe Plateau von Goias zu gewinnen. Sogleich beauftragte er seinen Freund Oscar Niemeyer, den Stadtplan zu entwerfen.

Niemeyer, der sich unter Le Corbusier*) und Lucio Costa als Baumeister ausgezeichnet hatte, veranlaßte Kubitschek, einen Wettbewerb auszuschreiben, den sein Lehrmeister Costa gewann. Das war gerade, was Niemeyer gewollt hatte: Er selbst entwirft lieber Bauten, deren kühne Formung schon ins 3. Jahrtausend

---

*) Französisch-schweizerischer Architekt (1887—1966), der die Baukunst revolutionierte.

weisen. Walter Gropius, der Gründer des Staatlichen Bauhauses in Weimar und Dessau, nannte Niemeyers Projekte tropische Phantasien. Er habe aber seinen Platz unter den großen Stilkünstlern des Bauwesens.

Bevor noch ein Spatenstich in Brasilia getan war, wurde ein Flugplatz angelegt, um Menschen, Maschinen und Baustoffe zu landen. Denn Eisenbahnverbindungen gab es keine, und erst 1960 fraßen sich die Straßen langsam an Brasilia heran. Mittlerweile hatte Costa schon eine Botschaftsallee angelegt, die zwischen einem Stausee auf der einen und Knieholz auf der anderen Seite verläuft. Alle hundert Meter waren Schilder mit den Namen fremder Staaten angebracht. Dazu erklärte Costa: „Wir wollen, daß hier die besten Architekten aller Länder die Botschaftsgebäude ihrer Regierungen errichten."

Der Grundriß von Brasilia ist von Costa in Form eines Kreuzes entworfen worden. Manche wollen darin auch ein Flugzeug sehen, dessen Kanzel in den Stausee zielt, an den sich die Stadt anlehnt. Der Rumpf dieses Flugzeuges sei die 500 m breite Nord-Süd-Straße, seine Schwingen die Ost-West-Achse, an der die großen Wohnblöcke in ihrer einförmigen Monumentalität stehen. Alle Straßen sind durch Unterführungen kreuzungsfrei und werden von Fußgängerwegen begleitet. Die einzelnen Viertel in Brasilia: das Regierungs-, Diplomaten-, Banken-, Geschäfts-, Wohn-, Kultur- und Vergnügungsviertel, sind voneinander getrennt und werden durch Parkanlagen und große Grasflächen aufgelockert. Costa ließ allein 600 000 Bäume anpflanzen.

Großartig, komisch oder verrückt?

Während Costa, nachdem er den Plan entworfen hatte, nur selten nach Brasilia flog, übersiedelte Niemeyer schon, als dort erst Baracken standen. Unter seiner Leitung entstanden jene öffentlichen Bauten, die die einen als großartig und überwältigend, die anderen als bizarr oder komisch und die dritten als verrückt bezeichnen. Die eindrucksvollsten stehen auf dem „Platz der Drei Gewalten": Die Residenz des Präsidenten, Palast der

Morgenröte genannt, mit der Schneckenhaus-Kirche; die helmartige Kuppel der Abgeordnetenkammer und ihr aufgestülptes Gegenstück: die Schale des Senatsgebäudes; das Justizministerium und, zum Kulturzentrum überleitend, die Kathedrale mit dem kühnen Aufschwung ihrer Spannbetonträger. Ihre Spitzen, die das Kirchendach tragen, sollen den Eindruck einer Dornenkrone vermitteln.

„Ich bin für eine fast unbegrenzte plastische Freiheit", erklärte Niemeyer, als er Fragen der modernen Architektur besprach und sein Bild von Brasilia verteidigte. „Diese Freiheit soll von den Bildhauern und Architekten so ausgenutzt werden, daß sie neuartige, aber schöne Formen schaffen, daß sie schöpferische Ideen verwirklichen. Natürlich darf diese Freiheit nicht mißbraucht oder am falschen Objekt demonstriert werden. Bei Städteplanungen bin ich insofern für eine Begrenzung der architekto-

217

nischen Freiheit, als die Einheit und Harmonie des Gesamtbildes den Vorzug vor noch so originellen Schöpfungen haben muß. In der modernen freien Architektur kann sich der Geist des Baumeisters mit dem Geist seiner Epoche decken. Das geistige Prinzip, das seinem Werk zugrunde liegt, kann aber auch in die Zukunft weisen, d. h. der Geist von morgen sein.

Was Brasilia betrifft, soll sich die Stadt keinesfalls disharmonisch ausdehnen oder sich in häßlichen Vorortvierteln verlieren. Bei den Staatspalästen war es meine Idee, keinesfalls die üblichen Querschnitte, nämlich runde oder viereckige Säulen, anzubringen, sondern Formen zu suchen, die diesen Palästen bei aller Monumentalität eine schwebende Leichtigkeit geben. Und wirklich versichert man mir, daß sie wie ‚frei vom Boden‘ oder nur ‚sanft aufgesetzt‘ wirken. Das rechtfertigt wohl die neuen Formen und spitzen Enden. Diese Paläste stellen eine Verbindung zu der alten Kolonialarchitektur Brasiliens her. Auch damals verstand man es, nur mit anderen Mitteln, Gebäude zu errichten, die, besonders bei Nacht, wie über der Hochebene aufgehängt erschienen."

Nirgendwo sonst in der Welt sind so zwingend moderne Entwürfe wie in Brasilia verwirklicht worden. Auf den ersten Blick erscheinen sie für viele befremdlich, aber der Besucher wird schnell vertraut mit ihnen, bis er sich angesichts der Bühne, auf der sie stehen, keine andere Lösung mehr vorstellen kann. Niemeyers Bauten sind geometrisch und doch hochkünstlerisch, sie sind monumental und doch einfach. Viele seiner Gebäude stehen auf Pfeilern, andere werden durch Ketten von Betongirlanden umfaßt. Aber diese Bauweise wird nie zur Manie, immer fällt Niemeyer etwas Besonderes ein, und das Besondere ist nie gekünstelt.

Niemeyer hat deutsche Vorfahren. Aber schon sein Urgroßvater und sein Großvater waren Stadtbaumeister in Rio. Trotzdem erwachte seine Neigung zur Architektur erst, als er zweiundzwanzig war. Die Abschlußprüfung in der Hochschule der Schönen Künste von Rio bestand er nur mit Mühe. Dann war er lange im Banne Le Corbusiers, dessen Ideen ihn faszinierten. Mit

Costa entwarf er den brasilianischen Pavillon für die Pariser Weltausstellung 1937. Seine erste selbständige Arbeit war der Aufbau von Pampulha, einem Vorort von Belo Horizonte. Hier schuf er eine so moderne Kirche, daß sich der Bischof 15 Jahre lang weigerte, diesen „Getreidesilo" einzuweihen. Für zeitbewußte Architekten sprengte aber gerade dieses Werk die starren Formen und Wiederholungen sakraler Bauten. Niemeyer wurde in den Architektenstab berufen, der den UN-Palast in New York projektierte, und hauptsächlich waren es seine Entwürfe, die dem Bau des Bienenwaben-Wolkenkratzers zugrunde gelegt wurden.

Der gehetzte Präsident

Juscelino Kubitschek wußte, daß seine Hauptstadt vor Ablauf seiner Amtszeit fertig sein mußte; sonst, so fürchtete er, würde sie nie zu Ende gebaut werden. Den Gegnern seines Projekts hielt er vor, daß Brasilien auf die Dauer nicht von $1/10$ seines Landes leben könne. Der unerschöpfliche Reichtum seines Bodens müsse durch die Öffnung der Landesmitte erschlossen werden. Ihm schwebte sogar die Besiedlung und spätere Industrialisierung des Matto Grosso vor, jenes scheinbar undurchdringlichen „Grossen Waldes", in dem ungeheure Wasserkräfte, Erz- und Erdöllager vorhanden sind. „Rio de Janeiro", so führte Kubitschek aus, „gehört gewiß zu den schönsten Städten der Welt. Infolge der unmittelbar aus dem Meer aufsteigenden Gebirgszüge kann es sich aber kaum mehr ausdehnen; schon jetzt ist es mit seinen mehr als $2^1/2$ Millionen Einwohnern verstopft. Unsere Zukunft", so betonte Kubitschek immer wieder, „liegt in den ungeheuren Weiten des Nordens und Westens. Brasilia wird das Tor sein, das zu ihren ungehobenen Schätzen führt."

Der Verfassung zufolge könnte Kubitschek frühestens 1965 wiedergewählt werden. Wer wußte denn, wie seine Nachfolger über Brasilia dachten? Das Land stöhnte ja schon unter der Last der Ausgaben für die Hauptstadt, die einmal einer halben Million Menschen Heimat sein sollte. 1959 gab Kubitschek die bisher entstandenen Kosten für Brasilia mit 300 Millionen Mark an; aber wahrscheinlich waren sie vier- bis fünfmal höher.

40 000 Arbeiter, die in der Wildnis zunächst nur notdürftig untergebracht werden konnten, hatten die ersten Bauten in einem geradezu halsbrecherischen Tempo vorangetrieben. So kam es Anfang April 1960 zu dem größten Umzug der Geschichte, als 20 000 Beamte und ihre Familien mit allem Hausrat von Rio nach Brasilia geflogen wurden. Am 21. April 1960 wurde Brasilia bei einer Beteiligung von 200 000 Menschen provisorisch eingeweiht. Ein rauschendes Volksfest schloß sich an die Kardinalsmesse und die feierliche Proklamation zur Hauptstadt an.

Aber kaum war Kubitschek aus dem Amt, ließ sein Nachfolger Quadros, der weltfremden Ideen nachhing, in Brasilia die Zügel schleifen. Außerdem war kein Geld mehr da zum Weiterbauen. Auch Quadros' Nachfolger, Präsident Goulart, führte Brasilien weiter in die Inflation. Als er durch einen Offiziersputsch gestürzt und General Branco Präsident wurde, beraubte man Kubitschek seiner politischen Rechte. Im New Yorker Exil lebend, wartet er auf die Wiederherstellung demokratischer Verhältnisse in seiner Heimat. Hier würde man ihm, wenn er zurückkehren wollte, wegen Verschwendung von Staatsgeldern sofort den Prozeß machen. Tatsächlich sind manche Vorwürfe gegen ihn nicht unbegründet. So genial Costas und Niemeyers Ideen waren, führte das überstürzte Bautempo doch zu allerlei Mängeln. Die bedeutenden Entfernungen zwischen den einzelnen Vierteln und gar bis zum Flugplatz erfordern ein ausgebautes Verkehrsnetz. Das ist bis heute nicht vorhanden. Manche Gebäude müssen, da sie zu hastig erstellt wurden, schon wieder ausgebessert werden. Und da die Wege und die Flächen um die Wohnblocks herum nur zum geringen Teil asphaltiert sind, leidet die neue Hauptstadt unter einer Staubplage.

Aus der ersten Siedlung von Holzhäusern, die Cidade Livre, sind Elendsquartiere geworden, wie sie alle südamerikanischen Städte haben. Aber gerade das wollte man in Brasilia und seiner Umgebung unter allen Umständen vermeiden. In der Cidade Livre gibt es auch keine Kanalisation und keine Müllabfuhr. In Brasilia selbst ist die Beleuchtung noch unzulänglich, und die privaten Bauten, die inzwischen errichtet wurden, stehen oft in einem erschreckenden Gegensatz zu Niemeyers Schöpfungen.

Bevor Brasilia zu einer Stadt zusammenwächst, wie sie Kubitschek und seinen Helfern vorschwebte, mag es noch Jahrzehnte dauern. Erst dann wird es „das Mal in der Geschichte der Menschheit sein, das über einem neuen Zeitalter leuchtet". Schon heute aber zeigt das Beispiel Brasilia, welche gewaltigen Vorhaben der Mensch im Frieden verwirklichen kann, wenn sein Geist und seine Mittel nicht von einem bürokratischen Reglement gehemmt werden.

McMurdo - Stadt in der Antarktis

Am 3. November 1911 marschierte der englische Kapitän Robert Scott mit vier Begleitern von der Hut-Point-Bucht im McMurdo-Sund zum Südpol. Als er ihn am 18. Januar 1912 erreichte, fand er dort die norwegische Flagge. Der große Roald Amundsen war ihm um vier Wochen zuvorgekommen. Scott erreichte die Hütte seiner Ausgangsbasis nicht mehr. 17½ km von seinem Vorratslager entfernt, erfror er in seinem Zelt.

35 Jahre später stieß Konteradmiral Cruzen von der Byrd-Expedition auf Scotts Winterlager. Alles sah aus, als sei es eben erst hergeschafft worden. Die Bretter der Hütte schienen frisch aus dem Sägewerk gekommen zu sein, die Nägel wiesen keinen einzigen Rostfleck auf. Und da stand ja auch Scotts Schlittenhund! „Es war, als blicke er mir aufmerksam entgegen", erzählte Cruzen. „Erst als ich näherkam, merkte ich, daß er tot war — erfroren im arktischen Winter 1912. Dann machte ich die Fleischbüchsen auf, die ich in der Hütte fand und kostete von Scotts Zwieback; es schmeckte nicht schlechter als andere Konservennahrung, die Kälte hatte alles frisch gehalten."

Heute liegt hier, in der McMurdo-Bucht, die südlichste Stadt der Welt mit einer Bevölkerung von knapp tausend Männern im

Sommer und zweihundert im Winter. Diese Hauptstation der Amerikaner in der Antarktis besteht aus 75 vorfabrizierten Unterkünften, einem atomaren Kraftwerk vor der Siedlung, riesigen Tanks für Flugbenzin und Dieselöl sowie Dutzenden Raupenschleppern, Lastwagen und Baggern. Seit 1964 gibt es in McMurdo auch eine Schotterstraße und einen Quai; ihn haben amerikanische Pioniersoldaten aus dem gefrorenen Boden herausgesprengt.

Wenn sich der Eisbrecher „Glacier" durch die zugefrorene Ross-See zwängt und am Pier anlegt, herrscht in der amerikanischen Polarbasis für kurze Zeit Jahrmarktstreiben. Könnten die Helden der Antarktis, Nordenskjöld, Shackleton, Amundsen, Scott und Admiral Byrd, heute in McMurdo einkehren, sie würden die Siedlung als das größte Wunder des Jahrhunderts anstaunen. Ungläubig würden sie die elektrisch-geheizten Baracken betrachten, in denen kaltes und warmes Wasser fließt, die Kühlräume, wo die Lebensmittel vor dem Einfrieren geschützt sind, und die Kegelbahn, wo auch hier alle Neune fallen. Den unterirdischen Blumengarten würden sie für Zauberwerk halten, und wenn dann aus einer Musiktruhe die letzten Schlager ertönen oder auf der Leinwand des Polarkinos ein Südseefilm zu flimmern beginnt, würden sie zu träumen glauben. Den Atomreaktor, der mit einer einzigen Ladung Uranbrennstoff zwei Jahre lang Energie liefert, müßte man ihnen genau erklären. Aber in der Zeitung, der „McMurdo Sometimes", könnten sie nachlesen, wie sich alles entwickelt hat.

Rückkehr nach 50 Jahren

Eines Tages kam wirklich ein Begleiter Scotts nach McMurdo. Nach 50 Jahren kehrte er in das Lager seines ehemaligen Kommandanten zurück. Das war (Sir) Charles Wright, er hatte vor einem halben Jahrhundert die Scottsche Expedition mitgemacht, war aber als Standortwache in der Bucht zurückgelassen worden. Trotz seines Alters hatte er den Flug von London über Neuseeland nach Kap Evans nicht gescheut. Als er die halbvereiste Hütte betrat und einen Gegenstand nach dem anderen in die Hand nahm, waren seine Augen hinter der Brille tränenblind. Auch Olav Bjaaland, ein Begleiter Amundsens, kehrte nach 50 Jahren noch einmal in einem Flugzeug der amerikanischen Marine zum Südpol zurück.

McMurdo war Mitte der fünfziger Jahre von den Amerikanern als Forschungsstation für das Internationale Geophysikalische Jahr 1957/58 gegründet worden; danach sollte es wieder im ewigen Schnee und Eis versinken. Die wissenschaftliche Ausbeute war jedoch so groß, daß die USA ihren antarktischen Stützpunkt immer weiter ausbauten. Noch kurz vor seinem Tode hatte Admiral Byrd eindringlich auf die strategische Bedeutung des 6. Erdteils und auf die Schätze hingewiesen, die man eines Tages hier würde heben können. „Diese scheinbar nutzlose Eiswüste", so schrieb er, „ist in Wahrheit eine Schatzkammer voll märchenhafter Reichtümer." Ein gewaltiges Kohlenlager, 333 km vom Südpol entfernt, aber auch Mineral- und Goldvorkommen würden die Ausbeute lohnen.

Mit seinen 13,1 Millionen qkm ist der antarktische Kontinent um fast ein Drittel größer als Europa. Ein Eispanzer, der um den Südpol rd. 2500 m dick ist, umgibt ihn. An den Rändern der Antarktis fließt das Eis in Gletschern ab oder schiebt sich, wie im Ross-Meer und dem Wedell-Meer, als Schelfeis ins Meer vor. Das strenge Klima (die Durchschnittstemperatur im Winter ist —35°) wird durch Schneestürme noch verschärft. Es sind schon Windgeschwindigkeiten von mehr als 300 Stundenkilometern gemessen worden. Die Besatzung der russischen Station Wostok auf dem polaren Plateau, dem sogenannten „Pol der Unzugänglichkeit", überstand 1960 den kältesten Tag mit einer Temperatur von —88,3°.

Und doch ist dieser gnadenlose Erdteil auch voller Geheimnisse und Schönheiten. Er ist das gesündeste Land — ohne Schimmel, Fäulnis, Rost und Bakterien. In seiner fast unirdischen Stille läuten die Eiskristalle wie zahllose Glöckchen. In die Kristallwölkchen, die sich beim Ausatmen bilden, zaubert das Sonnenlicht Regenbögen. Wenn der Wind den körnigen Schnee auf- und

14*

herumwirbelt, entstehen infolge der statischen Elektrizität Irrlichter, die wie Flammengeister herumhüpfen. Durch eine seltsame Brechung des Lichtes sieht man plötzlich Schiffe „kopfüber" durch die Wolken fahren — in Wirklichkeit sind sie weit draußen im Meer. An manchen Tagen geht die Sonne scheinbar beliebig oft auf und unter. Ja, sogar in der langen Polarnacht kann plötzlich ihr Spiegelbild erscheinen. Auch sieht man, wenn man Glück hat, Landschaftsbilder, die wie riesige Gemälde zwischen dem Schnee und den Wolken hängen. Oft hört man Explosionen, als wären Sprengungen im Gange; sie rühren von aufspringenden Gletscherspalten her. In der sonnenlosen Zeit zuckt das Südlicht gelb und grün über den Nachthimmel. In makelloser Klarheit ragen über 4000 m hohe Gipfel in den Himmel. Bläulich schimmernde Gletscher, ein Gebirge aus blankgefegtem Marmor, ja, sogar ein rauchender Vulkan türmen sich über dem grenzenlosen Schneeteppich auf.

*

Die Amerikaner werfen jährlich 30 Millionen Dollar für ihr antarktisches Forschungsprogramm aus. Nicht umsonst hat man die Antarktis ein Tor zum Weltraum genannt. Hier erforschen die Physiker die Hochatmosphäre. Nach den Ergebnissen ihrer Messungen konnten sie die Raumfahrer vor einem tödlichen Strahlengürtel warnen. Die Antarktis ist aber auch die Wetterküche für die südliche Erdhalbkugel. Wenn sich die antarktischen Tiefs mit ihren verheerenden Stürmen zusammenbrauen, gehen die Meldungen von McMurdo und vom Südpol aus in alle Welt.

Auch das Problem, ob der Eispanzer an Stärke zunimmt oder im Gegenteil allmählich abschmilzt, ist noch ungelöst. Schon eine verhältnismäßig geringe Erwärmung der Antarktis würde den Spiegel der Weltmeere heben und so zu einer Überflutung der meisten Küstenstädte führen. 72 m hoch würde der Wasserspiegel ansteigen, wenn der Eispanzer völlig abschmölze.

Die Klimageschichte der Antarktis wird von den Wissenschaftlern durch die Untersuchung von Schneeproben aufgeblättert. Wie festgestellt wurde, haben sich Firnblöcke in 45 m Tiefe vor

200 Jahren gebildet — es mag noch eine Weile dauern, ehe man auf Schnee aus der Zeit Karls des Großen stößt. Vor Jahrmillionen hatte die Antarktis tropisches Klima. Das beweisen die versteinerten Überreste von Tieren und Pflanzen. An einigen Stellen fand man versteinertes Holz, dessen Alter auf 270 Millionen Jahre geschätzt wird. Heute leben nur Pinguine, Robben und Polarmöwen auf und über dem antarktischen Kontinent. Die Zahl der Robben wird mit ca. 4 Millionen Stück angegeben. Und es gibt 60 Arten von Insekten in der Antarktis! Sie beginnen zu leben, wenn die Sonne sie aufweckt, d. h. die Temperatur den Nullpunkt übersteigt. Die Kälte tötet sie nicht, sondern versetzt sie in einen Zustand der Starre, der Jahrzehnte andauern kann. Wenn die Insekten angehaucht werden, erwachen sie sofort zum Leben. In den eisigen Südpolarmeeren kommen Milliarden Tonnen mikroskopisch kleiner Tiere und Pflanzen vor, die den Walfischen und Tümmlern als Nahrung dienen. Kieselalgen können sogar in Eisklumpen leben.

*

Trotz aller vorgetäuschten Bequemlichkeit bestehen die Polarforscher auch heute noch das Abenteuer Antarktis unter Einsatz ihres Lebens. Admiral Byrd hatte auf seiner zweiten Südpolexpedition 1934 viereinhalb Monate allein auf einer Beobachtungsstation verbracht. „Daß ich den Polarwinter überstand, ohne gemütskrank zu werden, war ein Mirakel", gab er später zu. Heute mutet man solche Alleingänge keinem mehr zu, ja, es ist den Wissenschaftlern verboten, allein auch nur „vors Haus" zu gehen. Es sind schon Männer, die sich nur die Füße vertreten wollten, in die Irre gegangen; in nächster Nähe des Lagers konnten sie nicht mehr zurückfinden. Dazu trägt eine der schlimmsten Erscheinungen in der Antarktis, das verschwimmende Licht, bei — „whiteout" nennen es die Amerikaner. Zwischen einer weißen Wolkendecke und der schimmernden Schneelandschaft wird das Licht hin- und herreflektiert, so daß alle Konturen, Kontraste und Schatten verschwinden. Dann sieht man weder Himmel noch Erde, und der Spaziergänger, der scheinbar keinen Boden mehr unter den Füßen hat, taumelt wie ein Betrunkener einher.

225

Gewiß, die Gefahren sind geringer geworden, seit Suchgeräte zum Aufspüren von Gletscherspalten, „eine Schutzkleidung, in der es immer warm ist", mit Thermalstiefeln und Gesichtsmasken, und vieles mehr entwickelt wurden. Auch muß jeder Polarfahrer einen Kurs bestehen „Wie überlebe ich in der Antarktis?" Als kürzlich eine Maschine notlanden mußte und zu Bruch ging, gruben sich die Männer sofort in den Schnee ein, sägten ein paar Eisplatten aus und legten sie als Dach über ihre Grube. Erst dann funkten sie um Hilfe. Nach zehn Tagen wurden sie gerettet — keiner hatte ernsthafte gesundheitliche Schäden erlitten.

Aber daß Kettenfahrzeuge oder Traktoren durch Schneebrücken brechen, wird wohl nie verhindert werden können. Auch Flugzeugunfälle wird es immer wieder geben. Als eine Globemaster im Tiefflug in eine Schneewächte raste, kostete das sechs Männern das Leben. Am Südpol stellen die Piloten die Motore ihrer Maschinen gar nicht ab; das Wiederauftauen nähme zuviel Zeit in Anspruch und gelingt auch nicht immer. So mancher kostspielige Düsenriese ist schon in der Schneewüste der Antarktis versunken.

*

Im Geophysikalischen Jahr hat sich unter den Nationen eine Kameradschaft bewährt, wie sie bisher nicht bestand. Die Mitglieder der Antarktis-Expedition hatten Zutritt zu allen Lagern, tauschten ihre Erfahrungen miteinander aus, und wenn in einer Station ein Instrument oder Gerät ausfiel, kam ihr sofort eine andere Mannschaft zu Hilfe. Es war ein Gemeinschaftsunternehmen von Forschern aus 39 Ländern. Nicht zuletzt diese Kameradschaft war es, die 1959 zum Abschluß des Antarktisvertrages führte. Darin verpflichteten sich zwölf Nationen, die Antarktis ausschließlich wissenschaftlichen Zwecken vorzubehalten — zunächst für 30 Jahre. Aber es besteht kein Zweifel daran, daß der Vertrag verlängert wird. Ursprünglich wollten die Russen keine territorialen Ansprüche anerkennen, bevor ihre eigenen nicht garantiert worden waren; aber es gab auch zwischen den USA und Argentinien, ja, sogar zwischen England, Neuseeland und Australien Spannungen. Nun ruhen bis 1989 alle Ansprüche,

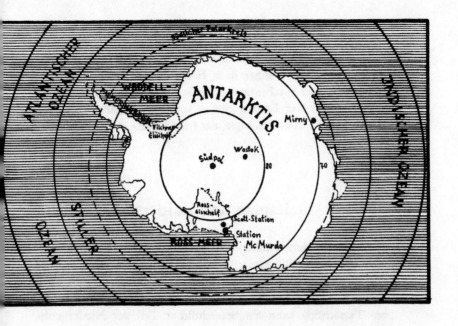

und keine Nation darf in den Südpolgebieten radioaktive Abfälle deponieren oder gar Atombomben zünden. Die zwölf Vertragsstaaten unterhalten heute 40 größere und kleinere Stationen in der Antarktis.

Der amerikanische Stützpunkt am Südpol „Amundsen-Scott" ist 1360 km von McMurdo entfernt. Hier, am 180. Längengrad, ist die Internationale Datumsgrenze, wo man von Heute ins Gestern oder ins Morgen läuft. In ein paar Sekunden kann man da um die Erde gehen. Wer Freitag startet, ist am Samstag nur wenige Schritte weiter und kehrt am Freitag wieder zu seinem Ausgangspunkt zurück. 6 Monate lang steht die Sonne immer gleich hoch über dem Horizont, bis sie für 6 Monate ganz verschwindet.

Der Stützpunkt am Pol liegt 3200 m hoch und besteht aus 8 Hütten; sie befinden sich in überdeckten Eistunneln. Da die Meßinstrumente über den Schnee hinausragen, ihre Skalen aber in den Tunneln sind, können die Wissenschaftler auch bei dem

227

stärksten Blizzard arbeiten. 40 Forscher sind hier im Sommer stationiert, auch im Winter sinkt ihre Zahl nicht mehr unter zwanzig. Sie haben alle Bequemlichkeiten, die ihnen die Zivilisation bieten kann — sogar nach Hause telefonieren können sie regelmäßig. Und ein Postamt befördert ihre Briefe so rasch wie in der Heimat. Nur Frauen gibt es keine. Die Antarktis ist, wie Admiral Byrd sarkastisch sagte, der friedlichste Ort der Welt.

Deltaplan und Zuidersee

Seit Jahrhunderten kämpft Holland gegen das Meer, kämpft um Wasser, um Süßwasser. „Andere Völker arbeiten, um zu essen — die Holländer müssen erst schauen, wie sie ihre Füße trocken halten", sagen die Nachbarn dieser tapferen kleinen Nation. Tatsächlich kann ein beträchtlicher Teil der Niederlande, deren tiefste Stellen $6^1/2$ m unter dem Meeresspiegel liegen, nur dank der Kunst ihrer Techniker und Wasserbauingenieure und dank ungeheurer Arbeitsleistungen einer Armee von freiwilligen und bezahlten Helfern erhalten werden. Zudem haben aber die Holländer durch die teilweise Trockenlegung der Zuidersee und die stufenweise Verwirklichung des Deltaplanes der Nordsee über $1/2$ Million Hektar Boden abgerungen, das ist rd. ein Sechstel der Fläche des ganzen Landes. Damit verglichen, rückt die Landgewinnung anderer Völker aus Sümpfen, Wüsten und Dschungeln in den Hintergrund, sogar die Trockenlegung der Pontinischen Sümpfe*), die Urbarmachung des Großen Salzseetales*) und kalifornischer Wüstengebiete* wie auch der Hungersteppe im Süden Sowjetrußlands*). Nur wenn es den Israelis gelänge, die Wüste Negev*) fruchtbar zu machen, wäre etwas Ähnliches vollbracht. Nicht unberechtigt hat ein französischer Schriftsteller geschrieben: „Dieu a créé le monde à l'exception de la Hollande qui est l'oeuvre des Hollandais" — Gott hat die Welt ge-

---

*) Siehe Roderich Menzel „Adam schuf die Erde neu", Econ Verlag, Düsseldorf.

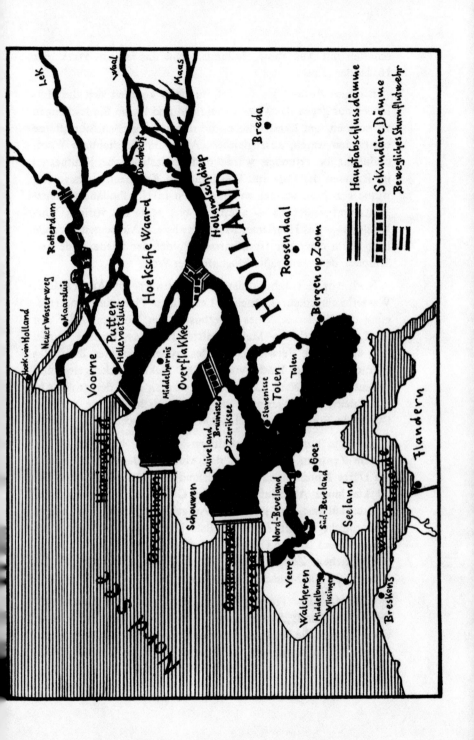

schaffen mit Ausnahme Hollands, denn das ist ein Werk der Holländer selbst.

Bis zum Beginn des 17. Jahrhunderts konnten sich die Holländer nur gegen das Meer verteidigen und kleine Eindeichungen vornehmen, um Landverluste, die durch die großen Sturmfluten entstanden waren, auszugleichen. Als dann die drehbare Windmühlenhaube erfunden wurde und niederländische Kaufherren im Rahmen der Ost- und Westindischen Kompanien riesige Gewinne erzielten, wurden mehrere Seen in Nordholland trockengelegt und schließlich — allerdings erst Mitte des vorigen Jahrhunderts — das Haarlemer Meer entwässert. Auf seinem Grunde liegt heute einer der fruchtbarsten Polder der Niederlande und Schiphol, der zweitgrößte Flughafen der Welt.

Noch vor der Jahrhundertwende entwarf der Amsterdamer Wasserbauingenieur Cornelius Lely einen Plan zur Trockenlegung der Zuidersee, eines Meerbusens der Nordsee. Aber erst als Lely zum dritten Male Minister für Wasserbauten wurde, ging man an die Verwirklichung des großen Projektes, durch das 5 Polder mit einer Fläche von 220 000 Hektar trockengelegt und bebaut wurden. Nach Lelys Plänen wurden auch der große Abschlußdeich von Wieringen bis zur friesischen Küste und ein Deich von Nordholland zur Insel Wieringen geschaffen.

Mit dem nun süßwasserhaltigen Ysselsee hat Holland in seinem Zentrum ein Becken, das, von den Gezeiten unberührt, bei Dürre Nordholland und Friesland mit Wasser versorgt. Der 30 km lange Abschlußdeich, eine Gipfelleistung holländischer Wasserbaukunst, hat jetzt die Aufgabe der 300 km langen Schutzdeiche an der Zuiderseeküste übernommen. In der Mitte des Ysselsees ist eine (Süß-) Wasserfläche von 120 000 ha erhalten geblieben. Zentrum aller 5 Polder wird Lelystadt, wo bis 1985 rd. 30 000 Menschen wohnen werden.

Während die Trockenlegung der Polder „Markerwaard" (60 000 ha) und „Südflevoland" (44 000 ha) noch vorbereitet wurde, gingen die Holländer an eine noch größere Aufgabe heran. Mit einem Aufwand von 3 Milliarden Gulden sind sie dabei,

230

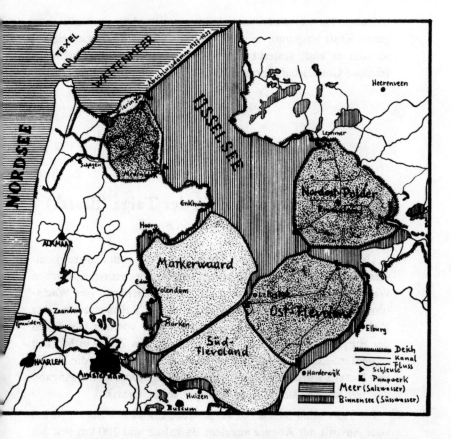

vier Meeresarme der Nordsee, nämlich Haringvliet, das Brou-
wershaven-Gat, die Oosterschelde und das Veersche Gat, durch
Dämme abzusperren. Damit wird die Küstenlinie der Niederlande um 700 km verkürzt und die Gefahr von Überschwemmungen bei Sturmfluten gebannt. Man rechnet damit, daß die Arbeiten bis 1985 abgeschlossen sein werden. Und schon haben die
Holländer neue Pläne bereit: Sie wollen das Wattenmeer von der
Nordsee ausschließen, um wiederum 80 000 ha Kulturboden zu
gewinnen und ein weiteres Süßwasserbecken anzulegen.

Der Verlust seiner Überseeprovinzen (Indonesien) hat die Holländer nicht gelähmt, sondern im Gegenteil zu höchstem Einsatz

befeuert. Einmal mehr hat es sich gezeigt, daß ein Volk seine ganze Kraft anspannt, wenn es gilt, ein großes Ziel zu erreichen, so weit es auch gesteckt werden mag. Nur eine satte, selbstzufriedene Gesellschaft verurteilt sich selbst.

Das vergessene Dorf in der Taiga (Bratsk)
Das Kraftwerk von Bratsk

Um das Jahr 1630 ritt ein Trupp Kosaken, vom Jenissej kommend, die Angara aufwärts. Mitten in dem ungeheuren sibirischen Waldland, der Taiga, richteten sie aus Lärchenholz vier Wachttürme auf und verbanden sie durch einen Palisadenzaun. Das Pfahlwerk (Ostrog) diente ihnen zum Schutz vor den Überfällen der Burjäten, von denen sie Zobelfelle für den Zaren in Moskau erpreßten. „Brat" — Bruder — nannten die Russen die Burjäten. Daraus wurde der Name für das winzige Dorf an der Angara, das 330 Jahre später Weltruf erlangen sollte: Bratsk.

Bis 1954 blieb Bratsk ein vergessenes sibirisches Dorf. 600 km vom Austritt der Angara aus dem Baikalsee und 200 km von der Transsibirischen Bahn entfernt, war es nur für die weltabgeschiedenen Weiler am Mittellauf des Flusses von Bedeutung. Nur zweimal während der Zarenzeit kam etwas Leben nach Bratsk: 1889 und 1917, als Gruppen von Geologen nach Bodenschätzen suchten und Ingenieure die in der Angara steckenden Wasserkräfte abschätzen wollten. Aber erst, als sowjetrussische Wasserbauer das Energiepotential der reißenden Angara bei Bratsk erkannten, rückte der Ort in den Vordergrund des wirtschaftlichen Interesses. Nachdem 1950 die von der „Transsib" abzweigende Lena-Bahn Bratsk erreicht hatte, begannen die Sowjets Mitte der fünfziger Jahre mit dem Bau des größten Wasserkraftwerkes der

Das russische Wasserkraftzentrum Bratsk in Sibirien mit dem größten
Stausee und dem leistungsstärksten Kraftwerk der Welt.

Welt. Zugleich wurde von Irkutsk, dessen Kraftwerk eben fertiggestellt worden war, eine 650 km lange Hochspannungsleitung nach Bratsk gelegt. Während das Dorf und 100 Kleinsiedlungen nach dem Aufstau der Angara im Wasser versanken, wurde zuerst eine Zeltstadt für die Arbeiter und 1958 der Grundstock für das neue Bratsk gelegt. Schon 1 Jahr später wohnten über

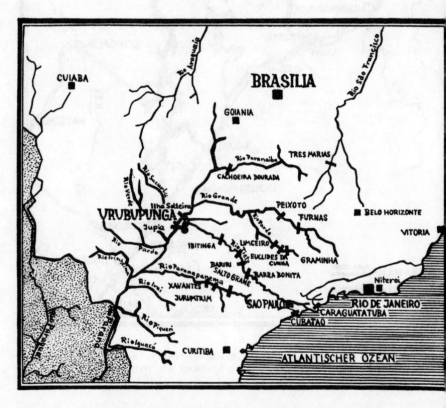

Urubupunga am Paranáfluß, ist das Energiezentrum Brasiliens. Hier sollen 4,4 Millionen kW Strom erzeugt werden.

50 000 Menschen dort, und die Zahl verdoppelte sich schnell. 1970 wird Groß-Bratsk 300 000 Einwohner haben.

Der 9000 qkm große Stausee von Bratsk*) ist augenblicklich der größte der Welt, wird aber in den nächsten Jahren von dem Tarbela-Stausee*) in Pakistan übertroffen werden. Im September 1961 fuhr der erste Dampfer über die Klippen und Untiefen der Angara. Wenige Wochen danach begann das erste der 20 Aggregate des Wasserkraftwerkes zu arbeiten. Heute liefern sie jährlich 22,6 Milliarden kw/Strom, fast 5% der gesamten russischen Energieproduktion. Die Fertigstellung des 100 m hohen Staudammes und des Wasserkraftwerkes wurde unter fast unmenschlichen Bedingungen von über 30 000 Arbeitern, darunter vielen Freiwilligen, vorangetrieben. Es wurde in mehreren Schichten, auch bei starkem Frost, Tag und Nacht gearbeitet. Nur wenn die Temperaturen unter 40° sanken, stellte man die Außenarbeiten vorübergehend ein. Für die Hochspannungsleitung Irkutsk-Bratsk wurden 4600 Hektar Wald gerodet, insgesamt 40 Millionen cbm Holz geschlagen. Um die Bratsker Anlage in 7 Jahren zu vollenden, brauchte man 3000 Lastwagen, 500 Kräne, 400 Bulldozer und 200 Bagger.

250 km angara-abwärts ist augenblicklich ein ebenso großes Kraftwerk, Ust-Ilimsk, im Bau. Drei weitere Anlagen sollen in den siebziger Jahren folgen und dann zusammen mit Bratsk und Ust-Ilimsk 70 Milliarden kW/h Strom produzieren. Und da auch am Jenissej große Stauseen und Kraftwerke entstehen, ist die Absicht der Sowjets unverkennbar, in Sibirien ein neues Industriezentrum zu schaffen, das die im europäischen Teil Rußlands bereits bestehenden entlasten und ihre Leistung womöglich übertreffen soll. Damit würde ein Plan des Zaren Peter I. erfüllt werden, der davon träumte, Sibirien zu besiedeln. Die Sowjets rechnen damit, daß in Sibirien, wo heute etwa 32 Millionen Menschen wohnen, innerhalb der nächsten 50 Jahre 250 Millionen siedeln werden. Bratsk mag der Grundstein zur Verwirklichung dieses weltbewegenden Vorhabens gewesen sein.

*) Siehe auch: Roderich Menzel „Adam schuf die Erde neu", Econ Verlag, Düsseldorf.

Das Gezeitenkraftwerk St. Malo

Im Jahre 1940 kramte der französische Ingenieur Robert Gibrat, Leiter der Abteilung Energiewirtschaft im Ministerium für öffentliche Arbeiten, in alten Akten. Dabei fielen ihm aus einer verstaubten Mappe Pläne für ein Gezeitenkraftwerk in die Hände. Als er weiter nachforschte, stieß er auf eine ganze Reihe solcher Vorschläge, die von seinen Vorgängern abgelegt und vergessen worden waren. Zur Nutzung von Ebbe und Flut waren in Frankreich nach dem Ersten Weltkrieg nicht weniger als 218 Verfahren zum Patent angemeldet worden. Aber schon im 18. Jahrhundert hatte sich Bernard Foret de Bélidor, Professor an einer Artillerieschule, darüber den Kopf zerbrochen. Von Bélidor, dem Begründer des modernen Minenkrieges, stammte ein höchst bemerkenswerter Plan, die Gezeitenkraft für Wassermühlen auszunutzen. Das war 200 Jahre her, die Technik hatte seitdem ungeheure Fortschritte gemacht. Es mußte doch möglich sein, mit den Mitteln des 20. Jahrhunderts auch das Gezeitenproblem für die Industrie zu lösen!

Die Gezeiten werden durch die Anziehungskraft von Mond und Sonne sowie durch die Drehung der Erde um ihre eigene Achse hervorgerufen. Die Dauer einer Tide entspricht einem halben Mondtag, d. s. 12 Stunden und 25 Minuten. Innerhalb von 29 Tagen erreicht der Tidenhub*) zweimal sein Maximum, und zwar ein oder zwei Tage nach Vollmond und Neumond, und zweimal sein Minimum: ein oder zwei Tage nach dem ersten und dem letzten Mondviertel. Das Maximum wird Springtide, das Minimum Nipptide genannt. Die größten Tidehöhen treten zur Zeit der Tag- und Nachtgleiche im März und September auf.

In seiner Kindheit hatte Ing. Gibrat an der Felsenküste der Bretagne die Gewalt der Meeresflut täglich beobachten können. Er erinnert sich an eine alte Wassermühle in einer Bucht bei Saint-Malo; sie stammte noch aus dem 12. Jahrhundert. Die Flut war durch ein Speichertor in den Mühlenteich gelenkt worden,

---

*) Der Unterschied der Wasserstände bei den Gezeiten.

beim Abfließen hatte das Meerwasser das Mühlenrad gedreht. Aber damit war ja nur ein winziger Teil der Wasserkraft beansprucht worden. Um die Gezeitenenergie wirtschaftlich zu verwerten, mußte man die volle Kraft der Strömung bei Ebbe u n d Flut nützen.

Welche Voraussetzungen, so fragte sich Ing. Gibrat, müßten dafür gegeben sein? Vor allem ein mittlerer Tidenhub von wenigstens 3 m. Normalerweise erreicht die Flutwelle eine Höhe von etwa 2 m. Aber in stark gegliederten Buchten und Flußmündungen, wo die Küste nicht steil zum Meer abfällt, kann sie bis zu 20 m Höhe erreichen, etwa am Severn in Südwestengland oder an der Ostküste von Kanada. Wo waren in Frankreich Küstenplätze mit hohen Schwingungsausschlägen der Gezeiten? Am günstigsten lagen die Verhältnisse in der Meeresbucht des Mont-Saint-Michel im Departement Manche. Der Tidenhub beträgt hier im Mittel 12,5 m. Allerdings würde die Anlage eines Gezeitenkraftwerkes in nächster Nachbarschaft zu dem 1000-jährigen Benediktinerkloster auf Schwierigkeiten stoßen. Aber da war der Mündungstrichter der Rance, die vorspringende Küste um das altromantische Städtchen Saint-Malo! Die aus dem Atlantik in den Ärmelkanal gejagte Flut wird von der Halbinsel Cotentin bis zu 13,5 m hochgestaut und schießt in dem Flußlauf der Rance bis nach Dinan, über 25 km weit.

Der Unterlauf der Rance war durch einen Querdamm verhältnismäßig leicht abzuriegeln. Hier gab es auch den für eine sichere Gründung des Dammes unerläßlichen Felsengrund, und die für die Turbinen so gefährliche Versandung war ohne große Schwierigkeiten aufzuhalten. Um jeden Zweifel an der Möglichkeit der Errichtung eines Gezeitenkraftwerkes am Unterlauf der Rance und seine wirtschaftliche Nutzung auszuschalten, ließ Ing. Gibrat von Wasserbau- und Elektroingenieuren, Geologen, Astronomen und Wirtschaftlern Gutachten über sein Projekt ausarbeiten. Damit ging er zu der „Electricité de France" und erreichte, daß diese staatliche Gesellschaft sein Programm (und seine Mitarbeiter) übernahm.

Zuerst wurde ein 150 m langes Betonmodell gebaut, eine getreue Nachbildung der Flußlandschaft mit allen Felsen, Klippen und Häusern. An diesem Modell erprobte man immer wieder die Wirkung der Flut auf den Sperrdamm. Als man sicher war, daß er einem Springflut-Volumen von 18 000 cbm in der Sekunde standhalten würde, begann man 1961 mit dem Bau der Anlage.

Bei einem wirtschaftlich arbeitenden Gezeitenkraftwerk muß die einschießende Flut ebenso wie die Kraft des abfließenden Wassers zur Energiegewinnung genutzt werden. Dieser 2-Richtungsbetrieb wird dadurch erreicht, daß die Strömungsrichtung in den Turbinen umgekehrt wird. Während der Übergangszeiten kann auch der Höhenunterschied noch durch das Hochpumpen von Wasser gesteigert werden. Die Turbinen und Pumpen müssen dabei so konstruiert sein, daß sie in beiden Strömungsrichtungen arbeiten.

Aber noch eine andere Tatsache ist zu berücksichtigen: Da der Mond den Haupteinfluß auf die Gezeiten ausübt — seine Kraft ist so gewaltig, daß sie nur durch ein 600 km dickes Stahlseil unwirksam gemacht werden könnte! —, würden die Turbinen gerade dann auf Hochtouren laufen, wenn am wenigsten Strom gebraucht wird, nämlich nachts. Und sie würden u. U. stillstehen, wenn gerade am meisten Strom abgenommen wird. Deshalb haben die französischen Ingenieure Turbo-Generatoren mit liegender Achse konstruiert. Dabei arbeiten Turbinen und Generatoren, durch Metallverschalungen geschützt, unter Wasser. Die Turbo-Generatoren haben verstellbare Laufradschaufeln, so daß sie in beiden Strömungsrichtungen tätig sein können. Die Turbinen können auch als Pumpen, die Generatoren als Elektromotoren benutzt werden. Erst diese geniale Erfindung garantierte die Wirtschaftlichkeit der Anlage.

Der Bau des Gezeitenkraftwerkes begann mit der Errichtung von zwei Fangedämmen*), die gegen die Strommitte vorgetrieben wurden. Um den Schiffsverkehr im Rance-Trichter nicht zu unterbrechen, brachte man in dem einen Damm eine Schleuse, in dem anderen einen 6-torigen Durchlaß an. Ein Mittelstück von $1/2$ km Breite blieb zunächst frei. Dann zogen Schleppdampfer 20 m hohe und 9 m breite hohle Stahlbetonpfeiler an die Bau-

---

*) Ein Fangedamm ist die Abschließung einer Baustelle gegen ein Gewässer durch einen Erddamm oder zwei hintereinanderstehende Stahlspundwände, deren Zwischenraum mit Sand oder magerem Beton ausgefüllt wird.

stelle in der Flußmitte. Hier wurden die Pfeiler auf Betonfundamente gestellt und mit Sand ausgegossen. Auf diese Weise entstand ein riesiger Zaun durchs Wasser, dessen Lücken mit Betonplatten geschlossen wurden. Ende 1963 war das Becken in der Strommitte eingepfercht und leergepumpt.

Der Hauptdamm mit den Maschinensätzen wurde 1966 fertiggestellt. Der Fuß des Hauptdammes wird von 24 Tunnels durchquert, die die Bucht von Saint-Malo mit dem Staubecken verbinden. In jedem Tunnel befindet sich ein Turbogenerator mit 10 Megawatt Energieleistung. Die Generatoren arbeiten täglich 6 Stunden. Drei Überlandleitungen befördern den Strom nach Paris, Brest und Rennes. Man rechnet damit, daß dieser Gezeitenstrom billiger als der durch das Verbrennen von Kohle erzeugte Strom ist und diesen in naher Zukunft überflüssig machen wird. Die Kosten des ersten Gezeitenkraftwerkes in der Welt — rund 400 Millionen DM — sollen in 20 Jahren hereingebracht werden.

Die Anlage von Saint-Malo besteht aus einem 115 m langen Wehr mit 6 Öffnungen; es schließt an das rechte Ufer der Rance an. Dann folgen der 163,5 m lange Damm, der von einer Felseninsel im Fluß ausgeht, und das 332,5 m langgestreckte Kraftwerk. Die 13 m breite Schiffsschleuse mit einer Kammerlänge von 65 m stellt die Verbindung zum linken Rance-Ufer her. Dieses 4-teilige Tidekraftwerk trägt eine Straße mit zwei 7 m breiten Fahrbahnen. Durch sie wird die Landverbindung zwischen dem Seebad Dinard und Saint-Malo um fast 30 km verkürzt.

Schon haben die Franzosen die Pläne für ein zweites und drittes Gezeitenkraftwerk — in der Bucht von Mont-Saint-Michel und im Golf von Saint-Malo ausgearbeitet. Drei weitere französische Projekte sind noch hart umkämpft. Die Sowjetunion hat an der Küste der Kola-Halbinsel ein Versuchskraftwerk errichtet. Nach günstigen Ergebnissen wollen die Russen im Lumbowski-Fjord am Weißen Meer ein Gezeitenkraftwerk von 200 Megawatt-Leistung erstellen. Im Grenzgebiet der Vereinigten Staaten und Kanadas wird an der Passamaquoddy-Bucht ein Gezeitenkraftwerk erstehen, ein anderes an der Fundy-Bai in Kanada. Auch Nordwestaustralien, Argentinien und Mexiko prüfen derartige Projekte. England plant am Severn und Humber, Holland im Zusammenhang mit dem Deltaplan*) zwischen seinen Nordseeinseln die Errichtung von Tidenkraftwerken. Alle diese Vorhaben fußen auf der französischen Pioniertat. So wird der Bau des Gezeitenkraftwerkes von Saint-Malo, auch wenn seine Leistungen längst überholt sind, immer zu den bahnbrechenden technischen Werken unseres Jahrhunderts zählen.

Schiphol III, Europas modernster Flughafen und Idlewild

„Die Holländer haben das zweite Gesicht" — diesen Ausspruch kann man in den Grenzgebieten um die Niederlande auch von Leuten hören, die nicht an Zukunftsschau und Prophetie glauben; dafür glauben sie an ein unübertreffliches Planungsvermögen und die ungebrochene Tatkraft des kleinen Volkes zwischen Ems- und Scheldemündung. Dank dieser Vorzüge haben die Holländer heute den modernsten Flughafen Europas. Auf ihm können jährlich 5 Millionen Passagiere und 350 000 Tonnen Güter ohne Zeitverlust und Gedränge abgefertigt werden. Als „Spediteure des alten Kontinents" haben sich die Holländer diesen Schnittpunkt des Luftverkehrs, Schipohl III*) fast 400 Millionen Gulden kosten lassen. Wenn die Flugdichte, wie zu erwarten ist, weiter zunimmt, sind sie bereit, weitere 2000 Hektar Boden zu bebauen und jährlich bis zu 12 Millionen Fluggäste sowie 1¹/₂ Millionen Tonnen Fracht zu betreuen.

---

*) Der Deltaplan sieht die Absperrung der Meeresarme im südwestlichen Teil der Niederlande vor. Dadurch wird Hollands Küstenlinie um 700 km verkürzt werden.

*) Sprich Skiphol.

Der neue Flughafen liegt zwischen Amsterdam und Haarlem im einstigen Haarlemer Meer, wo die Geusen*) vor 400 Jahren der spanischen Flotte erbitterte Seeschlachten lieferten. Im vorigen Jahrhundert wurde das Haarlemer Meer abgepumpt — rund 8 Billionen Hektoliter Wasser flossen in die Nordsee zurück. In der eingedeichten Polderlandschaft, 4 m unter dem Meeresspiegel, lag auch schon der erste Flugplatz der Königlich Niederländischen Luftverkehrsgesellschaft KLM, der 1920 eröffnet worden war. Damals genügte ein Feld von 76 ha Fläche für die wenigen Maschinen, die im Gründungsjahr nur 440 wagemutige Passagiere beförderten. 1937 waren es schon über 100 000, so daß die Größe des Flugplatzes verdreifacht werden mußte.

Schiphol II mit einem Areal von rd. 1000 ha wurde nach dem Zweiten Weltkrieg geschaffen. Als es noch im Bau war, lagen schon Pläne für Schiphol III mit 1700 ha Fläche in den Panzerschränken der KLM, so wie heute bereits für die Zeit nach 1985 Schiphol IV mit einem doppelt so großen Flugfeld vorausgeplant ist; die Holländer wollen nichts dem Zufall oder dem Zwang durch neue Tatsachen überlassen.

Eine einzige Abflughalle mit rd. 80 Meldeschaltern genügt für Hollands Musterflughafen. Dank der Elektronik können die Fluggäste von 40 Maschinen gleichzeitig abgefertigt werden. Mit Tasten, Knöpfen und Lämpchen werden alle Einzelheiten wie Flugnummern, Reiseziel, Flugklasse, Gepäckstücke u. a. zu der Zentrale geleitet, wo alles noch einmal überprüft wird, bevor man das Signal „alles in Ordnung" gibt. Das dauert 80 Sekunden bei einem Passagier, dessen Ziel ein anderer Flughafen Europas ist, und 2 Minuten 25 Sekunden bei einem Überseeflug.

Schiphol III hat 4 Start- und Landebahnen von je 3300 m Länge. Hier können auch die Jumbo-Jet Maschinen mit 450 Passagieren ein- und ausfliegen, und eine Bahn steht für Überschallgeschwindigkeit zur Verfügung. Die Fluggäste werden auf Fließbändern durch das riesige Flughafengebäude zu ihren Ma-

---

**) Eigentlich „Bettler", eine Vereinigung niederländischer Edelleute gegen die Besatzungsmacht Philipp II. von Spanien.

schinen gebracht; lange Fußmärsche oder Omnibusfahrten zu den Flugzeugen sind nicht mehr notwendig. 25 Passagierbrücken, die sich hydraulisch heben, senken und schwenken lassen, führen direkt in die Kabinentüren der Silbervögel. Auch die ankommenden Passagiere steigen aus den überdeckten Brücken in das Hauptgebäude des Flughafens; Rolltreppen tragen sie aus dem ersten Stockwerk zur Zoll- und Paßabfertigung. In einem Selbstbedienungsladen können sie zollfrei so begehrte Waren wie Transistor-Radios, Parfüms, Alkohol, Tabak u. m. kaufen. „Hier fehlt nur noch, daß die Passagiere automatisch gefüttert werden", sagte ein prominenter indischer Fluggast scherzend, nachdem er aus einem Flugzeugriesen zu seinem Taxi „manipuliert" worden war. Wer aber im „Aviorama", dem einzigartigen Rundblick-Restaurant Schiphols, sitzt und beobachtet, wie traumhaft sich alle zwei Minuten ein Flugzeug vom Boden löst oder zur Erde schwebt und wie die Welt sich hier ein Stelldichein gibt, der sieht sich dank aller technischen Zaubereien in das erregende Schauspiel der modernen Zivilisation versetzt.

Hollands Europaflughafen fertigt nicht so viele Fahrgäste ab wie Chicago oder das John-F.-Kennedy-Flugfeld (Idlewild) in New York, wo über $1/4$ Million Flugzeuge annähernd 12 Millionen Fluggäste jährlich aufnehmen und absetzen. Der Flughafen im Haarlemer Meer hat aber ein größeres Areal, und es kommt selten vor, daß Maschinen in der Luft sozusagen Schlange stehen müssen, bevor ihnen Landeerlaubnis gegeben wird. Über Idlewild, am Südufer von Long Island, kreisen manchmal mehrere Flugzeuge — jedes 300 m über dem anderen — viertel- und halbe Stunden lang, ehe ein Rollfeld für sie frei wird. Bis Anfang der sechziger Jahre zählten London und Zürich zu den besten Flughäfen der Welt. Heute gebührt Schiphol, der Stolz Hollands, das Primat, und wer die Holländer kennt, wird nicht daran zweifeln, daß sie es, zumindest für eine Dekade, behalten werden.

Das schnellste Flugzeug der Welt

Das schnellste Flugzeug der Welt wird nicht mehr gebaut. Es war ein pechschwarzgestrichenes Forschungsflugzeug der NASA*), das am 3. Oktober 1967 eine Geschwindigkeit von 7296 km/st erreichte, also 6,7 mal so schnell wie der Schall war. Allerdings war die Maschine, ein Mittelding zwischen Flugzeug und Rakete, von einem 8strahligen B-52-Bomber in 13 km Höhe geschleppt worden. Erst dann hatte der Pilot das Raketentriebwerk gezündet. Nach 14 Minuten Flugzeit war er auf Kufen in der Mohave-Wüste (Kalifornien), besser gesagt, auf der 7 km langen Start- und Landebahn heruntergegangen. Die X-15 war eine von drei Maschinen der Nordamerikanischen Fluggesellschaft und konnte in Höhen bis über 100 km vorstoßen. Eines dieser drei Raketenflugzeuge sauste am 15. November 1967 wie ein Meteor zu Boden, als sein Pilot, Major Adams, die Herrschaft über die Steueranlagen verlor. Das 8 Tonnen schwere Flugzeug schmolz beim Aufschlag mit dem Wüstenboden zu einem glühenden Brei zusammen. Der Hauptgrund aber, weshalb die NASA das X-15-Programm einstellte, war ein anderer: Die Luftfahrtsachverständigen hatten erkannt, daß die Entwicklung im Überschallverkehr zu der Transport r a k e t e führen muß.

Das schnellste Passagierflugzeug der Welt ist daher augenblicklich die Concorde 001, ein französisch-britisches Überschallverkehrsflugzeug, das am 11. Dezember 1967 aus einer Halle der „Sud-Aviation" in Toulouse-St.-Martin rollte und sich am 28. Februar 1968 von dem Flugfeld Toulouse-Blagnac zum ersten Mal in die Luft erhob. Die Concorde kostete über 70 Millionen Mark; sie bietet 132 Fahrgästen Platz. Sie wird die Strecke Paris—New York in 3½ Stunden zurücklegen und dabei eine Höchstgeschwindigkeit von über 2600 km/st erreichen. Vom Start bis zur Küste — ein Sprung von wenigen Minuten für sie — wird sie gedrosselt mit halber Kraft fliegen, bis sie in 15 000 m

---

*) Amerikanische Weltraumbehörde.

Höhe ihre Geschwindigkeit auf 2,2 Mach*) steigert. 300—400 km vor der Landung geht sie auf 10 000 m herab, um dann langsamer als der Schall zu werden und sicher aufzusetzen.

Die zweite Concorde wird bei BAC im Werk Filton bei Bristol gebaut und ist im September 1968 zum ersten Mal erprobt worden. Die Engländer, die zu 50% an den Entwicklungskosten beteiligt sind, stellen auch das Triebwerk des Überschallflugzeuges her. Die Transatlantikflüge der Concorde sind von der Air France auf dem Papier bereits festgelegt. Damit haben die Franzosen und Engländer die Amerikaner und Russen im Wettrennen um das schnellste Passagierflugzeug der Welt um Jahre überrundet. Weder die Boeing 2707 der Amerikaner noch die TU-144 der Russen sind vor der Concorde einsatzbereit. In Seattle, wo die Boeing-Maschinen gefertigt werden, rechnet man mit dem ersten Versuchsstart für 1971/72.

Die Boeing 2707 ist über 340 Tonnen schwer, mehr als 100 m lang und bietet 300 Fahrgästen Platz. Ihre ausfahrbaren Tragflächen legen sich beim Überschallflug eng an den Rumpf an. Die Maschine, fast doppelt so teuer wie die Concorde, wird die Strecke New York—London in 2 Stunden 40 Minuten zurücklegen und eine Höchstgeschwindigkeit von 2900 km/st erreichen. Da sie aber erst Mitte der siebziger Jahre in Dienst gestellt werden kann, bleibt bis dahin die Concorde das schnellste Passagierflugzeug der Welt.

Zwei Probleme machen beiden Werken, der „Sud-Aviation" Toulouse und den Boeing Werken in Seattle, noch schwer zu schaffen. Wie werden die Einwohner rund um die Flugplätze auf den grausamen Lärm des Überschallknalls reagieren? Wie viele Schadenersatzklagen wegen unzumutbarer Belästigung oder Gesundheitsschäden werden die Fluggesellschaften durchkämpfen müssen? Das zweite Problem betrifft die immer länger werdenden Wartezeiten über den internationalen Flughäfen, die im wachsenden Luftverkehr fast ersticken. Über dem New Yorker Flughafen

---

**) Ernst Mach, österreichischer Physiker und Philosoph (1838—1916). Die Machsche Zahl ist das Verhältnis der Geschwindigkeit eines Körpers zur Schallgeschwindigkeit des ihn umgebenden Mediums.

John F. Kennedy müssen einfliegende Maschinen durchschnittlich 20 Minuten in den Warteschleifen kreisen, bis sie Landeerlaubnis bekommen. In extremen Fällen betragen diese Verspätungen bis zu 2 Stunden. Das hat schon 1965 zu einem Verlust von über 250 Millionen Mark für Fluggesellschaften und Passagiere geführt. Mit dem Einsatz von Überschallflugzeugen ist es also nicht getan, es müssen neue Großflughäfen geschaffen werden, auf denen auch schon das Flugzeug von morgen gefahrlos landen kann.

Tokios Alwegbahn

Die größte Stadt der Welt, Tokio, von der behauptet wird, sie habe bereits über 12 Millionen Einwohner, hat weniger Anziehungspunkte als andere Weltmetropolen. Außer dem Kaiserpalast und der Nihonbaschi-Brücke, die als „Mittelpunkt Japans" angesehen wird, sind es nur die großen Parkanlagen mit ihren Tempelbauten und die berühmte „Ginza", die Hauptgeschäftsstraße. Das Kabuki-Theater, das Parlament und andere Gebäude hinterlassen einen zwiespältigen Eindruck. Das Fehlen bedeutender historischer Baudenkmäler ist nicht zuletzt auf die vielen Erdbeben zurückzuführen, von denen Tokio, das frühere Yedo, heimgesucht worden ist; 1923 zerstörte ein Erdbeben einen Großteil der Stadt und tötete fast 60 000 Einwohner. Seit den Olympischen Spielen des Jahres 1964 hat Tokio aber eine neue Sehenswürdigkeit: die Alwegbahn. Sie führt vom Hamamatsucho-Bahnhof im Südosten über eine Strecke von 13,2 km zum Flughafen Haneda und befördert täglich etwa 12 000 Passagiere. Die Baukosten betrugen rd. 218 Millionen Mark, das Doppelte des Voranschlags, da über und unter dem Meer der Tokiobucht teure Konstruktionen erstellt werden mußten. Geplant ist, die Alwegbahn bis Yokohama zu führen, doch läßt man sich damit Zeit.

Was berechtigt uns, diese Bahn zu den modernen Weltwundern zu rechnen? Es ist weder die erste Hochbahn noch die erste Einschienenbahn; die Einschienen-Schwebebahn von Wuppertal wurde schon 1900 eröffnet. Von ihr unterscheidet sich aber die Alwegbahn grundlegend: Sie ist eine Einschienenbahn, mit der, da sie auf dem Balken eines Hochbahnsystems läuft, die drängendsten Verkehrsprobleme der Großstädte gemeistert werden können. Der hohle Stahlbeton-Balken — 80 cm breit und 1,40 m hoch — liegt auf Stahlbeton-Stützen, die in Abständen von 20—35 m in den Erdboden oder den Meeresgrund eingerammt sind. Auf dem Balken gleitet der Zug erschütterungsfrei dahin und kann ohne Ruck abgebremst werden. Mit der Alwegbahn werden normalerweise Geschwindigkeiten bis über 100 km/st erreicht, doch läßt sich das Tempo, wie die Erbauer bekräftigen, gefahrlos auf das Dreifache steigern. Die Wagen umgreifen mit ihrem Fahrwerk sattelartig den Fahrbahnbalken. Die auf dem Balken laufenden Tragräder und die seitlich abrollenden Führungs- und Stabilisierungsräder sind luftbereift. In dem Fahrbahnbalken läuft die Stromschiene, von der die Motoren mit Strom gespeist werden. Verblüffend, mit welcher Geschwindigkeit der Alwegzug Kurven bei Neigungswinkeln bis über 40 Grad nimmt!

In den größeren Städten genügen die Straßen schon lange nicht mehr für den ständig wachsenden Verkehrsdruck. Während der Bau von Untergrundbahnen, wie es die Beispiele München und Frankfurt wieder zeigen, außerordentlich hohe Kosten verursacht und ganze Stadtteile jahrelang fast unpassierbar macht, erfordert die Anlage von Alweg-Hochbahnen weniger Kapital und eine kürzere Bauzeit. Die Einschienenbahn Tokios wurde innerhalb von 17 Monaten fertiggestellt. Dabei mußten die Eisenbahnlinie und eine Hochstraße überbrückt, der Ebitori-Fluß unterfahren und ein Tunnel zum Flugplatz angelegt werden. Und da Tokio in einer Erdbeben- und Taifunzone liegt, wurde die Streckeneinrichtung unter allerschärfsten Bedingungen geprüft; sie ist noch bei Windgeschwindigkeiten von 50 m/s sowie einem Erdbebenfaktor von 1,2 absolut sicher.

Vater der Alwegbahn ist der 1961 im Alter von 80 Jahren verstorbene schwedische Milliardär und Philantrop Axel Lennart Wenner-Gren. Den Grundstock seines Vermögens bildete ein Kapital, das er in Wien mit dem Verkauf eines von ihm verbesserten Staubsaugers zusammengebracht hatte. In Amerika vertrat Wenner-Gren eine schwedische Glühlampenfabrik, deren Aktienmehrheit er nach wenigen Jahren erwarb. Schließlich übernahm er die Aktien des schwedischen Zündholzkonzerns Kreuger, der nach dem mysteriösen Tod seines fabulösen Inhabers in Konkurs gegangen war. Millionen stiftete Wenner-Gren für die Forschung und soziale Vorhaben. Um dem drohenden Verkehrschaos der Großstädte entgegenzuwirken, beauftragte er 1951 eine Gruppe von Ingenieuren und Verkehrsplanern in Deutschland, ein neues Bahnsystem für den Nahschnellverkehr zu entwickeln.

So entstand die Alwegbahn, Wenner-Grens Lieblingskind, das er mit 25 Millionen Mark für den Kampf gegen verkehrshindernde und veraltete Straßenbahnen, Omnibusse und konventionelle Vorortbahnen ausrüstete. Aber soviel Glück Wenner-Gren mit seinen sonstigen Unternehmungen hatte, so viele Hindernisse türmten sich vor ihm auf, wo immer er seine Einschienenbahn installieren wollte. Nur Wien entschloß sich kurz vor Wenner-Grens Tod, eine Alwegbahn zu bauen. Waren die Bürgermeister und Stadträte gegen die neue Idee voreingenommen? Konnten sie sich nicht von den Vorstellungen ihrer Väter und Großväter freimachen? Zwar liefen Alwegbahnen auch in Los Angeles, Turin und Seattle. Aber die eine fuhr durch das Kinderparadies Disneyland und die zweite im Gelände der Jahrtausendausstellung „Italia 61"; nur die Alwegbahn von Seattle entlastete den Verkehr einer Großstadt, wie es Wenner-Gren vorschwebte. In Deutschland war zwar im Juli 1957 eine Versuchsstrecke Köln-Fühlingen eingerichtet worden, die Adenauer begeisterte; die Verwirklichung weiterer Projekte läßt aber auf sich warten. So bleibt Tokios Alwegbahn bis auf weiteres das glänzende Beispiel dafür, wie die Verkehrsnöte der Großstädte behoben werden können, wenn ein genial ersonnener neuartiger Bahntypus die unzureichenden Verkehrsmittel ablöst.

11 000 m unter der Meeresoberfläche

Mit Piccards Tauchschiff im tiefsten Loch der Weltmeere

Am 29. Mai 1953 erfüllte sich ein alter Traum der Menschheit. Der Neuseeländer Edmund Hillary und der Sherpa Tensing bezwangen den 8864 m hohen Mount Everest, den höchsten Gipfel der Welt. Um die gleiche Zeit bereitete der fast 70jährige Schweizer Auguste Piccard einen Tauchversuch mit dem von ihm konstruierten Bathyskaph „Trieste" vor*). Er hoffte, einen zweiten Menschheitstraum wahr werden zu lassen: den Abstieg in den Marianen-Graben des Pazifischen Ozeans. Dort, in der Challenger-Senke, fällt der Meeresboden fast 11 000 m tief ab.

Professor Piccard hatte durch seine waghalsigen Ballonaufstiege Weltruhm erlangt. 1932 hatte er in einem dramatischen Stratosphärenflug eine Höhe von 16 940 m erreicht. Wie gebannt starrten die Menschen auf den Rekord — die jahrelangen Vorbereitungen des Unternehmens und die geniale Konstruktion des Ballons, dessen luftdicht abgeschlossene Gondel den Forscher vor dem Unterdruck der Stratosphäre schützte, interessierten nur Wenige. Und doch lag hier die eigentliche Leistung Piccards. Durch sie wurden die höheren Luftschichten für den Flugverkehr erschlossen, sie erst ermöglichten auch den Bau von Tauchschiffen, mit denen der Grund der Ozeane erforscht werden konnte. Piccards erstes Bathyskaph, das er 1948 gemeinsam mit M. Cosyns baute, war eigentlich nur eine Abwandlung seines Ballons für die Verhältnisse der Tiefsee. Es bestand aus einer 10 Tonnen schweren Stahlkabine, deren Gewicht sich im Wasser um die Hälfte verringerte. Ein Tank mit 30 Kubikmetern Benzin, das spezifisch leichter als Meerwasser war, hielt es im Gleichgewicht. Piccard beschwerte sein Bathyskaph mit Eisenschrot, der durch Elektromagnete festgehalten wurde. Wollte er es aufsteigen lassen, unterbrach er den Strom; dadurch floß der Schrotballast ab. Die „Trieste", das zweite Tauchschiff Piccards, enthielt rd. 16 Tonnen Schrot.

---

*) Siehe Roderich Menzel „Ruhm war ihr Begleiter", Hoch-Verlag, Düsseldorf.

Der Schwimmkörper des Tauchschiffs ist unten offen. Durch Ausgleichsöffnungen tritt beim Abstieg Wasser in den Schwimmkörper und preßt das Benzin zusammen. Dadurch entspricht der Innendruck stets dem von außen wirkenden Wasserdruck.

Vor Dakar (Westafrika) bestand Piccards erstes Tauchschiff die „FNRS 2", die Bewährungsprobe. Unbemannt, erreichte sie eine Tiefe von 1380 m. Aber der bescheidene Schweizer Professor, der auf alle Urheberrechte an seinen Konstruktionen verzichtete, war nicht zufrieden. Er hatte sich einen größeren und stabileren Schwimmkörper vorgestellt, doch waren die Mittel dafür nicht aufzutreiben gewesen. Und beim Abschleppen wurde die „FNRS" so stark beschädigt, daß Piccard mit ihr keine weiteren Tauchfahrten riskieren konnte. Nun veranlaßte der Gelehrte seinen Sohn Jacques, der an der Genfer Universität Assistent für Wirtschafts- und Sozialwissenschaften war, sich der Unterwasserforschung zu widmen und arbeitete fortan mit ihm zusammen. Jacques Piccard war es, der die Gelder für den Bau eines verbesserten Bathyskaph, die „Trieste", beschaffte und die erste Tauchfahrt damit im Golf von Neapel organisierte. Nach einer Probefahrt ohne Echolot, bei der sich die „Trieste" 1½ m in den Schlamm des Meeresgrundes bohrte, erreichten Vater und Sohn Piccard am 30. September 1953 vor der Insel Ponza im Tyrrhenischen Meer eine Tiefe von 3150 m. Damit war der Tauchweltrekord, den der Amerikaner Barton 1948 aufgestellt hatte, um fast 1800 m unterboten worden. Aber Professor Piccard ging es nicht um Rekorde. Sein Ziel war, die Unterwasserforschung auf jedem Meeresboden zu ermöglichen. Deshalb ließ er von Krupp in Essen eine neue, stahlgeschmiedete Tauchkugel bauen und ihr Modell von der Badischen Anilin- und Sodafabrik in Ludwigshafen erproben. Dabei wurde die Kugel einer Belastung von 2200 atü unterworfen, die doppelte Belastung, die sie bei einer Wassertiefe von rd. 11 000 m im Marianen-Graben aushalten mußte.

Der Schwimmkörper der „Trieste" ist 15,24 m lang und hat 11 Benzinkammern; sie fassen 106 000 Liter. Die 13 Tonnen schwere Tauchkugel hat eine Wandstärke von 120 mm. An der Tür, den beiden Fenstern und den Durchbrüchen für die Kabel und Luftzuleitungen ist die Wand auf 180 mm verstärkt. Die Plexiglasfenster sind 18 cm dick. Damit die elektrischen Leitungen durch den hohen Außendruck nicht eingedrückt werden, sind sie in brezelförmiger Anordnung in Kunstharz eingebettet.

Nachdem Auguste Piccard alles sorgfältig vorbereitet hatte, zog er sich auf einen Alterssitz über dem Genfer See zurück; seinem Sohn überließ er den Ruhm, den tiefsten Punkt unter den Meeren zu erreichen. Die „Trieste" war inzwischen von der amerikanischen Marine übernommen worden. Von ihr wurde Jacques Piccard der Leutnant Don Walsh beigegeben, ein erfahrener Taucher und Unterwassersportler. Zwei Probefahrten schraubten den Tauchrekord auf 5668 m und 7300 m Tiefe. Und dann, am 25. Januar 1960, starteten Piccard und Leutnant Walsh zu dem Unternehmen, mit dem ein neues Kapitel der Ozeanographie eröffnet wurde. In „Ruhm war ihr Begleiter" lesen wir darüber:

„Es war ein stürmischer Morgen mit hohem Seegang. Ununterbrochen rannten die Wogen gegen die „Trieste" an, als wollten sie sie zertrümmern. Das Telefon zwischen Deck und Kugel war weggeschwemmt, zwei Tachometer waren beschädigt worden. Aber in der Kugel war alles in Ordnung. „Tauchen!" signalisierte Piccard zur „Wandak", dem Begleitschiff, hinüber. Und schon fiel auch die schwere Stahltür hinter ihm und Walsh zu — der fast 5stündige Abstieg hatte begonnen. Aber schon bei 104 m stand die „Trieste" still — das kalte, dichter werdende Wasser hielt das Tauchboot auf, bis sich auch das Benzin abgekühlt hatte. Dasselbe bei 113, 128 und 157 m! Nach einer Dreiviertelstunde waren sie erst bei 244 m angelangt; wenn es so weiterging, würden sie am nächsten Tag in der Challenger-Senke ankommen. Und wenn sie abgetrieben und gegen eine Steilwand des Marianen-Grabens geschleudert wurden?

Endlich sank das Boot mit 1 m Geschwindigkeit pro Sekunde, kurz vor $^1/_2$9 Uhr waren sie in 1000 m Tiefe. Plötzlich sickerte

Wasser durch eine Kabeldurchführung, und als sich das Leck von selbst wieder schloß, wurde eine andere Stelle undicht. Aber auch sie „heilte" durch den ständig zunehmenden Druck. Um $^3/_4$12 waren Piccard und Walsh auf der Höhe des Mount Everest ... wenn ihn eine Macht vor Guam in den Ozean gestürzt und auf die Spitze gestellt hätte. Das Wasser war glasklar, die Scheinwerfer schnitten breite Lichtstrahlen hinein.

Über eine Stunde später zeigte das Echolot den Meeresgrund an: 10 916 m. Nun lasteten 170 000 Tonnen auf der Kugel, in der sie eingeschlossen waren. Langsam schwamm ein augenloser, breiter Knochenplattfisch über den Grund. Er war so lang wie ein Kinderarm. Mußte ihn der ungeheure Druck nicht zerquetschen? Weit gefehlt — er fühlte sich sichtlich wohl in seiner Haut und zeigte nicht einmal Empörung über das Eindringen des riesigen Fremdkörpers in sein Reich. Bald würde man in der nachtschwarzen Tiefe noch andere Geschöpfe sichten — auch hier war die Welt voller Wunder.

Nur 20 Minuten blieben Piccard und Walsh auf dem Boden der Challenger-Senke, dann traten sie die 11 km lange Rückfahrt an. Ohne Zwischenfall tauchten sie kurz vor 5 Uhr nachmittags wieder auf, begrüßt von dem Donner zweier Düsenflugzeuge und den Sirenen der Begleitschiffe.

„Andere werden uns folgen", sagte Jacques Piccard, als ihn die Offiziere, Matrosen und Reporter strahlend beglückwünschten. „Eines Tages werden Dutzende von Tauchschiffen der Tiefsee auch die letzten Geheimnisse entreißen. Wenn es so weit ist, mögen die Menschen des Mannes gedenken, der das Tauchboot für sie baute und damit als erster in die Tiefe hinabstieg, um ihnen den Weg zu weisen."

Zur selben Zeit saß Auguste Piccard, der geniale Vater eines wagemutigen Sohnes, in seiner Studierstube in Chexbres am Radio. Als Jacques' Worte durchgegeben wurden, leuchteten seine Augen auf. Sein Lebenstraum war erfüllt, er hatte die Flamme, die in ihm brannte, an die neue Generation weitergegeben. Noch zwei Lebensjahre waren ihm vergönnt, bevor er die Augen für immer schloß. Er schied in dem Bewußtsein, in seinem Sohn den würdigsten Nachfolger gefunden zu haben. Schon lagen die Pläne für ein völlig neuartiges U-Boot bereit, mit dem Jaques Piccard in einer Tiefe von mehr als 1000 m würde operieren können. Das U-Boot soll den jungen Forscher von Florida nach Neuschottland, der kanadischen Halbinsel, führen. Seine Hauptaufgabe sieht Piccard in der Beobachtung der Tier- und Pflanzenwelt des Golfstromes, der Strömungsgeschwindigkeit des Wassers, seiner Temperatur und dem Wasserdruck. „Gruman-Piccard PX 15", wie das U-Boot heißt, wird in einer bestimmten Tiefe vom Wasser so zusammengedrückt, daß es sein Volumen ändert, ohne daß Gefahr für die Insassen besteht. Aus seinem Rumpf können 4 Beine ausgefahren werden, so daß es auf dem Meeresgrund ruht. Piccard jun. glaubt, daß mit solchen U-Booten Wracks gehoben werden können.

Die Riesen wachsen nicht mehr

200 000 Engländer brachen in südländischen Jubel aus, als die „Queen Mary", der Ozeanriese der Cunard Linie, im September 1934 von Stapel lief. Für jeden echten Briten war dieses prunkvollste, größte und schnellste Schiff aller Zeiten ein Symbol für die Herrschaft auf den Ozeanen und die ungebrochene Weltgeltung Großbritanniens. Es dauerte nicht lange, da hatte die „Queen Mary", mit 2000 Passagieren und 1300 Besatzungsmitgliedern an Bord, der französischen „Normandie" das Blaue Band abgejagt. In 3 Tagen, 20 Stunden und 42 Minuten überquerte sie den Atlantik.

Fünf Jahre später brach der Zweite Weltkrieg aus, und das über 81 000 BRT große Schiff dampfte insgeheim nach Australien, wo sie als Truppentransporter umgebaut wurde — 15 000 Mann pferchte man schließlich in ihr zusammen. Als die Queen

1946 wieder herausgeputzt wurde, begann das britische Weltreich schon abzubröckeln. 1952 verlor sie das Blaue Band an die „United States", die 30 000 BRT weniger hat, und bald erlag sie der Konkurrenz der schnelleren und billigeren Düsenflugzeuge. Dasselbe Schicksal erlitt ihr Schwesterschiff, die „Queen Elizabeth" (83 000 BRT), die 2260 Passagiere aufnehmen konnte. Aber oft fuhr sie halbleer, und als für eine Kreuzfahrt nur 90 Fahrgäste gebucht hatten, entschloß sich Cunard, die Königinnen zu verkaufen; ein jährliches Defizit von 8 Millionen Mark erschien den Aktionären nicht länger tragbar. Die schwimmenden Luxushotels mit ihren Schwimmbädern, Tanzdielen, Kinos und der verschwenderischen Ausstattung ihrer 38 Gesellschaftsräume, Speisesäle und Kabinen mußten verkauft oder verschrottet werden. So kam die „Queen Mary" für 13 Millionen Mark nach Long Beach, das feudale kalifornische Seebad. Hier sind ihre Decks ausgeräumt und als Schiffsmuseum eingerichtet worden.

Ihren Platz auf den Weltmeeren nimmt nun die zweite Elizabeth ein, auch sie ein stolzes Schiff von 60 000 BRT, das über 2000 Fahrgästen Raum und Komfort bietet. 321 m lang und 35 m breit, entwickelt es eine Geschwindigkeit von 28,5 Knoten. Damit konkurriert sie erfolgreich mit der „France", dem Meisterwerk französischer Schiffsbaukunst und gallischen Geschmacks. Am 3. Februar 1962 in Dienst gestellt, wurde ihre Jungfernfahrt von Le Havre nach New York zu einer Propaganda- und Triumphreise. 400 Journalisten berichteten begeistert über die Vorzüge dieses schwimmenden Palastes, der eine Reisegeschwindigkeit von 30—32 Knoten entwickelt.

Einen Rekord hat die „France" allerdings mittlerweile abgeben müssen: Sie ist mit einer Länge von 315 m nicht mehr das längste Schiff der Welt. Dafür hat sie 13 Decks, den größten Kinosaal (664 Plätze), 2 Bibliotheken mit über 5000 Bänden, die längste schwimmende Bar, 1300 Telefone, 427 Fernsehgeräte, 2 Fernschreibanlagen, zahlreiche Sportplätze, sowie Spiel- und Konzertsäle. Die „Compagnie Générale Transatlantique", in deren Diensten die „France" steht, hat die Baukosten nicht allein tragen müssen; 35% der Summe hat der Staat dazugelegt, als die

Aktionäre zögerten. Staatschef de Gaulle wollte Frankreichs Weltgeltung auch dadurch demonstrieren, daß die Königin der Meere fortan kein angelsächsisches, sondern ein französisches Schiff ist.

Mittlerweile hat die neue „Queen Elizabeth" die „France" nicht nur in der Schiffslänge übertrumpft. Für 1,1 Millionen Mark ist ihr ein Elektronengehirn eingebaut worden, das die „Queen" automatisch steuern kann und alle Motoren kontrolliert. Der Computer stellt den Passagieren die Rechnungen aus, meldet den jeweiligen Stand aller Vorräte und des Trinkwassers, beobachtet das Wetter und berechnet Windstärken, Strömungen u. v. m. Auch die Ausstattung der zweiten Elizabeth ist nicht weniger luxuriös als die ihrer Vorgängerin. Fragt man aber die Aktionäre der Cunard Linie, ob das Schiff ohne Verluste die Meere befahren wird, seufzen sie ergeben. Nach den Erfahrungen der letzten Jahre hätten sie lieber zwei 25 000-Tonner in Dienst gestellt. Ozeanriesen über 40 000 BRT rentieren sich nicht mehr. Die zweite Queen kostete rd. 320 Millionen Mark. Demgegenüber sind die italienischen Paradezwillinge „Michelangelo" und „Raffaello" (43 000 BRT) um 70 Millionen Mark billiger gewesen. Die Riesen wachsen nicht mehr, im Gegenteil, sie schrumpfen, ohne aber an Eleganz und Fahrtgeschwindigkeit zu verlieren. Halten können sie sich ohnehin nur, wenn sie außer im Liniendienst zu verlockenden Kreuzfahrten eingesetzt werden oder wenn der Staat aus Prestigegründen die entstehenden Verluste deckt. Romantik allein hat im 7. Jahrzehnt unseres Jahrhunderts keine Zugkraft mehr.

Brücken für die Ewigkeit

Am 21. November 1964 wurde der Verkehr auf der längsten und kühnsten Hängebrücke der Welt eröffnet. Sie schwingt sich von Brooklyn nach Staten Island über die New Yorker Hafeneinfahrt. „Eine Brücke für die Ewigkeit" nannten Reporter die

Verrazano-Narrows-Brücke*), deren Baukosten $1^1/_4$ Milliarden Mark überstiegen. Erinnerten sie sich dabei an den stolzen oder hoffärtigen Ausspruch des römischen Baumeisters Cajus Julius Lacer? Als Lacer im Jahre 98 n. Chr. die Alcantara-Brücke über den Tajo fertiggestellt hatte, ließ er auf dem Turm die Worte einmeißeln: „Ich habe eine Brücke für die Ewigkeit hinterlassen!" Seine Granitbogenbrücke steht noch, aber wer dürfte sagen „für die Ewigkeit"?

Der Überschwang, mit dem die amerikanische Presse die Einweihung der Verrazano-Brücke feierte, ist verständlich. Mit einer Spannweite von 1298,5 m überbrückt sie die New Yorker Bucht „wie ein Pfeil, dessen schwirrende, federnde Spur zu Stahl und Beton erstarrt ist". Von zwei 212 m hohen Pylonen getragen, schweben die beiden Fahrbahnen 70 m hoch über dem Wasser.

Der Erbauer der Brücke, der Schweizer O. Ammann*), war bereits achtzig, als er den Auftrag übernahm. Ammann, ein Schüler des ebenfalls nach Amerika ausgewanderten Österreichers Gustav Lindenthal, hatte mit dem Bau der George-Washington-Brücke über den Hudson in New York scheinbar schon 1930 den Höhepunkt seiner Laufbahn erreicht. 34 Jahre später zeigte sein Entwurf für die neue Hängebrücke, daß geistige Schöpferkraft sich mit dem Alter noch steigern kann. Ammann übertraf mit seinem „Pfeilschuß über die Bucht" die berühmte Golden-Gate-Brücke nicht allein an Länge — sein Wurf war womöglich noch kühner als der von Joseph Strauss, der die Einfahrt der San-Franzisko-Bucht überspannt hatte. Mit echt angelsächsischer Untertreibung antwortete Ammann auf die Lobreden einiger Ehrengäste bei der Einweihungsfeier: „Was haben wir denn andres getan, als eine Wäscheleine zwischen zwei Pfosten aufgehängt?"*)

Aber welch ein Schritt von dem Baumstamm, der vor Zeiten über einen Fluß fiel und von unseren Urvätern als erste Brücke benutzt wurde, zu den gewaltigen Hänge- und Bogenbrücken unserer Tage! Bald wird es Hängebrücken von 3000 m Spannweite geben, schon denkt man daran, die Straße von Messina und

---

*) Siehe Roderich Menzel „Adam schuf die Erde neu", Econ Verlag, Düsseldorf.

die Meerenge von Gibraltar zu überbrücken. Für das Messina-Projekt hatte der amerikanische Brückenbauer D. Steinman schon alle Pläne eingereicht, den Zuschlag soll aber ein italienisches Konsortium bekommen — falls Geld genug vorhanden ist.

Der Brückenschlag zwischen Kap Tarifa in Spanien und Tanger in Marokko beruht auf Plänen von Exminister Alfonso Pena; Pena gilt als Urheber der Brücke über den Tejo bei Lissabon, der längsten Hängebrücke Europas, die der Stolz Portugals ist. Die von ihm entworfene Europa-Afrika-Brücke sollen 12 Stützpfeiler von je 350 m Höhe tragen, jeder der Pfeiler müßte 70 m tief im Meeresboden verankert sein. Ist dieser verwegene Plan heute auch noch Utopie, so hat uns doch gerade das letzte Jahrzehnt gelehrt, wie schnell aus Wunschträumen Wirklichkeit wird ... wenn es gelingt, die Gipfel der Bürokratie zu überwinden, wenn genügend Mittel bereitgestellt werden, wenn die Zeit reif geworden ist. In dem Augenblick, da der Verkehr zwischen Europa und Afrika so anschwillt, daß ihn Flugzeuge, Dampfer und Fährboote nicht mehr bewältigen, wird auch die Brücke nach Afrika als neuestes Wunder der Technik erstehen.

Das größte Schiff der Welt

Als der griechische Reeder Onassis Anfang der fünfziger Jahre Ölschiffe von 45 000 Tonnen Gewicht (tdw*) bauen ließ, sprach man bewundernd von den Supertankern des Flottenkönigs, der schon damals Mitbesitzer von 30 Schiffahrtsgesellschaften war. Mittlerweile sind diese Riesen zu Zwergen geworden. Es gibt Tanker, die fast fünfmal so groß sind, und die Entwicklung ist keineswegs abgeschlossen. 1967 stellten die Japaner mit dem 209 300 **) Tonnen-Tanker „Idemitsu Maru" das vorläufig größte Schiff der Welt in Dienst, einen Koloß von 342 m Länge.

*) tdw, tons dead weight = totes, dh. Leergewicht.
**) Entspricht 212 650 metrischen Tonnen.

Wer gedacht hatte, mit dem Bau der Pipelines sei die Zeit der Öltanker vorbei, wurde eines anderen belehrt: die Reeder antworteten mit dem Bau wahrer Ungetüme, die 150 000—200 000 t Öl tranportieren können. Für ihren Optimismus sprachen mehrere Gründe. Einer davon ist die Verbilligung der Frachtkosten durch Verminderung der Besatzung. Der Kapitän der „Idemitsu Maru" gebietet nur über 21 Mann. Zum größten Teil sind es Techniker, die nur Hebel und Schalter bedienen und Elektroniker, die (kaum vorkommende) Pannen bei den Maschinengehirnen beheben können. Der japanische Riesentanker wird zwar noch nicht von Computern ferngesteuert, doch ist es nur eine Frage der Zeit, daß diese Schiffe außer dem Kapitän nur noch „Putz- und Kochsoldaten" an Bord haben. Die amerikanische Kriegs- und Handelsmarine gibt z. B. jährlich fast 600 Millionen Mark zur Weiterentwicklung der Elektronik auf ihren Schiffen aus, und Japan folgt dem Beispiel.

Der Ölbedarf der Welt wird größer und größer. Kein Wunder, wenn trotz der Röhrensysteme, durch die ein Teil der Weltölproduktion läuft, die Tankerflotten wachsen. Schon 1965 entfiel ein Drittel der Schiffstonnage aller Nationen auf Tankschiffe — mehr als 86 Mill. tdw. Japan, das hinter Liberia, Norwegen Großbritannien und Nordamerika an 5. Stelle der Tankertonnage liegt, macht alle Anstrengungen, an die Spitze zu gelangen. Dank der erprobten Zusammenarbeit von Reedern, Werften und Banken unter der Aufsicht der Regierung ist Japan heute im Tankerbau führend.

Liberias Position ist vor allem einer außerordentlichen Steuerbegünstigung zuzuschreiben. Viele Tanker führen zwar die Flagge von Liberia, haben aber sonst mit der kleinen westafrikanischen Negerrepublik nichts gemeinsam. Japan hat in den vergangenen Jahren fast die Hälfte aller neuen Tankschiffe, die von Stapel gelaufen sind, gebaut, darunter für England den 210 822-t-Tankerriesen „Bulford". Auch der norwegische Tankerkönig Bergesen gab japanischen Werften den Auftrag, vier Großtankschiffe für ihn zu bauen, darunter eins von 160 000 Tonnen.

Aber nicht nur Tanker, sondern auch Massengutschiffe werden seit 1964 in dieser Größenordnung hergestellt, obgleich sie nur wenige Welthäfen anlaufen und die meisten Kanäle nicht passieren können. Aber schon werden Flußmündungen und Häfen vertieft, um solche Riesenschiffe aufzunehmen. Daß ihnen die Zukunft gehört, zeigt die Tatsache, daß deutsche Werften den Bau von 300 000-Tonnen-Tankern vorantreiben. Die „Idemitsu Maru" wird also nicht lange das größte Schiff der Welt bleiben. Aber es ist ja das Schicksal jedes Rekordes, daß er früher oder später überholt ist.

1968 wurde in einem Reparaturdock der japanischen Werft Ishikawajima-Harina-Company ein weiterer Mammut-Tanker gebaut. Der 276 000-Tonnen-Riese ist 346 m lang, 53 m breit und 32 m hoch; er wird für eine amerikanische Firma zwischen dem Ölscheichtum Kuwait und Irland verkehren. Im Notfall könnte der Tanker von zwei Männern: dem Steuermann und dem Maschineningenieur, bedient werden, denn seine technische Ausrüstung ist elektronisch automatisiert. Da aber die amerikanischen Gewerkschaften für jede Schiffsgröße eine bestimmte Anzahl von Besatzungsmitgliedern vorschreiben, muß die Tankermannschaft 76 Personen umfassen.

Die erste U-Bahn der Welt

Die Londoner Untergrundbahn hat nicht das längste Streckennetz und nicht die meisten Fahrgäste; sie fährt auch nicht am schnellsten. New York und Chikago sind ihr in dieser Hinsicht voraus. Sie war aber die erste Bahn unter der Erde, und da ihre Anlage noch heute vielen Großstädten als Vorbild gilt, verdient sie es, unter den Wundern unserer Welt, stellvertretend für die anderen Untergrundbahnen, genannt zu werden. Ihr Streckennetz, das zur Zeit über 400 km beträgt, wird laufend erweitert, die Zahl der Passagiere, die jährlich 700 Millionen übersteigt, nimmt ständig zu. Großlondon mit einer Grundfläche von 3200 qkm, seinem Ring von Vororten und den 10 Millionen Menschen würde ohne die U-Bahn im Verkehrschaos ersticken. Während des berüchtigten Londoner Nebels, wenn Autos und Omnibusse, ununterbrochen hupend, nur im Schrittempo vorankommen, gewährleistet sie die sichere Beförderung von Menschen und Postgut.

Eine unterirdische Dampfeisenbahn wurde schon 1863 in London, das damals 2,8 Millionen Einwohner hatte, eröffnet. Wie gegen jeden Fortschritt, wurde auch gegen dieses Projekt zunächst Sturm gelaufen. Sogar seriöse Zeitungen befürchteten, daß infolge der riesigen Ausschachtungen die berühmtesten Bauwerke der Metropole: das Parlament, die St.-Pauls-Kathedrale, die Westminsterabtei u.a. einstürzen könnten. — Als die Bahn eröffnet wurde, fuhr eine Kapelle mit, die zum Jubel der sonst so nüchternen Londoner flotte Märsche spielte. Am Ende der Fahrt von Paddington nach Faringdon waren die Damen, die zur Einweihungsfeier kostbare Toilette gemacht hatten, weniger gut gelaunt: Rußgeschwärzt und in Dampf gehüllt, verließen sie schockiert die U-Bahnstation. Ab 1890 wurde die Londoner „Underground" elektrifiziert. Die Röhren für die Linien wurden in großen Tiefen — bis zu 65 m — verlegt, an den Stationen wurden Fahrstühle eingebaut, und bald führten auch Rolltreppen von der Straße zu den Bahnsteigen und umgekehrt, so daß auch gebrechliche Personen keine Schwierigkeiten beim Benutzen der U-Bahn mehr hatten.

Im Zweiten Weltkrieg war die Londoner „Tube"*) der sicherste „Bunker" für Hunderttausende, die hier vor den deutschen Luftangriffen und V-Geschossen Schutz suchten. Dabei entwickelte sich eine Kameradschaft aller Klassen und Gesellschaftsschichten, die nicht unerheblich zum Durchhalten und zum schließlichen Sieg der Engländer beitrug.

Die besonderen Vorzüge der Londoner Tube ist die dichte Zugfolge bei größtmöglicher Schnelligkeit und Sicherheit. Das ausgeklügelte Streckennetz ist, dank der vielen, am rechten Ort

---

*) tube = Röhre.

angebrachten Hinweise, auch für den Fremden „narrensicher", so daß jeder seinen Zielbahnhof auf dem kürzesten Weg erreichen kann. Auch die Sauberkeit von Bahnhöfen und Waggons wird höchstens in Kiew übertroffen, wo Heere von Scheuerfrauen täglich die Böden und Wände putzen.

Gemessen an ihren mehr als 30 Linien und einer Streckenlänge von 550 km ist die New Yorker „Subway", die jährlich fast 2 Milliarden Reisende befördert, die größte Untergrundbahn der Welt. Wer an einer kleinen Station aussteigen will, muß einen langsamen Zug benutzen, denn die Expreßzüge halten nur an Verkehrsknotenpunkten. Was die Sicherheit der Fahrgäste und die Sauberkeit angeht, steht die Subway allerdings nicht in bestem Ruf. — Am schnellsten fahren die Chikagoer Untergrundbahnzüge, die stellenweise Geschwindigkeiten bis zu 120 km erreichen.

Lange galt die 1932—35 gebaute Moskauer Untergrundbahn mit ihren 82 Stationen und 210 Rolltreppen als die modernste der Welt. Ihren Ruf verdankte sie nicht zuletzt einer verschwenderischen Ausstattung, die so gar nicht zum Bild einer sozialistischen Gesellschaft passen will. Der sowjetische Prunkstil offenbart sich dabei in Wänden aus Marmor, gewaltigen Kronleuchtern, Gemälden und Statuen, die geradezu den Personenkult versinnbildlichen. In Kiew sind es vor allem Dichter, Komponisten und Philosophen, die aus den Nischen der Bahnhöfe herausschauen. Den Passagieren wären allerdings beheizte Betonsitzbänke auf den Stationen, wie Stockholm sie besitzt, willkommener.

Das Netz der Pariser „Metro" ist 170 km lang. Hier verkehren noch 1. Klasse-Wagen, die während der Stoßzeiten allerdings auch von den Arbeitern ohne Zuschlag benutzt werden dürfen. Die im Jahre 1900 eröffnete Metro unterquert im Zickzackkurs mehrmals die Seine. Die Untertunnelung eines so breiten Stromes galt damals als Spitzenleistung der Ingenieurkunst. Heute bietet die Ausschachtung von U-Bahntunneln unter Flußbetten keine Schwierigkeiten mehr. So unterfahren U-Bahnen den Hudson in New York, den St.-Lorenzstrom in Montreal, die Donau in Budapest, den Clyde in Glasgow und die Maas in Rotterdam.

Die höchsten Seilbahnen der Welt

Venezuela ist ein Land voller Gegensätze und Übersteigerungen. Fast viermal so groß wie die Bundesrepublik, hat es nur ein Zehntel der Einwohnerzahl Westdeutschlands. Die reinblütigen Indios, die das Land bis ins 16. Jahrhundert allein besiedelten, machen heute nur noch 3% der Bevölkerung aus. Neben 22% Weißen und 10% Negern sind die Mestizen mit 65% die zahlenmäßig stärkste Gruppe der Venezolaner. Die Hälfte der Einwohner sind Analphabeten, obgleich der Volksschulunterricht unentgeltlich ist, aber einer schmalen Oberschicht stehen drei hervorragende Universitäten (in Caracas, Mérida und Maracaibo) offen. Vor 1922 ein armes Land, gehört Venezuela heute dank seines Reichtums an Erdöl, Erdgas und hochwertigem Eisenerz zu den wenigen Staaten in der Welt, die noch aus dem Vollen schöpfen können. Es kann deshalb Projekte verwirklichen, deren Ausführung sonst nur Weltmächten möglich ist. Dazu gehört der 1120 km lange Abschnitt der Panamerikanischen Autobahn, der Kanal durch die Sandbank vor dem Maracaibo-Becken und die Autobahn zwischen der Hauptstadt Caracas und dem Hafen La Guaira — sie ist ein technisches Meisterwerk und gilt als die beste Straße der Welt.

Einzigartig ist auch die Seilbahn von der Kaffeestadt Mérida auf den Pico Espejo, die höchste und längste Seilbahn der Erde. Die Strecke ist in 4 Abschnitte eingeteilt, die in einstündiger Auffahrt überwunden werden. Die Länge der vierten und letzten Spanne beträgt 3069 m; sie führt von der Station Loma Redonda ohne Stütze in die Höhe. Nach dieser „atemberaubenden" Fahrt erreichen die Passagiere den 4766 m hohen Berggipfel, von dem sie einen unvergeßlichen Rundblick genießen. Die Kordillere von Mérida fällt gegen den Nordwesten zum Tiefland von Maracaibo und die gleichnamige Bucht schroff ab, gegen Südosten stürzt sie fast ebenso steil zu den Hochgrassteppen der Llanos mit ihren unübersehbaren Viehweiden ab. Die Schönheit und Großartigkeit des Panoramas wird höchstens noch im Himalajagebiet übertroffen.

Die Seilbahn von Mérida ist von der französischen Firma Applevage unter Überwindung gewaltiger technischer Schwierigkeiten gebaut worden. Kaum weniger kühn ist die Anlage der höchsten Seilbahn Europas im Montblanc-Massiv. Von dem berühmten Wintersportzentrum Chamonix aus haben die Franzosen Mitte der fünfziger Jahre jene „téléférique" errichtet, die seither als technische Gipfelleistung allen anderen Gebirgsländern zum Vorbild dient. Von der Talstation in 1030 m Höhe fährt man mit der alten Zahnrad- und Seilbahn bis zur Mittelstation „Plan de l'Aiguille" (2308 m) hoch. Von hier geht es in einer 49 Personen fassenden Schwebekabine ohne Stütze über Gletscher und eisgepanzerte Felsenhänge zur Südspitze des Aiguille du Midi in 3842 m Höhe empor. Im Innern des Gipfels ist ein elektrisch geheizter Aussichts- und Warteraum untergebracht, von dem man die ganze Bergwelt in einer überwältigenden Fernsicht bewundern kann.

Das Glanzstück der Anlage ist aber die Gondelbahn, die vom Aiguille du Midi quer über das Montblanc-Massiv zur Helbronnerspitze (3466 m) auf italienisches Gebiet hinüberführt. Sie ist das Werk des italienischen Ingenieurs Dino Totino. Da die „beweglichen" Gletscher keine Stützen tragen können, die 5 km lange Strecke aber wenigstens durch zwei Träger gesichert werden mußte, ließ Ing. Totino zwischen zwei Felsen ein Querseil spannen; damit gewann er eine sichere „hängende Stütze". Die zweite brachte er in einem Felszacken an, der aus dem Gletscher herausragt — die Gondel passiert ihn in einem kurzen Tunnel.

Die abenteuerliche Luftfahrt, streckenweise einige hundert Meter über dem Eis, dauert $^3/_4$ Stunden. Von der Helbronnerspitze führt die italienische Montblanc-Schwebebahn zur Bergstation Turinerhütte in 3322 m Höhe, von hier zur Mittelstation „Pavillon" und schließlich zur Talstation La Palud bei Entrèves im Aostatal. Wie die französische Anlage, ist auch die italienische in sechs Teilstrecken untergliedert.

Eingefleischte Bergsteiger und Skikanonen verdammen von Zeit zu Zeit die Erschließung der Gebirgswelt „zur Bequemlichkeit von Stubenhockern und Pedaltretern". Aber nur wenige Menschen sind imstande, überhängende Felswände mit Seil, Kletterhammer und Mauerhaken zu überwinden oder gar mit Eispickeln, Steigeisen und Eishaken umzugehen. Ein so gewaltiges Naturerlebnis, wie es die Schwebebahnen im Montblanc-Gebirgsstock vermitteln, darf nicht bloß einer zahlenmäßig kleinen Gruppe von Sportlern vorbehalten bleiben ... aus so außerordentlicher Erfahrung formt sich ein neues Weltgefühl.

Der Eiffelturm

Als der französische Ingenieur Gustave Eiffel in den achtziger Jahren des vorigen Jahrhunderts den Pariser Stadtvätern den Plan eines 300 m hohen Turmes zeigte, den er auf dem Marsfeld errichten wollte, schüttelten alle die Köpfe. „Heller Wahnsinn", sagten die einen, „das Ding fällt beim ersten Luftzug um." Andere meinten, es müsse in sich zusammenbrechen, und wieder andere sahen in ihm eine Verschandelung des Stadtbildes. Auch heute noch, da der Eiffelturm längst zum Wahrzeichen von Paris geworden ist, ohne das sich viele die französische Hauptstadt gar nicht mehr vorstellen können, seufzen Schöngeister noch immer über „das schauerliche Monstrum aus dem Baukasten". Schon 1888 hatten 300 Künstler seine Beseitigung gefordert, und Maupassant wollte „dieses magere Skelett eines Fabrikschornsteins" in die Luft sprengen lassen. Alle diese Vorwürfe nehmen einer der kühnsten technischen Leistungen des 19. Jahrhunderts nichts von ihrer Wucht und Größe.

Wer war dieser vermessene Ingenieur, der es unternahm, einen neuen Turm von Babel zu errichten? Alexandre Gustave Eiffel, dessen Vorfahren Deutsche waren, stammte aus Dijon, der alten Hauptstadt Burgunds. Er war der Sohn eines kleinen Beamten und legte erst 1880 den Familiennamen Bönickhausen ab. Bei der Aufnahmeprüfung für das Polytechnikum fiel er durch — er schaffte die Zulassung erst beim zweiten Anlauf. Schon frühzeitig faszinierte ihn der Gedanke, den großartigen Bauten des Mittelalters etwas Ähnliches an die Seite zu stellen und damit den Geist seiner Epoche auszudrücken. Das Material dazu sollten Eisen und Stahl sein.

Eiffel begann seine Laufbahn als Brückenbauer. Er verwendete erstmals vorgefertigte Eisenteile, die an der Baustelle nur noch zusammengefügt werden mußten. Eine seiner ersten Arbeiten war die große Brücke bei Bordeaux. 1865 gründete er in einem Pariser Vorort eine Maschinenfabrik und führte Aufträge im Wert von 140 Millionen Francs aus. Er baute Viadukte, Hallen und Brücken in Portugal, Spanien, Mexiko, Peru, Bolivien, Indochina, Rußland und Rumänien, den Bahnhof von Pest und den Pavillon der Stadt Paris für die Weltausstellung. Der 564 m lange und 122 m hohe Viadukt von Garabit galt zur Zeit seiner Eröffnung im Jahre 1884 als eines der modernen Weltwunder. Auch die drehbare Kuppel der Sternwarte von Nizza ist Eiffels Werk. Trotz ihres Gewichts von 1000 Tonnen kann sie von einem halbwüchsigen Jungen leicht gedreht werden. Schließlich schuf Eiffel noch das Stahlgerippe für die New Yorker Freiheitsstatue von F. A. Bartholdi.

Das hohe Ansehen, das Ing. Eiffel genoß, besiegte 1885 endlich alle Einwände gegen seinen Turm. Nicht zuletzt kam ja dieser höchste Turm der Welt dem französischen Nationalstolz entgegen. Da die Regierung nur $1/_5$ der Bausumme bereitstellte, mußte Eiffel eine hohe Hypothek auf seine Maschinenfabrik aufnehmen. Als das Projekt gesichert war, ging Eiffel mit 250 Arbeitern sofort an die Verwirklichung seines technischen Traumes. Zuerst schuf er den Unterbau, der auf Betonklötzen von 14 m und 9 m Stärke ruht. Innerhalb von zwei Jahren wuchs der Turm zu seiner vollen Höhe empor. Die erste Plattform in knapp 58 m Höhe bildet ein Quadrat von 65 m Seitenlänge, die zweite liegt rund 116 m über dem Erdboden und ist 30 m lang und breit. In 190 m Höhe vereinigen sich die 4 Eisenständer zu einem einzigen. Dieser trägt in 276 m Höhe die dritte Plattform von 15 m Seitenlänge. Darüber sind die Scheinwerfer angebracht. Über eine Wendeltreppe gelangt man in 300 m Höhe zu der meteorologischen Station, in der Eiffel lange gearbeitet hat. Sie ist in einem Balkon von 1,6 m Durchmesser untergebracht.

Der Turm wiegt 9 Millionen Kilogramm; das bedeutet, daß 1 qcm der Bodenfläche mit 3 kg belastet ist. Die 15 000 Teilstücke des Turmes werden von $2^1/_2$ Millionen Nieten zusammengehalten. Von unten bis zur Turmspitze führen 1792 Stufen und drei Aufzüge. Wie Eiffel berechnet hatte, schwankt sein Turm auch bei Sturm nur um höchstens 15 cm. Bei sommerlicher Hitze dehnt sich die Konstruktion um 18 cm aus. Dank der Vorsichtsmaßnahmen des Erbauers gab es nur einen tödlichen Unfall, und dieser wurde durch den Leichtsinn eines jungen Arbeiters herbeigeführt, der seiner Braut einen verwegenen Balanceakt vorführen wollte.

Am 31. März 1889 mit 21 Salutschüssen und der Marseillaise eingeweiht, wurde der Eiffelturm zu einem der größten Anziehungspunkte Frankreichs. 2 Millionen Besucher waren schon bis zur Schließung der Weltausstellung am 6. November 1889 gezählt worden. Erst 1963 wurde diese Höhe der Besucherzahl wieder erreicht. Jedenfalls waren die Baukosten — $7^3/_4$ Millionen Francs — in wenigen Jahren hereingebracht, und die Aktionäre der Eiffelturmgesellschaft, vor allem Eiffel selbst, strichen 20 Jahre lang hohe Gewinne ein. 1909 übernahm der Staat vertragsgemäß das Bauwerk.

Um Lebensmüde von einem Sprung in die Tiefe abzuhalten, wurden Schutzvorrichtungen angebracht, die ihren Zweck allerdings nur unvollkommen erfüllten. Auf Selbstmörder übt der Eiffelturm nach wie vor eine makabre magnetische Kraft aus.

Von den Plattformen des Turms genießen die Besucher einen unvergleichlichen Blick über Paris und seine Umgebung bis zu einer Entfernung von 70 km. Nicht umsonst sagen die Franzosen: „Am schönsten ist Paris vom Eiffelturm aus." Und dann setzen manche augenzwinkernd hinzu: „Dann sieht man das gräßliche Ding wenigstens nicht." Aber die künstlerischen Einwände gegen ihn gelten ebensogut für viele andere nationalen Monumente, ob es die New Yorker Freiheitsstatue ist, die Bavaria in München oder das riesige Marmordenkmal Viktor Emanuels II. in Rom.

Eiffels Projekt hatte sich gegen nicht weniger als 700 Entwürfe anderer Baumeister und Phantast durchsetzen müssen. Einer wollte zur Erinnerung an die französische Revolution einen riesigen Galgen errichten, ein anderer eine 300 m hohe Gießkanne, um daraus Paris im Sommer zu berieseln. Das vernünftigste Projekt neben dem Eiffels war ein 300 m hoher Sonnenturm, dessen Lichtanlagen und Spiegelreflektoren Paris auch bei Nacht taghell erleuchtet hätten.

Eiffel war 57 Jahre, als er seinen weltberühmten Turm vollendete. Auf der Höhe seiner Laufbahn — er war einer der „40 Unsterblichen" der Académie Francaise — verwickelte er sich in den Panama-Skandal und wurde 1893 zu einer zweijährigen Gefängnisstrafe verurteilt. Er hatte sich von der Panama-Gesellschaft für nie ausgeführte Arbeiten 19 Millionen Francs bezahlen lassen. Der Kassationshof hob das Urteil später wegen Verjährung auf.

Fortan beschäftigte sich Eiffel mit aerodynamischen Problemen und errichtete zwei Forschungsanstalten für Messungen im Windkanal. Er überlebte seinen Weltruhm um dreißig Jahre und starb, 91jährig, bis zum letzten Tag mit wissenschaftlichen Fragen beschäftigt. Wie stark seine Ideen noch heute nachwirken, zeigt der Fernsehturm von Tokio. 38 m höher als der Eiffelturm, ist er dessen getreue Nachbildung.

Das höchste Gebäude der Welt, das Empire State Building in New York, überstrahlt nachts das Lichtermeer der Metropole.
Bild: USIS

Auch die berühmte New Yorker „Sky-Line" gehört zu den modernen Weltwundern. Ein reizvoller Kontrast dazu bildet „die Mövenlinie" am Ufer des Hudson-Flusses. *Bild: USIS*

Der stählerne Torbogen von
St. Louis (USA) schwingt
sich zu 189 m Höhe über
die Stadt empor. *Bild: USIS*

Die Golden Gate Brücke
von San Franzisco, unter
der im Nebel gerade eine
Fischerflotille ausfährt —
ein unheimlich-großartiger
Anblick. *Bild: USIS*

Das Empire State Building

Am 24. Oktober 1929 fielen an der New Yorker Börse die Kurse ins Bodenlose. Der Schwarze Freitag war der Beginn einer Wirtschaftskrise, die die ganze Welt erschüttern sollte. Für Amerika bedeuteten der Börsenkrach und der Zusammenbruch von Banken und Weltfirmen mehr als eine verlorene Schlacht — es war eine Niederlage, aus der es keinen Wiederaufstieg zu geben schien. Amerika war wie gelähmt und nach der Meinung vieler reif für die Anarchie. Die Selbstmorde häuften sich, Gangsterbanden terrorisierten das Land.

Gouverneur von New York war zu dieser Zeit der spätere Präsident Franklin Delano Roosevelt, der sich der allgemeinen Mutlosigkeit und Verzweiflung tatkräftig entgegenstemmte. Zu den Optimisten inmitten des Zerfalls gehörten auch einige Millionäre, die an der 33. Straße ein Bürohaus mit 102 Stockwerken errichten wollten: Das Empire State Building. Es sollte das höchste Gebäude der Welt werden und den Pariser Eiffelturm um 81 m überragen.

Zuerst erwarb die Empire-State-Building-Gesellschaft ein 8350 qm großes Grundstück von der Ecke der Fifth Avenue bis zur 34. Straße um 15 Millionen Dollar. Ein Quadratmeter kostete also schon damals rund 2000 Dollar. Der Bau des Wolkenkratzers selbst kam auf 35 Millionen und wurde den Architekten Shreve, Lamb und Harmon übertragen. Nachdem die alten Gebäude, darunter das weltberühmte Waldorf Astoria Hotel, das an der Park Avenue wiederaufgebaut wurde, eingeebnet worden waren, wuchs das Empire State Building im Eilzugtempo empor. Durchschnittlich wurden pro Woche 4$^1/_2$ Stockwerke gebaut — der Rekord waren 14$^1/_2$ Stockwerke in 10 Tagen! Am 1. Mai 1931, also 19 Monate nach Baubeginn, weihte der neue Gouverneur von New York, Alfred Smith, das Haus offiziell ein.

„Ein Traum aus Stein, Granit, Nickelstahl, Aluminium und Glas" nannte es ein Reporter. Ein anderer sprach von einem „Triumphschrei der Technik" und prophezeite, daß künftige Generationen an ein Werk von Riesen glauben würden. Es sei wie in den Märchen aus Tausendundeiner Nacht in die Höhe geschossen, der Geist Amerikas habe hier sein schönstes Sinnbild gefunden. Weniger Respekt zeigten kurz nach der Einweihung fünf Mitglieder der polnischen Skimannschaft für die olympischen Spiele. Sie rannten vom 5. bis zum 102. Stock die Treppen hinauf und brauchten dazu 21 Minuten. Dieser Rekord wurde nie gebrochen, weil die Verwaltung seither derartige sportliche Betätigung verhindert.

Schlank gegen den Himmel strebend, überragt das Empire State Building wie ein gewaltiger Leuchtturm New York. Sein Stahlgerippe wiegt 60 000 Tonnen, 10 Millionen Ziegel wurden für den Bau verwendet. 63 Personen- und 4 Lastaufzüge eilen in mehr als 11 km Aufzugsschächten auf und ab. Rund 10 000 Personen können in der Stunde befördert werden. Die meisten Aufzüge verkehren nur bis zum 80. Stock, nur zwei bis zum 86. und einer, ohne Zwischenhalte, bis zur Spitze. Dieser Expreßlift braucht dazu 1 Minute und 16 Sekunden.

Um das Gebäude instandzuhalten, werden 750 Personen beschäftigt, darunter 9, die ununterbrochen die Fenster putzen. 24 Briefträger tragen zweimal am Tag Post im Empire State Building aus. Das Netz der Telefon- und Telegrafenkabel im Innern ist über 5 Millionen Meter lang.

Als der König unter den Wolkenkratzern fertig dastand, war nur 1/3 der Büroräume von insgesamt 185 000 qm vermietet. Die Verwaltung mußte mit den Besitzern der neuen Bürogebäude beim Grand Central Bahnhof um jeden Mieter kämpfen; neuen Firmen gewährte sie für eine Zeit sogar Mietfreiheit, anderen wurde die Miete für ihre bisherigen Räume ersetzt, wenn sie sofort in das Empire State Building übersiedelten. Die Pessimisten hatten offenbar recht behalten, der Zusammenbruch der Gesellschaft schien nur eine Frage der Zeit. „Empty (leeres) State Building" nannte der Volksmund das herausfordernde Gebäude, in dem 25 000 Menschen arbeiten können. Aber schon zwei Jahre später waren fast alle Räumlichkeiten vergeben. Heute sind 900 Firmen im Haus, nur 1%/0 des Raumes wird, ungenutzt, für besondere Anforderungen freigehalten.

1951 erwarb der Chicagoer Millionär Henry Crown das Empire State Building für 51 Millionen Dollar. Für 65 Millionen erwarb es 1961 die Prudential Versicherungsgesellschaft, verpachtete es aber aus rechtlichen Gründen an die alten Eigentümer. Die jährliche Miete beträgt rund $3^1/_4$ Millionen Dollar, die Einkünfte aus Mieten, dem Betrieb der Fernsehstation und dem Kartenverkauf an Besucher werden auf $12^1/_2$ Millionen Dollar geschätzt. Bis heute haben ca. 28 Millionen Menschen „das erregendste Panorama der Welt" genossen — so nennen Journalisten den Blick von der oberen Plattform über New York und seine Umgebung.

Im Nordosten fällt der Blick zuerst auf das Chrysler Building, den zweitgrößten Wolkenkratzer New Yorks; er ist 319 m hoch. Seine Spitze läuft in eine dünne Lanze aus, die einen nachts angestrahlten Stern trägt. Im Norden ragt das Massiv des Rockefeller Centers empor — eine Stadt inmitten der City. Mit ihm zusammen bilden das RCA-Building mit seinen 82 Stockwerken, das Time and Life Building, das Associate Press Building und das International Building ein Wolkenkratzerzentrum von imposanter Eigenart. Der grandiose Bienenwabenbau der Vereinten Nationen, von Spöttern „die Zigarrenkiste" genannt, vervollständigt es im Osten. Dann schweift der Blick über die ungeheure Weite der Metropolitan Area mit ihren 13 Millionen Einwohnern und verweilt endlich auf der Unendlichkeit des Atlantischen Ozeans im Süden.

In den fünfziger Jahren wurde das Empire State Building durch den Bau von Radio- und Fernsehanlagen um fast 68 m erhöht; es ist jetzt 448,67 m hoch. Im Turm des Gebäudes arbeiten 8 Radarstationen, die jedes fliegende Objekt bis zu einer Entfernung von 1500 km ausmachen. Die Aussichtsterrasse befindet sich im 86. Stock, 320 m über der Erde. Über ihr sind die stärksten Scheinwerfer der Welt mit 2 Milliarden Kerzenstärke angebracht.

Auf der Aussichtsplattform des Empire State Buildings kann man die erstaunlichsten Dinge erleben. Zum Beispiel hat man bei starkem Wind und wenn besondere atmosphärische Bedingungen zusammentreffen, den Eindruck, als krieche eine Riesenschlange auf einen zu. An gewittrigen Abenden kann man, wenn man über die Brüstung greift, blaue Flämmchen einfangen — eine Art Elmsfeuer. Dabei zischt und knistert es wie beim Löten von Metallen. Elektrisch geladene Staubteilchen summen einem wie Bienen um die Ohren.

Manchmal fällt roter und manchmal schneeweißer Regen auf die Plattform. Die rote Farbe kommt von Tonteilchen, die der Sturm irgendwo draußen vor New York hochgewirbelt und bis zu dem Wolkenkratzer getrieben hat. Über die Natur des weißen Regens zerbricht man sich noch immer den Kopf. Infolge der Luftströmungen, die an dem Gebäude hochziehen, fällt der Schnee oft nach oben. Beruhigend ist, daß das Empire State Building die Blitze zur Erde ableitet; sein Stahlgerüst stellt einen riesigen Blitzableiter dar.

Auf der Turmspitze ist es kälter als am Erdboden. Der Temperaturunterschied beträgt an manchen Tagen fünf Grad. Bei Nebel sind schon öfter Vogelschwärme gegen das Gebäude geprallt. Einmal fand man in den angrenzenden Straßen über 500 tote und verletzte Vögel.

Am 28. Juli 1945, um 9,47 Uhr vormittags, raste ein zweimotoriges Bombenflugzeug gegen das 79. Stockwerk des Wolkenkratzers. Der Pilot, ein Oberstleutnant Smith, hatte sich im Nebel verflogen und fand mit dem Copiloten und einem Matrosen den Tod. 10 weitere Personen wurden getötet und 25 verletzt. Unter den Verletzten war eine 20jährige Fahrstuhlführerin, die nach dem Bruch des Tragseils mit ihrem Lift 79 Stockwerke in die Tiefe raste. Nach einem Jahr Krankenhausaufenthalt konnte sie geheilt entlassen werden. Die US-Armee ersetzte der Empire-State-Building-Gesellschaft einen Schaden von 289 000 Dollar. Weitere 200 000 Dollar wurden an die Angehörigen der Getöteten und an die Verletzten ausbezahlt.

Trotz dieses Unfalls behauptet der Turmwärter, daß sein Platz der sicherste in ganz Amerika sei. „Man kann nicht überfahren werden, schluckt keine Benzindämpfe, und das Gebrüll der City dringt nicht zu mir herauf", sagt er. „Auch bei schweren Stürmen schwankt der erdbebensichere Koloß nur um 10 Zentimeter. Ich möchte mit niemandem tauschen."

Der Torbogen von St. Louis

Im Jahre 1803 zahlten die Vereinigten Staaten, die damals erst 13 Bundesländer umfaßten, an Napoleon die Summe von 11 Millionen Dollar. Dafür erwarben sie das von Spanien an Frankreich zurückgegebene Gebiet von der Mississippi-Mündung bis an die Felsengebirge. Nach Abgeltung aller anderen Ansprüche hatten sie für einen Hektar des ungemein fruchtbaren Landes 10 Cents ausgegeben. Präsident Jefferson, der den Vertrag mit Napoleons Beauftragten abschloß, öffnete damit den ganzen Westen dem amerikanischen Zugriff.

Noch im selben Jahr entsandte er zwei wagemutige Offiziere, seinen Privatsekretär Lewis und dessen Kameraden Leutnant Clark, auf eine Expedition nach der pazifischen Küste. Das war um diese Zeit noch ein tollkühnes Unternehmen. In den sonst menschenleeren Gegenden hausten kriegerische Indianerstämme, die niemals einen Weißen gesehen hatten; die Rocky Mountains und brennende Wüsten mußten durchquert, reißende Flüsse in selbstgebauten Kanus überwunden werden. Als Lewis und Clark 3 Jahre später nach Bewältigung unerhörter Strapazen zurückkehrten und Jefferson berichteten, war es dem „Weisen von Monticello" klar, daß sich die Staaten früher oder später bis zum Pazifik ausdehnen würden.

Die Expedition und der Zug nach dem Westen bedeuten den Amerikanern dasselbe wie anderen Völkern ihre Sagen aus der

Vorzeit. 1933 beschloß der Bürgermeister von St. Louis, Bernard Dickmann, dieser amerikanischen Odyssee ein würdiges Denkmal zu setzen. 14 Jahre später wurde ein Wettbewerb ausgeschrieben, an dem sich die hervorragendsten Architekten der USA beteiligten. Unter den Entwürfen waren Kolossalstatuen, die, mit der Hand ihre Augen beschattend, nach Westen äugten, waren die Abbilder dutzendköpfiger Familien, die in eisernen Planwagen dahinrollten, waren allerlei abstrakte Schrecknisse. Den Preis bekam der finnische Architekt Saarinen. Er hatte das Bauen in seinem Heimatland revolutioniert und später einen Lehrstuhl an einer amerikanischen Akademie übernommen. Sein Entwurf war so kühn, daß ihn die meisten für undurchführbar hielten. Er sah einen riesigen Bogen aus rostfreiem Stahl vor, 192 m hoch. Die beiden Pfeiler waren 220 m voneinander entfernt. „Wieviel Stahl wird man dazu brauchen?" wurde Saarinen gefragt. Ohne mit der Wimper zu zucken, antwortete er: „5400 Tonnen und 4800 cbm Beton." Und als man wissen wollte, wieviel das Riesenspielzeug kosten würde, nannte er dieselbe Summe, die Jefferson seinerzeit an Napoleon gezahlt hatte: 11 Millionen Dollar.

„Sollen durch diesen Größenwahn etwa Flugzeuge paradieren?" fragte ein Stadtrat ergrimmt. Saarinen antwortete nicht. Er erklärte, daß diese Triumphpforte am Ufer des Mississippi stehen würde; ihre Fundamente wolle er 27 m tief in Erde und Fels verankern. Ehe aber mit dem Bau begonnen wurde, starb Saarinen. Seine Nachfolger wurden Arthur Prichard und Kenneth Kolkmeier, zwei junge Ingenieure, die Saarinens Plan mit größter Werktreue ausführten.

Ein Triumphbogen von solcher Form und solchem Ausmaß ist einzigartig in der Welt. Hätte sich Saarinen auch nur um einen halben Millimeter geirrt, als er die Winkel der beiden Fundamente zueinander berechnete, so wären die Bogenteile in 192 m Höhe weit auseinandergeklafft. Dasselbe wäre geschehen, wenn beim Gießen der Fundamente eine so winzige Abweichung eingetreten wäre. Beim Fortschreiten des Baues mußten deshalb alle Messungen nachts vorgenommen werden, weil die Temperatur an den 3 Stahlwänden eines Pfeilers nur dann gleich und konstant blieb.

Die Pfeiler sind unten 16,5 m und im Scheitelpunkt des Bogens 5 m breit. Der Raum zwischen ihren Wänden ist mit Stahlbeton ausgefüllt, doch ist in der Mitte ein Schacht freigelassen. In ihm führt eine Treppe mit 1076 Stufen und ein Fahrstuhl für 12 Personen in die Höhe; dieser endet allerdings schon bei 113 m. Die Besucher werden auch in tonnenartigen Kapselwagen durch die hohlen Pfeiler bis an den 20 m langen Aussichtsraum herangeführt. Hier bietet sich ihnen ein großartiger Rundblick. Unter ihnen wälzen sich die Fluten des mächtigen Mississippi, der eben den Missouri „geschluckt" hat, in die unabsehbare Graslandschaft nach Süden. Sie überschauen die reizvollen 200 Gartengemeinden, die sich mit der Mutterstadt zu dem imponierenden Groß-St.-Louis zusammengeschlossen haben, das Bergland im Osten und Westen, die blitzenden Bänder von strahlenförmig einströmenden Wasserläufen, zwischen denen sich das saftige Weideland breitet, und schließlich die Millionenstadt selbst mit ihren Brauereien, Ölraffinerien, Maschinenfabriken, Schlachthäusern und Gerbereien.

Seit den fünfziger Jahren hat sich St. Louis wie kaum eine andere Stadt modernisiert — ihr Triumphbogen, der die Vergangenheit beschwören sollte, ist ein Wegweiser in die Zukunft geworden. Die Altstadt am Strom mit ihren grauen, baufälligen Häusern ist verschwunden; an ihrer Stelle breitet sich ein Uferpark aus. Seit 1959 ein Tornado die Elendsviertel im Süden verwüstete, verschwinden immer mehr Baracken und Wellblechhütten. Ein neuer Geist weht durch das Beharrungsvermögen der Bürger. Ihre Vorfahren hatten noch das menschenfeindliche Wort geprägt: „Einmal ein Sklave, immer ein Sklave." Ihre Enkel sind weltoffen und beweglich geworden. Wie sehr sie trotzdem an der Vergangenheit hängen, zeigten sie, als sie ein neues Stadtviertel mit Kunstgalerien, Antiquitätenläden, Restaurants und Nachtklubs anlegten: Als Straßenbeleuchtung wählten sie im Zeitalter der Neonröhre — Gaslicht.

Anfang der sechziger Jahre begann der Bogen von St. Louis in die Höhe zu wachsen. Je höher man kam, um so schwieriger wurde der Zusammenbau. Da selbst die riesigsten Kräne für das Zusammensetzen der vorfabrizierten Fertigteile nicht mehr ausreichten, wurde eine geradezu abenteuerliche Technik angewandt: Die Arbeiter zogen an der Außenseite der Pfeiler Schienengerüste empor und befestigten sie mit dicken Bolzen in den Stahlwänden. Um den glänzenden Stahl nicht zu verschrammen, schützte man ihn durch Polster. Dann wurden auf jedem Gerüst ein Kran von 70 Tonnen Gewicht und eine Plattform von 10 mal 13 m Ausmaß montiert und darauf auch noch ein Werkzeugschuppen sowie Aufenthalts- und Waschräume. Wenn ein Kran die gewaltigen dreieckigen Stahlteile auf den Pfeiler hob und aufsetzte, hielt alles den Atem an. Nachdem die Zwischenräume ausbetoniert und die Stahlplatten geschweißt worden waren, zog man das Schienengerüst auf die nächst höhere Arbeitsstelle. Hier begann das Wagestück von Mut, Geschicklichkeit und Präzision von neuem. „Gutes Training für die Weltraumstation!" rief einmal einer der unerschütterlichen Kranführer.

1965 hatten sich die beiden Pfeiler so weit genähert, daß man sie zunächst mit Verstrebungen miteinander verbinden konnte. Danach wurde die Bogenwölbung eingesetzt und die Verstrebung wieder entfernt. Als alles fertig war, ließ man die Kräne herunter, montierte die Schienengerüste ab und schweißte die Bolzenlöcher zu. Dann stand die Triumphpforte, ein Wunderwerk der Neuzeit, makellos da und erwartete die ersten Besucher. Fast 3 Millionen sind im Jahr der Eröffnung mit den Fahrstühlen und Kapselwagen zu seiner schwindelnden Höhe aufgestiegen. Wenn Saarinen die Vollendung seines Werkes erlebt hätte, er hätte sich sein Grab in einer Kammer unter der Bogenwölbung gewünscht.

Die Oper von Sydney

Bis vor kurzem galt Australien als ein rückständiges Land. Leichtfertige oder böswillige Zeitgenossen erinnerten gern an die Tatsache, daß seine weiße Bevölkerung auf Sträflinge zurückgehe, die von England deportiert wurden. Viele wußten von Australien nicht mehr, als daß es zu acht Zehnteln aus Wüsten und Steppen bestehe, daß dort schwarze Ureinwohner den Bumerang werfen und stramme Mitglieder der Küstenwache im Sand des Strandes paradieren. „Das Land der Känguruhs, Koalabären und Kloakentiere" schien am Rande der Zivilisation zu liegen, und die 1150 m lange berühmte Brücke von Sydney wurde für die einzige fortschrittliche Errungenschaft Australiens gehalten, das nur Schlagzeilen machte, wenn seine Tennisspieler wieder den Davis-Pokal gewannen. Wer kannte den Reiz der Blauen Berge von Neusüdwales oder Perth, „die Stadt mit dem Perlenhalsband des Schwanflusses um ihren Hals"? Wer wußte, daß Australien die höchsten Löhne zahlt und vorbildliche soziale Leistungen aufweist? Und wer hatte die Namen seiner Dichter (Kendalls, Collins und Richardson) oder die seiner Polarforscher (Mawson und Wilkinson) schon gehört?

Diese Einstellung zu dem kleinsten Erdteil änderte sich nach dem Zweiten Weltkrieg gründlich. Plötzlich rückte Australien, nicht zuletzt durch seine stärkere Bindung an Amerika, in das Blickfeld des großen Publikums. Mit dem Snowy-Mountain-Projekt, das die Wasserreserven der südlichen australischen Alpen in einstige Trockengebiete lenkt, eroberte es sich einen Platz unter den Nationen, die alle Möglichkeiten der modernen Technik für das Wohl der Allgemeinheit nutzen. Dann fand Australien mit der Errichtung des zweitgrößten Radioteleskopes der Welt und des Sonnenobservatoriums von Culgoora Anschluß an die moderne Wissenschaft, und endlich trat es mit dem Bau der Oper von Sydney auch aus seiner kulturellen Isolierung heraus.

Unter den modernen Opernhäusern der Welt ist das von Sydney zweifellos das modernste. Im Gegensatz zu anderen heutigen

Bauten ist es aber nicht nur eine verblüffende, sondern eine überzeugende Konstruktion, ein kühner Wurf, der auch den Ästheten befriedigt. Unter 223 Teilnehmern eines internationalen Architektur-Wettbewerbs war die Wahl der Preisrichter auf den Entwurf des Dänen Jörn Utzon gefallen. Utzons Plan fügte drei segelförmige Betonschalen aneinander.

„Als ob drei Schiffe mit aufgespannten Segeln aus dem Hafen an Land gesprungen sind", schwärmte die Jury. „Das neue Opernhaus wird zu den hervorragendsten Baudenkmälern unseres Jahrhunderts gehören." —

„Als ob riesige Fledermäuse ihre Ohren aufrichten", erklärten Kritiker.

Einig aber waren sich alle, daß es die unkonventionellste und teuerste Oper der Welt werden würde. Hatte man die Baukosten zunächst auf 35 Millionen Mark geschätzt, so erhöhten sie sich bald auf 138 Millionen und sollen noch auf insgesamt 250 Millionen steigen. Ein Großteil des Geldes ist allerdings durch eine Opernlotterie aufgebracht worden, die jährlich rund 20 Millionen eingebracht hat. Auf einer Halbinsel, dem Bennelong-Point unweit der City, errichtet, ragt die Oper mit ihren großen und kleinen Spitzbögen bis in den Hafen hinein. Es war der kostspieligste Bauplatz, den man hatte finden können.

Der 1918 geborene dänische Architekt Utzon hatte 1948 in Paris die Arbeiten Le Corbusiers und in Amerika jene von Mies van der Rohe und Frank Lloyd Wright studiert, bevor er sich zu eigenständigen Kompositionen durchrang. Später gewann er den Wettbewerb für den Neubau der Züricher Oper und wurde mit dem Ehrenpreis des Bundes Deutscher Architekten ausgezeichnet. Die fünf großen Muscheln oder Segeln, die er für die Oper von Sydney entworfen hat, beherbergen das Große Haus mit einem Konzertsaal für 2800 Menschen, das Kleine Haus mit einer Opernbühne und einem Zuhörerraum für 1500 Besucher, den Theatersaal für 750 Personen und die Experimentierbühne für 400 Besucher — außerdem einen Saal für Kammermusik und ein Kino für 750 Gäste. Insgesamt bietet das Bauwerk

6500 Menschen Platz. Einen solchen Kunsttempel hatte die Welt noch nicht gesehen!

Aber der 1959 begonnene Bau machte nur langsame Fortschritte. 1967 warf der Premierminister von Neusüdwales, Mr. Askin, der Arbeiterpartei, unter deren Regierung der Bau begonnen wurde, Pfuscherei vor; sie sei schuld daran, „daß dieses außerordentlich teure Gebäude von weltweiter Bedeutung nicht in der idealsten Weise für alle Formen des Theaters verwendet werden könne." So werde es fast unmöglich sein, die Große Oper mit ihrem gewaltigen Maschinenpark unterzubringen. Der Ministerpräsident sprach dabei von „herzzerreißenden Tatsachen". In der Tat war die Vollendung des Opernhauses inzwischen zu einer nationalen Frage geworden, an der sogar Farmersfrauen in entlegenen Gegenden und Hafenarbeiter leidenschaftlichen Anteil nahmen.

Der Opernskandal war allerdings schon ein Jahr vorher ausgebrochen. Damals hatte sich Architekt Utzon mit dem Arbeitsminister Davis Hughes über Fragen der Bauausführung gestritten, die Leitung der Arbeiten niedergelegt und die Regierung von Neusüdwales auf Zahlung von 1,75 Millionen Mark verklagt, obwohl er bereits ein Honorar von 6,12 Millionen erhalten hatte. Obgleich 75 von 85 Architekten des staatlichen Baubüros sich weigerten, an Utzons Stelle zu treten und auch kein privater Baumeister bereit war, seinen Platz einzunehmen, blieb die Regierung hart. Ein paar Wochen lang schien es, als würde der zu dreiviertel fertige Bau nicht beendet werden. Die Erfahrung lehrt jedoch, daß bei allen großen Bauvorhaben Konflikte ausbrechen . . . zu viele Meinungen prallen da aufeinander, und zu groß ist die Rivalität unter den Beteiligten. Wenn dann der Bau vollendet ist, fragt niemand mehr nach den Ursachen des Zwistes; dann zählt nur noch das Werk. So wird auch Sydneys prachtvolles Opernhaus nicht nur für den Genius eines Architekten, sondern auch für den Geist einer Epoche zeugen, in der ein neues Bild unserer Welt entworfen worden ist.

Die 4 Präsidenten in Stein

Wer nach Pierre, in die winzige Hauptstadt des amerikanischen Staates Süddakota, kommt und sich nach einer halben Stunde zu langweilen beginnt, horcht auf, wenn ihm jedermann, gefragt oder ungefragt, versichert, das größte Erlebnis stünde ihm noch bevor — er müsse nur ein paar Meilen nach Westen fahren. „Und was gibt es d o r t zu sehen?" erkundigt sich der Reisende mißtrauisch. „Das Denkmal der Demokratie", wird ihm geantwortet, „die größte Skulptur der Welt... damit hat Süddakota das alte Griechenland und Italien in Schatten gestellt."

Die paar Meilen entpuppen sich als eine Strecke von fast 250 km. Man muß bis an die Grenze von Wyoming fahren, um in die Schwarzen Berge zu gelangen. Dort, im Massiv des 2067 m hohen Mount Rushmore, stößt man unvermittelt auf das versprochene Weltwunder.

Ein Weltwunder in der Tat! Aus hartem Granit wurden die Köpfe von vier amerikanischen Präsidenten herausgehauen, von George Washington, Thomas Jefferson, Abraham Lincoln und Theodore Roosevelt. Eine Vorstellung von der Größe des Denkmals erhält man, wenn man erfährt, daß der Kopf Washingtons über 18 m hoch ist. Steht man vor der schwarzen Tafel mit der Aufschrift „Altar der Demokratie" und schaut zu dem Berg hinauf, meint man allerdings, man befinde sich in einem Panoptikum. Was hier getan wurde, ist kein Meisterstück, eher ein Bubenstreich. Der grau-schwarze Fels zur Rechten und Linken ist von der unvergänglichen Pracht, die allen Werken der Natur eignet. Dagegen wirken die Häupter wie angeweißte Pappe. Es ist nicht zu leugnen: sie sind die größten, die je aus einem Felsen gehauen worden sind. Mit ihnen verglichen, sind die Ramsesfiguren von Abu Simbel, die von Kopf bis Fuß nur zwanzig Meter messen, klein; um so bedeutender aber ist der unbekannte Künstler, der sie schuf. Diese unbedeutende Arbeit aus den zwanziger und dreißiger Jahren unseres Jahrhunderts ist auf Männer von 155 m Größe zugeschnitten. Das ist sogar für amerikanische Präsidenten zuviel.

George Washington (1789—1797), Begründer der nordamerikanischen Unabhängigkeit, wird in Amerika mit Recht als Nationalheld verehrt. Thomas Jefferson (1801—09), dritter Präsident der Vereinigten Staaten, „der Weise von Monticello", war nicht nur ein großer und idealistischer Staatsrechtler, sondern auch Schriftsteller von Rang und Kunstliebhaber. Abraham Lincoln (1861—1865), der 16. Präsident der USA, Quäker und Sklavenbefreier, war ein ebenso schlichter wie kluger Mann; seine Ermordung gibt noch heute wie die von Kennedy Rätsel auf. Dem 25. nordamerikanischen Präsidenten, Theodore Roosevelt (1901—1909), der nach der Ermordung McKinleys Staatschef wurde, verdanken die Vereinigten Staaten den Imperialismus und ihren Aufstieg zur Weltmacht. Daß Roosevelt den Raubbau an den riesigen, aber nicht unerschöpflichen Naturschätzen des Landes unterband, sichert ihm Nachruhm.

Alle vier Männer hätten einen Künstler von der Gestaltungskraft eines Phidias oder Michelangelos verdient. John Gutzon de la Mothe Borglum, der das Riesending plante und seine Ausführung überwachte, war trotz seines bombastischen Namens leider nur ein drittklassiger Bildhauer. Geboren 1871 in Idaho, hatte er in Paris vor allem die frühe Periode in Rodins Schaffen studiert und war 1901 nach New York zurückgekommen, „entschlossen, amerikanische Kunst zu produzieren". Was er darunter verstand, gab sich in einem Kolossalhaupt Lincolns am Kapitol von Washington und an den Kolossalfiguren der 12 Apostel für die Kathedrale des Hl. Johannes in New York kund. Als er den Felsen des Mount Rushmore zu bearbeiten begann, war er 57 Jahre alt; 1941 starb er in dem Bewußtsein, daß sein Werk den Beifall zweier anderer US-Präsidenten gefunden hatte: Calvin Coolidge (1923—1929) und Franklin Delano Roosevelt (1933—1945) hatten erhebliche Summen zu den Kosten der „Langen Labans" beigesteuert, vielleicht in der Hoffnung, eines Tages auch aus dem Mount Rushmore herauszugucken. Der Berg hält ja still . . .

Borglums Sohn Lincoln vollendete das Glanzstück des Vaters. Obzwar eher ein Monstrum als ein Monument entstanden ist, müssen wir es wegen der Gigantomanie des Vorhabens und der Verrichtung zu den modernen Weltwundern rechnen. Übrigens erkannte die Gesellschaft für westamerikanische Kunst Borglum sen. die Goldmedaille zu. In Vorbereitung ist noch ein gewaltigerer Schinken. Korczak Ziolkowski, ein amerikanischer Bildhauer polnischer Abstammung, hat 1948 mit den Arbeiten an einer Skulptur des berühmten Sioux-Häuptlings Crazy Horse (Verrücktes Pferd) begonnen, den die Amerikaner 1877 töteten. Die Statue soll 171 m hoch werden, allein die Sprengarbeiten beanspruchen 35 Jahre Zeit.

Der Louvre - Schatzkammer der Menschheit

Zwischen der Seine und der Rivoli-Straße in Paris liegen die Höhepunkte der menschlichen Geschichte: festgehalten in Stein, Holz und Farbe, in Gold, Bronze und Ton. Vorgeführt werden sie in der alten Residenz der französischen Könige, die während der Revolution (1793) zum Museum Louvre umgewandelt wurde. Die unermeßlichen Schätze, die hier aufgehäuft sind, gleichen einer Bestandsaufnahme der Kultur von der Pharaonenzeit bis in unsere Tage.

Niemand sollte sich durch das Wort Museum abschrecken lassen, diese Heerschau der Kunst zu erleben! In ihrem Mittelpunkt stehen zwar die Gemälde, die zwischen dem 14. und 19. Jahrhundert von den Meistern der europäischen Malerei geschaffen wurden. Wer aber die Plastik mehr als „Leinwand und Farbe" liebt, findet im Louvre von den Köpfen des Alten (ägyptischen) Reiches bis zu den Statuen Michelangelos die schönsten und eindringlichsten Zeugnisse künstlerischer Gestaltungskraft. Aber ebenso manifestiert sich hier der schöpferische Genius in herrlichen Goldschmiedearbeiten und Elfenbeinschnitzereien, in Mosaiken, Schmuck, Schreinen, Teppichen und alten Waffen. Klassische Säulen und Friese versetzen uns in die glanzvollsten Zeiten des Altertums. Kultgegenstände aus verschiedenen Epochen der Geschichte verraten uns etwas vom Wesen und der Vorstellungswelt unserer Ahnen. Und mit den kostbaren Möbelstücken des 16., 17. und 18. Jahrhunderts steigt das Bild der höfischen und hochbürgerlichen Kultur herauf. Es ist nicht zuviel gesagt, daß der Louvre alles beherbergt, was der menschliche Geist irgendeinem Material aufzwang und abgewann.

Natürlich werden die meisten Besucher zuerst das Glanzstück des Louvre sehen wollen, die Mona Lisa von Leonardo da Vinci. Das einzigartige Gemälde zieht Jahr für Jahr mehr Menschen in seinen Bann, Kunstkenner und Laien, Diplomaten, Industrielle und Arbeiter, Studenten, Kontoristinnen, Schauspielerinnen und brave Bürgersfrauen. Seinem unerklärbaren Reiz kann sich kaum jemand entziehen. Wenn auch Fachleute andere Bilder (wie etwa „Die Schlacht" von Uccello oder die Madonna von Jan van Eyck, aber auch Gemälde großer Unbekannter) dem Meisterwerk Leonardos an die Seite stellen, wird die Mona Lisa in den Herzen der Menschen doch immer den ersten Platz behalten. Man sagt, daß es das rätselvolle Lächeln der Frau Gioconda sei, das die Besucher geradezu hypnotisch anziehe. Aber dieses geheimnisvolle Lächeln zeigen schon die Antlitze vieler gotischer Skulpturen. Andere behaupten, das Bild sei vor allem wegen der Anekdoten, die sich darum ranken und der beispiellosen Persönlichkeit seines Schöpfers so berühmt geworden; in Wirklichkeit stelle die Mona Lisa nicht die Gattin Francesco del Giocondos dar, sondern eine zu Beginn des 16. Jahrhunderts wohlbekannte Kurtisane, von der auch mehrere Aktbilder existieren. Wieder andere Kunsthistoriker sind überzeugt, die Mona Lisa sei Costanza d'Avalos, eine Geliebte Giuliano Medicis, gewesen. Gegenüber der Meisterschaft von Stil, Komposition und Farbgebung des Gemäldes sind solche Streitfragen nicht von Bedeutung.

Wer konnte ein Antlitz so wie Leonardo beseelen? Das Hell triumphal aus dem Dunkel aufleuchten lassen? In die Hände so viel Leben und Adel legen? Nur in der „Heiligen Anna Selbdritt", die ebenfalls in der Großen Galerie im 1. Stock des Louvre hängt, und in dem großen Abendmahl-Fresko hat Leonardo die gleiche Vollkommenheit erreicht. Allerdings sind von ihm nur wenige Gemälde erhalten, nicht mehr als ein Dutzend, und davon sind der Hl. Hieronymus und die Anbetung der Könige unvollendet geblieben.

Die Malkunst war ja nur e i n e Ausdrucksform, der sich Leonardos Genie bediente. Er war ein ebenso großer Wissenschaftler und Anatom wie Erfinder, Brückenbauer und Philosoph. Weil er aber seine Entdeckungen in Spiegelschrift aufzeichnete und die Pläne zu einem Unterseeboot gar zerstörte, erkannte die Nachwelt in ihm erst spät den universalen Geist ohnegleichen. Leonardo, der als päpstlicher Heerführer und Diplomat hervorragende Landkarten und Städtepläne zeichnete, Kanäle anlegen ließ und Sümpfe entwässerte, der den Flug des Menschen vorbereitete, eine Taucherglocke entwarf und die Strömungsgesetze von Luft und Wasser erforschte, war auch ein ausgezeichneter Schriftsteller und Komponist. Oft erfreute er seine Gäste mit dem Gesang von Liedern, die er auf selbst konstruierten Instrumenten begleitete.

Die einmalige Persönlichkeit Leonardos hat sich auch seinen Bildnissen mitgeteilt. Wie immer sich die Kunst entwickeln mag, die Mona Lisa wird stets eine ihrer bedeutendsten Schöpfungen sein. Als das Bild 1911 entwendet wurde, geriet ganz Frankreich in Aufregung und Verzweiflung. Zwei Jahre mußten die Franzosen um das Schicksal ihrer Gioconda bangen, ehe sie in Florenz wiederentdeckt wurde. Ein italienischer Maurer, Peruggia, hatte das Gemälde gestohlen und bot es einem florentinischen Kunsthändler „aus Vaterlandsliebe" für $1/2$ Million Goldfranken an.

Der Geschmack hat sich gewandelt . . .

Es liegt nahe, sich im Louvre zunächst nur diesem Kunstwerk zu widmen. Dann mag es einem wie jenem Schatzsucher im Märchen ergehen: Ein Zauberer führte ihn zu einer Höhle, die von oben bis unten mit Diamanten gefüllt war; den schönsten

Das Denkmal der 4 amerikanischen Präsidenten, das aus dem Fels des Mount Rushmore (Süddakota) herausgeschlagen wurde — ein Weltwunder ohne künstlerischen Wert.   *Bild: USIS*

Europas höchste Seilbahn im Montblanc-Massiv führt auf den L'Aiguille-du-Midi in 3842 m Höhe.

Tokios Alwegbahn führt vom Flughafen Haneda über das Wasser der Bucht ins Stadtgebiet. Sie befördert täglich 12 000 Fahrgäste.   *Bild: Alweg-GmbH*

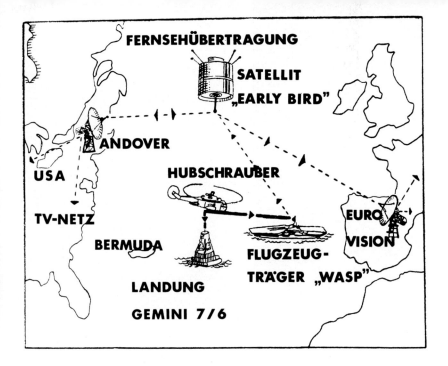

Die Landung der US-Raumschiffe „Gemini VI und VII" wurde vom amerikanischen Fernseh
direkt übertragen. Ein Transport-Hubschrauber flog die aus dem Meer geborgenen Raumkapse
zu dem Flugzeugträger „Wasp", dessen Sender das Bild über den Satelliten „Early Bird" na
Andover (USA) übertrug. Von da wurde es, wieder über „Early Bird", nach Europa in das Ne
der Eurovision gesendet.

dpa B

So verband der kurzlebige „Telstar"-Satellit die Kontinente. Die Fernsehbrücke reichte v
Andover nach Goonhilly Downs (England). Von den beiden Endpunkten wurden die Sendung
weiter ausgestrahlt.

dpa B

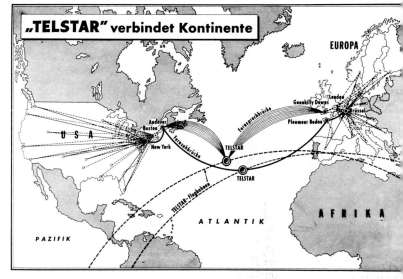

*Die Fotos zu den Abbildungen S. 52, unten, S. 203, oben, S. 204, oben und S. 287, rechts ob
stellten freundlicherweise die australische, französische und die sowjetrussische Botschaft z
Verfügung.*

durfte er behalten. Von ihrem Glanz und Gefunkel geblendet, zögerte er so lange, bis die Höhle vor seinen Augen versank. Welche Diamanten würden wir in der Schatzhöhle des Louvre auswählen? Die Ciceronen führen Unkundige gern zuerst in den Saal der Jahreszeiten, wo über drei Treppenabsätzen die kopflose „Nike von Samothrake" mit ausgebreiteten Flügeln steht. Sie wurde 1863 auf der Insel Samothrake, in Stücke zerbrochen, gefunden und als ein hellenistisches Meisterwerk vom Anfang des 2. vorchristlichen Jahrhunderts gepriesen. Die geflügelte Frauengestalt, einer vom Wind gepeitschten Gallionsfigur ähnlich, sollte einen Seesieg verherrlichen.

Dagegen hat sich die berühmte Venus von Milo, obzwar auch aus der späteren hellenistischen Periode stammend, viel von dem Liebreiz bewahrt, der noch unsere Väter so begeistert hat. Uns bedeutet der wuchtige archaische Stil gegenüber einer künstlerischen Verfeinerung mehr; in ihm drückte sich eine noch ungebrochene Lebenskraft aus. (Wir ziehen heute ja auch romanische Kunstwerke den Wiederholungen der Antike in der Renaissancezeit vor.) Nach wie vor vollendet erscheint uns hingegen der Kopf eines Athleten vom Ende des 5. Jahrhunderts v. Chr., dessen Züge von innen her leuchten — ein Meisterwerk altgriechischer Klassik.

In dem Archaischen Saal des Louvre sind Werke von höchster Eindringlichkeit vereinigt. Die meisten griechischen Plastiken sind verlorengegangen, wir kennen sie nur von späten Nachbildungen. Die römischen Kopien sind oft nur gefällige Abklatsche. Um so erregender ist der Anblick eines Apollo-Torsos und die Statue der Göttin Hera wie auch der verklärte Kopf eines Reiters — er scheint uns über $2^{1}/_{2}$ Jahrtausende hinweg zu grüßen. Vergleicht man solche Gipfelleistungen mit den Kopien hellenistischer Göttinnen im Saal der Karyatiden, so führt uns ein nächster Schritt schon zu den Nippsachen und ein weiterer zu den Greueln der Andenkenläden. Erschreckend, in wie kurzer Zeit aus hoher Kunst Kunstfertigkeit, aus dieser Gekünsteltes und daraus Plunder wird! Im Saal der Karyatiden können die Kunstwerte nur durch Schauergeschichten ersetzt werden: Hier wurden 1591 drei Verschwörer gehenkt, hier stellte man 1610 ein wächsernes Abbild Heinrichs IV. aus, der vor einem neuen Feldzug gegen die Habsburger ermordet wurde, was zweifellos Tausenden das Leben rettete.

Je weiter wir in die Vergangenheit zurückgehen, um so eindrucksvollere Zeugnisse begegnen uns. Im ersten Saal der orientalischen Altertümer verhalten wir Schritt und Atem vor einer 2 m hohen Sieges-Stele des babylonischen Königs Naramsim. 4300 Jahre alt, hat sie nichts von der triumphalen Kraft verloren, die einem unbekannten Künstler hier Hand und Werkzeug führte. Ebenfalls aus dem 3. Jahrtausend v. Chr. stammen die Statuen des Fürsten Gudea von Lagasch, die eindrucksvollsten Denkmäler der neusumerischen Kunst. In harten Stein gehauen und streng stilisiert, tragen sie Inschriften, die zur Erschließung der sumerischen Texte geführt haben.

Eine Kostbarkeit ohnegleichen stellt ein im 4. Saal aufgestellter monumentaler Block aus schwarzem Basalt dar. Darauf sind 282 Gesetze eingemeißelt, die Hammurabi, König von Babylonien (1728—1686 v. Chr.), aufzeichnen ließ. Hammurabi, der die Wiedervereinigung des zerfallenen Babyloniens und seine wirtschaftliche und kulturelle Blüte herbeiführte, war einer der bedeutendsten Herrscher der Geschichte. Sein Gesetzbuch, das auf ältere Sammlungen zurückgeht, wurde noch von den Persern als vorbildlich übernommen. Darin heißt es z. B.: „Wenn ein Baumeister ein Haus errichtet, es aber nicht solid macht, und dieses Haus einstürzt und den Eigentümer tötet, so ist dieser Baumeister des Todes schuldig." Ganz oben auf dem 2,25 m hohen Block ist Schamasch, der Gott der Sonne und der Rechtspflege verewigt; er übergibt dem demütig vor ihm stehenden Hammurabi das Gesetz.

Einen ungeheuren Eindruck machen die geflügelten Stiere mit den Menschenköpfen. Mit ihnen schmückten und stützten die assyrischen Architekten die Mauern der Königspaläste. Hier und in den Steinreliefs mit ihren Jagd- und Kriegsszenen spiegelt sich ein Hoch-Zeitalter des vorübergehend gebändigten Barbarentums.

Vom Beginn des 19. Jahrhunderts an strömten unschätzbare ägyptische Altertümer nach Frankreich. Der Kopf des Königs Difuri aus rotem Sandstein, ein falkenköpfiger Horus und der mit rotem Ocker bemalte „Hockende Schreiber" werden immer als unvergängliche Kundgebungen der altägyptischen Kunst gerühmt. Tiefer beeindrucken uns die bemalten Reliefs wie jenes aus dem Grab Sethis I. Vor der ägyptischen Himmelskönigin Hathor stehend, ergreift Sethis ihre Hand und berührt mit der anderen ein ihm dargebotenes Halsband. Man warf früher einmal der ägyptischen Bildkunst Ungeschicklichkeit und Erstarrung vor, weil sie das menschliche Antlitz nur im Profil zeigen konnte. Aber aus ihren Darstellungen spricht eine so seelenvolle Anmut, wie sie kaum wieder erreicht worden ist. Wir dürfen auch nicht vergessen, daß die ägyptische Kunst der Religion diente und profane Werke ihr seinerzeit gar nicht zugerechnet wurden.

Aber kehren wir aus der Vergangenheit in die Gegenwart zurück — wenn wir „die jüngst vergangenen Jahrhunderte" in diesem Zusammenhang Gegenwart nennen dürfen! Da begegnen wir dem genialen Giotto, der die Starre der byzantinischen Malkunst durchbrach — ein Ereignis, das die Malerei ebenso revolutionierte, wie es später durch den Übergang von der Studiozur Freiluftmalerei geschah oder durch die Überwindung des Impressionismus mit den ungezügelten Mitteln van Goghs.

Ein Meisterwerk am anderen

Bevor wir die zutage liegenden und die verborgenen Reichtümer in den Gemälden von Tizian, Raffael und Rubens auskosten, neigen wir uns der lichten Frömmigkeit Fra Angelicos und Fra Filippo Lippis zu. Wir spüren die Größe Ghirlandajos und Signorellis, lassen uns von Botticelli, Giorgione, Veronese und Coreggio gefangennehmen und entdecken in Quentin Massys, Holbein und Breughel die gleiche Größe wie bei den Klassikern. Unmöglich, alle Meister und Meisterwerke zu würdigen! Aber die Heilige Familie von Rembrandt und seine Jünger von Emmaus treten wie von selbst aus den bildbestückten Wänden

hervor. Und doch werden sie von seinen erschütternden Alters-
bildnissen, die in der Kunst ihresgleichen nicht haben, noch überragt.

Den Besuchern, die nur wegen der Gemälde in den Louvre
kommen — und diese sind in der Mehrzahl — entgehen solche
Prachtstücke wie die Silbergefäße aus dem Schatz von Boscoreale,
den ein Baron Rothschild dem Museum schenkte. Er stammt aus
einer pompejanischen Villa, die 79 n. Chr. durch den Ausbruch
des Vesuvs verschüttet wurde. Der Besitzer hatte gehofft, der
Katastrophe zu entrinnen und den Schatz in eine Zisterne versenkt. Hier wurde er nach fast 2000 Jahren entdeckt, nachdem
man sich durch Schichten zusammengebrannter Asche hindurch-
gearbeitet hatte. Die Silberkrüge, Trinkgefäße und Opferschalen
sind edel geformt und zeugen noch von dem Prunk, den Rom
dank der Tribute entfalten konnte, die ihm die unterworfenen
Völker leisten mußten.

Auch der etruskische Sarkophag aus Terrakotta (aus dem
6. Jahrhundert v. Chr.) und die alten Goldschmiedearbeiten der
Etrusker gehören zu dem Unverlierbaren der Kunst. Dazu dürfen
wir noch die muselmanischen Holzschnitzereien und italienischen
Renaissance-Bronzen zählen — bei den berühmten Wandtep-
pichen mit den Jagden des Maximilian sind wir dagegen nicht so
sicher. Und wer nicht nur aus Neugier in den Louvre kommt,
kann sich den Anblick der Wiege des Königs von Rom, des mo-
numentalen Bettes Ludwigs XVIII. und ähnlicher Intimitäten
ersparen. Natürlich gibt es auch triumphalen und einfältigen
Kitsch. Wir brauchen da bloß an die Werke des einst vergötter-
ten Meissonier und die zahlreichen geschichtlichen Schinken zu
denken. Auf ihnen haben die Maler französische Schlachtensiege
wie Attraktionen für die Schaubude behandelt. A. J. Gros malte
sogar einen „Bonaparte bei den Pestkranken", um sich bei der
Nation einzuschmeicheln und die Nachwelt zu täuschen. Einige
Jahre vor seinem Tod machte man ihn dafür zum Baron. Der
Maler läßt Napoleon, der sich wohlweislich von Pestkranken
fernhielt, sogar die Wunde eines Pestkranken berühren. — Um

so mehr beglücken dafür die Landschaften Corots und Pissarros oder die kraftvolle Poesie Courbets. Einige davon waren im Zweiten Weltkrieg aufs Land gebracht worden, um sie dem Zugriff Görings, der Napoleons Kunstraub nachahmte, zu entziehen. Der Louvre blickt auf eine fast 800jährige, wechselvolle und dramatische Geschichte zurück. Von Philipp August, dem Mehrer des Reiches, am Ende des 12. Jahrhunderts als quadratischer Festungsbau errichtet, schützte er Paris gegen Westen. Sein Hauptturm diente als Gefängnis, Waffenarsenal und Schatzkammer. Von dieser Festung sind nur noch die Grundmauern (Unter dem Saal der Karyatiden) vorhanden. Im 16. Jahrhundert rissen Franz I. und Heinrich II. die alte Burg nieder; an ihrer Stelle entstand das Königsschloß, das Anfang des 17. Jahrhunderts durch die Kleine und die Große Galerie mit den Tuilerien verbunden wurde. Erst unter Napoleon III. war der Bau des Louvre in seiner jetzigen Form vollendet.

Was Karl V. begonnen, Franz I. und Ludwig XIV. fortgesetzt haben, ist innerhalb weniger Jahrhunderte zur reichsten Kunstsammlung der Welt angewachsen. Sie birgt viele Schätze aus Klöstern, Kirchen und Schlössern, die in der Französischen Revolution eingezogen wurden. Napoleons Kunstraubzüge in Italien, Deutschland, Holland und Ägypten sowie die Ausgrabungen im Orient und großzügige Vermächtnisse von privaten Sammlern haben das Museum zu jener unvergleichlichen Schatzkammer gemacht, zu der alljährlich Millionen pilgern. Die Wolfsjäger, die sich einst auf dem Platz sammelten, wo heute der Louvre steht, würden staunen, wie viele Kunstliebhaber sich jetzt hier ein Stelldichein geben und nach einigen Stunden „Jagd" auf bekannte und unbekannte Meisterwerke, erschöpft und beglückt, nach Hause zurückkehren.

In 2 Stunden um die Welt

„Die Zeit ist nicht mehr fern, da wir mit einer Fahrgast-Rakete in einer Stunde um die Welt reisen werden", erklärte kürzlich einer der führenden Raketentechniker. Was hätten wir aber davon außer einem Nervenkitzel und einem Weltbild aus der Stratosphäre? Es gibt jedoch einen Platz von der Größe eines bürgerlichen Grundstücks, wo wir unsern Wunsch nach einer kurzen Weltreise verwirklichen können, einer Weltreise zu Fuß, einer Weltreise in die Vergangenheit des Menschengeschlechts. Es ist das Musée de l'Homme" auf der Höhe des Chaillot-Hügels in Paris, das die Trocadéro-Gärten überragt. Die Art und Vielfalt seiner Schätze macht es zu einer einzigartigen Schau der Zeiten und Völker.

Ein Gang durch die Säle des Museums führt uns von Europa nach Afrika, von dort in den Fernen Osten, zu den Südseeinsulanern und nach Südamerika. Wenn wir zurückkehren wollen, berühren wir nach einem Abstecher zu den Eskimos auch noch Australien und Neuseeland. Aber das ist nicht alles; zugleich reisen wir um Jahrhunderte und Jahrtausende zurück. Wir begegnen unsern Vorläufern, den Pekingmenschen, die vor etwa 600 000 Jahren lebten und bis zu den Schädelfunden in Ostafrika als älteste Vertreter der Hominiden (menschenähnliche Wesen) angesehen wurden. Wir stehen vor den Skeletten der Cro-Magnon-Menschen*) aus einer Höhle im Vézèretal, die 1886 beim Eisenbahnbau in dem südfranzösischen Departement Dordogne unter einem verschütteten Felsvorsprung entdeckt wurden. Es sind Menschen einer Rasse, die wohl unsere direkten Vorfahren waren und uns Tausende großartiger Wandmalereien und Kunstgegenstände hinterlassen haben. Mit einem Gefühl von Ehrfurcht und Grauen verweilen wir vor den ägyptischen Mumien, die uns in eine Zeit hoher kultureller Blüte zurückführen, als der Mensch noch in Bildern dachte und diese Bilder schließlich zu einer Schrift verdichtete. Schädel des Neandertalers mit seiner flachen Stirn,

---

*) Lebten vor etwa 15 000 Jahren.

294

dem fliehenden Kinn und den Knochenwülsten über den Augenhöhlen überzeugen uns davon, daß die diluvialen Geschöpfe, zu denen er gehörte, höchstens als weit entfernte Vettern der menschlichen Rasse anzusehen sind. Immerhin stellten sie schon Steinwerkzeuge her und verständigten sich in einer artikulierten Sprache. Wir überbrücken Epochen und Kontinente, wenn wir, ein paar Säle weiter, vor dem Kopf eines Maori stehen, dessen bunte Gesichtstätowierung Erinnerungen an die ornamentale Kunst frühgeschichtlicher Völkerstämme wachruft.

Das sind nur wenige Ausschnitte aus der Geschichte der Menschheit, die das Musée de l'Homme aufbewahrt. Obgleich erst 1937 eröffnet, gehen Teile der Sammlungen bis zum Ende des 16. Jahrhunderts zurück. Heute umfassen seine Säle eine Fläche von 6500 qm, auf der 60 000 Ausstellungsobjekte untergebracht sind. Sie sind nur ein kleiner Teil des Gesamtbestandes aus der fast 1 Million völkerkundlicher und anthropologischer Gegenstände.

Auch wenn wir nur einen kleinen Ausschnitt betrachten, werden sich manche unserer Anschauungen dadurch unversehens wandeln. Verknüpfen wir Kunst nicht fast immer mit einem großen Namen? Auf dem Kunstmarkt haben Gemälde von Raffael oder Skulpturen von Michelangelo einen ungleich höheren Wert als Werke unbekannter Meister, mögen manche davon auch die gezeichneten Stücke überragen. Und sind wir nicht geneigt, die Hervorbringungen primitiver Volksstämme als Schauerstücke oder höchstens als Glücksfälle einzuordnen, weil wir nur dem gebildeten, intellektuellen Künstler vollendete Leistungen zutrauen?

Im Musée de l'Homme tritt uns die Kunst der Primitiven und die Volkskunst in ihrer ganzen Kraft, Vielfalt, Originalität und der oft grausamen Schönheit wie eine Offenbarung entgegen. Da gibt es namenlose Negerplastiken aus Afrika — Dutzende, Hunderte! —, die der Hand und dem Geist eines schwarzen Barlach*) oder Marini*) entsprungen sein müssen. Da ist die un-

---

*) Ernst Barlach (1870—1938), deutscher Bildhauer.
**) Marino Marini, geb 1901, italienischer Bildhauer.

erschöpfliche Produktion der pazifischen Insulaner — eine neue Welt breitet sich vor dem Betrachter aus. Ein westlicher Künstler, dem eine so sprechende und kraftstrotzende Skulptur gelänge wie jener aztekische Menschenkopf eines Macehuali*) in der amerikanischen Galerie, würde Weltruhm genießen. Dagegen wirkt der tiefschwarze Holzsessel eines Indianerhäuptlings von Haiti aus der Kolumbuszeit trotz der gebändigten Urwüchsigkeit der Form verfeinert, fast raffiniert. Welch hohen Kunstsinn verraten die vollendeten Schnitzereien aus Walroßzähnen der Eskimos! Eine Harfe aus Burma versinnbildlicht mit ihrem ätherischen Klangkörper geradezu den Geist der Musik. Aus den Truhen der Kabylen, aus der Keramik der Chinesen, den Trinkschalen der Thailänder oder den Bronzestatuetten aus Kambodscha spricht ein unfehlbares Stilempfinden. Was für ein großartiger Künstler war aber auch schon der altsteinzeitliche Schöpfer der Venus von Lespugue, die 1922 in einer Grotte im Departement Haute Garonne gefunden wurde!

Es wäre falsch, das Musée de l'Homme vor allem als Kunstsammlung oder Schau von Absonderlichkeiten anzusehen. Es spiegelt die Entwicklung des Menschen in allen Erdteilen wider und vermittelt so einen umfassenden Überblick über seine Erscheinung und seine Kundgebungen auf allen Lebensgebieten — vom schwärzesten Aberglauben bis zur tiefsten Vergeistigung. Eine Bibliothek von über 150 000 Bänden und Broschüren, eine Fotothek mit 300 000 Bildern und 60 000 Klischees, sowie eine umfangreiche Plattensammlung und ein Filmarchiv vervollständigen diese Erfassung des Menschen.

---

*) Mann aus dem Volk.

Das große Welttheater (Salzburg)

Die Stadt, die über sich hinauswuchs

„Wer die Wunder der Welt nennt, darf Salzburg nicht vergessen", hat Toscanini, der berühmte italienische Dirigent, einmal gesagt. Manche andere Stadt ist ebenso reizvoll an Fluß und Gebirge gelegen, besitzt auch sonnendurchflutete Plätze, romantische Gäßchen und kostbare Bauten. Und Festspiele gar — die gibt es von Bayreuth und München bis Verona und Edinburgh übergenug. Aber es gibt nur einen Mozart, Liebling der Götter und unnachahmlichen Verzauberer! Seine schlackenlose Musik, der heitere Geist und das schmerzliche Wissen um die Vergänglichkeit tönen und sprechen noch zu uns, als wären sie in die hohen, bunt-verputzten Häuser, die prachtvollen Paläste und Kirchen, in die Hügel und Berge, den Fluß und die Brunnen eingesickert und klängen von dort jedem offenen Ohr entgegen.

Von welcher Seite man sich dem Salzachtal nähert, immer verspürt man das Einzigartige dieser fast mittelmeerischen Siedlung aus dem 7. Jahrhundert, die die Feste Hohensalzburg krönt. Es ist eine Atmosphäre, wie sie sonst keiner Stadt eignet, ein Hauch, ein Duft, ein Klang, ein heimatliches Lächeln. Immer wieder bestätigen es die Fremden: Wenn sie nach Salzburg kommen, meinen sie heimzukommen, den Ort schon lange zu kennen und ihn nun wiederzuentdecken. Fischer von Erlachs Kollegienkirche und die Dreifaltigkeitskirche vom Ende des 17. Jahrhunderts — war es nicht ihre barocke Pracht, die den Knaben, das Mädchen so anrührte, daß sie das Bild über Jahrzehnte und weite Räume im Herzen behielten? Schloß Mirabell! Hier haben wir alle als Kinder gespielt, als Schüler die Welträtsel lösen wollen, als Verliebte scharmuziert und beim Licht des Mondes erlebt, wie die Steinfiguren lebendig wurden, zu Mozartschen Menuetten tanzten, die Plätze wechselten und uns in das mitternächtige Spiel einbezogen. Der Duft der Rosen lag schwer auf unsern Lidern, und wenn eine Birne ins Gras plumpste, war's auch zugleich der übermütige Sprung eines Kobolds.

Die Stadt unter dem Gaisberg, die sich so harmonisch an drei weitere Berge: den Mönchsberg, den Festungsberg und den Kapuzinerberg, anlehnt, wurde mitten in den Schrecken und Entbehrungen des Ersten Weltkriegs dazu ausersehen, ein Zentrum der friedlichen und frohen Wiederbegegnung aller Völker im Zeichen der Kunst, im Zeichen von Wolfgang Amadeus Mozart, zu werden. Aufgerufen wurden Salzburg und die Welt im Jahre 1917 von einem Dutzend höchst verschiedenartiger Männer, einer Elite europäischer Geistigkeit. „Wer an die Macht der Kunst glaubt und daran, daß die Werte und Werke der Kultur das einzig Bleibende sind im ewigen Wechsel der Dinge, der komme zu uns", appellierte der österreichische Dichter Hugo von Hofmannsthal damals an alle Freunde der Musen. Das war die Geburtsstunde der Salzburger Festspiele, die am 22. August 1920 mit Hofmannsthals „Jedermann" eröffnet wurden und seither Jahr für Jahr die bedeutendsten Sänger, Schauspieler, Dirigenten, Musiker und Regisseure sowie Zehntausende Liebhaber der Schönen Künste in Mozarts Geburtsstadt ziehen.

Mozart! Schon der Klang des Namens ist wie der Auftakt zu einem seiner Konzerte. Ein Mann, der 45 Sinfonien, 70 Sonaten, 32 Streichquartette, 25 Klavier- und 7 Violinkonzerte, 13 Opern, 18 Messen und 112 Arien und Lieder — um nur diese hier zu nennen — schrieb; ein Wunderkind, das schon mit 4 Jahren komponierte; der reife Künstler, der, kaum sechsunddreißigjährig, in Armut starb und bei wildem Schneetreiben in einem Massengrab verscharrt wurde ... welche Welten umschließt sein Werk, in welche Höhen und Tiefen dringt es vor! Jahr um Jahr erklingt seine Musik in Salzburg in höchster Vollendung. Die berühmtesten Dirigenten, unter ihnen Toscanini, Furtwängler, Clemens Krauss und Karajan, haben es, jeder in seiner Art, gedeutet und die unübersehbare Mozart-Gemeinde immer von neuem beglückt.

Hier in Salzburg ist der „Don Giovanni", sind „Figaros Hochzeit", „die Zauberflöte" und „Cosi fan tutte" so unverfälscht zum Leben erweckt worden, als wären sie eben erst der Eingebung Mozarts entsprungen, als stünde er selbst am Dirigentenpult.

Und wenn sein „Requiem" erklingt, ist es, als begleite ihn die Musik zu den Göttern. Dem musikalischen Erlebnis steht das dichterische Ereignis in glücklichen Augenblicken gleichrangig zur Seite. Wenn „Jedermann" auf dem Domplatz von den Höhen des Festungsberges herab angerufen wird und die Guten Werke mit dem Teufel um seine Seele ringen, wird nicht nur der Gläubige im Innersten angerührt und erschüttert. Und wo würde Goethes „Faust" sich ergreifender zu dem großen Welttheater weiten als hier, bei den Salzburger Festspielen, wo seine „Iphigenie" noch alle Herzen anrufen? Wenn sich die eine oder andere Uraufführung nicht in diesen Rahmen fügt, so schmälert das nicht den Rang und Ruhm der Festspielstadt. Denn sie selbst hat ja, wie Max Reinhardt es einmal ausdrückte, jeden Tag Premiere — mit ihren Sonnenaufgängen, dem Spiel des Lichtes auf ihren Dächern und in ihren Fenstern, dem tausendfältigen Blühen ihrer Hänge und, ja, auch mit ihrem Schnürlregen. Ist es nicht jedesmal ein spektakulärer Auftritt, wenn die Salzburger Hausfrauen auf dem Markt einkaufen, wenn die Bauern in ihren alten Trachten vom Land hereinkommen, um die Touristen anzustaunen und von ihnen angestaunt zu werden, wenn in den alten Gaststätten die Weinbeißer sich genießerisch zurücklehnen oder die Stammgäste in den Cafés nach dem „Schwarzen" das zwölfte Glaserl Wasser und die zwanzigste Zeitung verlangen?

Wer könnte die Namen aller begnadeten Sänger und Schauspieler nennen, die seit fast einem halben Jahrhundert das Salzburger Publikum verzaubern und es in die Welt der Dichter und Komponisten versetzt haben? Aber jedem, der sie auch nur einmal hörte, klingt noch nach Jahrzehnten die Stimme Paula Wesselys ins Ohr ... wenn je ein Mensch mit Engelszungen sprach, so war sie es! An sie, die Größte unter den Großen, schließt sich die unabsehbare Phalanx berühmter Darsteller an, die zu Salzburg gehören wie St. Peter und der Dom, die Pferdeschwemme und der Tunnel des Neutores, wie Schloß Leopoldskron und Hellbrunn. Hugo von Hofmannsthal hat dieses Wunder in die Sätze gefaßt:

„Das Salzburger Land ist das Herz vom Herzen Europas. Es liegt halbwegs zwischen der Schweiz und den slawischen Ländern, halbwegs zwischen dem nördlichen Deutschland und dem lombardischen Italien; es liegt in der Mitte zwischen Süd und Nord, zwischen Berg und Ebene, zwischen dem Heroischen und dem Idyllischen; es liegt als Bauwerk zwischen dem Städtischen und dem Ländlichen, dem Uralten und dem Neuzeitlichen, dem barocken Fürstlichen und dem lieblich ewig Bäuerlichen: Mozart ist der Ausdruck von alledem, hier mußte Mozart geboren werden."

Die Kongreßbibliothek in Washington

Als im Jahre 47 v. Chr. die Alexandrinische Bibliothek, ein Wunder der antiken Welt, durch einen Brand weitgehend zerstört wurde und mit ihr fast 700 000 Buchrollen zu Asche zerfielen, empfanden die alten Völker diesen Verlust als einen der schwersten Schicksalsschläge, schlimmer als einen verlorenen Krieg. Für die Ausbreitung des griechischen Geistes und die Entwicklung der Wissenschaften spielte die größte Bibliothek eine entscheidende Rolle. Kallimachos, der bedeutende griechische Dichter und Gelehrte, hatte ihren riesigen Katalog (die Pinakes) verfaßt und damit eine Grundlage für die griechische Literaturgeschichte geschaffen, die größten Gelehrten Attikas waren als Bibliothekare an ihr tätig gewesen.

Heute nimmt die Kongreßbibliothek in Washington mit ihren 15 Millionen Bänden und 55 Millionen Sammelgegenständen ihren Platz und Rang ein. Schräg gegenüber dem Kapitol gelegen, ist sie ein Sammelplatz und Treffpunkt der geistigen Welt, ein ungeheures Lager von Büchern, Zeitschriften, Manuskripten,

Stichen, Karten, Schallplatten und Notenblättern. Verwaltet wird dieser riesige Bestand von 2400 Angestellten und 1350 Saaldienern, Boten, Verteilern und anderen Arbeitskräften.

Mit ihren stets wachsenden Sammlungen steht die Washingtoner Kongreßbibliothek an der Spitze aller Bibliotheken der Welt, gefolgt von der Leninbibliothek in Moskau mit 12 Millionen Bänden, der Leningrader Bibliothek mit 8 Millionen und der Bibliothek des Britischen Museums mit über 7 Millionen Büchern. Jährlich fügt die Kongreßbibliothek auch 31 000 deutsche Bücher ihren Vorräten hinzu. Sie besitzt die umfangreichste Literatur in russischer, chinesischer und japanischer Sprache außerhalb dieser Länder selbst. Ihr größter Stolz sind 5600 Bände, die vor 1501 gedruckt wurden, die sogenannten Inkunabeln oder Wiegendrucke, die nur in Auflagen von 200 Exemplaren herauskamen. Prunkstück der Bibliothek ist eine getreue Abschrift der Gutenberg-Bibel von 1455; sie wurde für $1^1/_2$ Millionen Dollar erworben.

Die Kongreßbibliothek wurde im Jahre 1800 eingerichtet. 10 Jahre später umfaßte sie erst 300 Bände und 50 Mappen. 1814 ging sie im britisch-nordamerikanischen Krieg in Flammen auf. Die wiedererrichtete Bibliothek wurde 1851 noch einmal von einer Feuersbrunst heimgesucht. Diesmal verbrannten schon 35 000 Bände. Dann verpflichtete ein Gesetz jeden Verlag oder Autor, die für ihre Werke Urheberrechte in den Vereinigten Staaten beanspruchen, zur kostenlosen Übergabe von 2 Buchexemplaren oder Musikstücken. Schon 1954 konnte ein Schalterbeamter die Karte für das zehnmillionste Buch auf Lager ausfüllen.

Die größte Bibliothek der Welt ist in einem klassizistischen Gebäude untergebracht, vor dem der Springbrunnen „Neptuns Hof" plätschert. Die Bronzefigur Neptuns, von Wassernymphen, die auf Seepferden reiten, flankiert, ist von dem Bildhauer Roland Perry offensichtlich nach dem Muster von Michelangelos Moses gestaltet worden. Die symbolischen Statuen über dem Lesesaal sind angestrengte Versuche, große Ideen in Stein auszudrücken. Büsten von Dante, Beethoven, Shakespeare, Bacon u. a.

sind, so weit wir das noch beurteilen können, bis zur Ähnlichkeit gelungen, während die Holztafeln in der Großen Halle und die Deckengewölbe mit Abziehbildern bedeckt worden sind. Die Wandgemälde im Thomas-Jefferson-Raum, dem nüchternen Anbau des Hauptgebäudes, erfreuen Kinder. Diese Ohnmacht der Bildenden Künste wird durch die kostbarsten Schätze des Menschengeistes mehr als wettgemacht. Das älteste schriftliche Kulturzeugnis, das die Kongreßbibliothek aufbewahrt, ist die Inschrift auf einem babylonischen Lehmziegel aus dem 2. vorchristlichen Jahrtausend. Eine Neuzeichnung der Karten des Ptolemäus*) aus dem Jahre 1508, ein Buchmanuskript des Thomas von Aquino**), illustrierte Buchausgaben französischer Mönche aus dem späten Mittelalter u. a. zählen zu den unvergänglichen Zeugnissen unserer Kultur. Daneben allerdings solche Absonderlichkeiten wie das Rasiermesser Präsident Lincolns oder der 3-Sekundenfilm von einem niesenden Mann . . . der große Erfinder Thomas Edison hatte dafür 1894 Urheberrechtsschutz verlangt.

Die Kongreßbibliothek hat 27 000 Austauschabkommen mit Bibliotheken und ähnlichen Instituten abgeschlossen, so daß ununterbrochen ein Strom von Publikationen aus aller Welt einläuft — von der Kaiser-Selassie-Universität in Addis Abeba bis zu israelischen Kibbuzim und polnischen Kinderbüchereien.

Ein besonderer Anziehungspunkt der Bibliothek ist ihre reichausgestattete Musikabteilung mit über 3 Millionen Aufzeichnungen und Partituren. Darunter befinden sich solche Kostbarkeiten wie die Madrigale Gesualdo da Venosas aus dem Jahre 1613, Bachs Kantate Nr. 9 oder Hector Berlioz' „Requiem und Kyrie". 3 Violinen, eine Viola und ein Cello von dem berühmtesten italienischen Geigenbauer Antonio Stradivari (1643—1737) gehören zu den wertvollsten Besitztümern der Bibliothek; sie erklingen zur Beglückung der Zuhörer bei den regelmäßigen Kammermusikabenden, die seit 1925 im Coolidge-Saal des Hauptgebäudes abgehalten werden.

---

*) Claudius Ptolemäus (85—160), Geograph, Astronom und Mathematiker in Alexandrien.

**) Der bedeutendste theologische Philosoph des Mittelalters (1225—74).

Unter den Originalmanuskripten nehmen die bedeutendsten Dokumente zur Geschichte der USA wie die Unabhängigkeitserklärung Jeffersons oder die Entwürfe der Rede Lincolns auf dem Schlachtfeld von Gettysburg im Sezessionskrieg den ersten Platz ein, doch sind auch die berühmtesten Dichter und Denker Amerikas mit vielen handschriftlichen Fassungen ihrer Werke vertreten. Die Abteilung für Bücher in Blindenschrift und „sprechende Bücher" (auf Schallplatten) vergrößert ihren Bestand von Jahr zu Jahr und sorgt für die Unterrichtung der Blinden auf allen Gebieten der Künste und Wissenschaften. Die wichtigsten Abteilungen der Washingtoner Kongreßbibliothek sind aber nach wie vor die Gesetzessammlungen und der Rechtspflegedienst, die in erster Linie die Abgeordneten und Senatoren mit erschöpfenden Auskünften versorgen müssen. Jährlich werden über 100 000 Anfragen beantwortet; dafür stehen etwa 1 Million Rechtsbücher und Broschüren aus allen Ländern der Welt zur Verfügung. Sprachkundige Mitarbeiter übersetzen Vorlagen aus 183 ausländischen Veröffentlichungen, darunter solche, die in Paschto, der Sprache der Afghanen, oder in Tai, der Sprache der Siamesen, abgefaßt sind.

Der Stolz der Amerikaner auf die größte Bibliothek der Welt kommt in dem Ausspruch eines ihrer Beamten zum Ausdruck: „Wenn es eine Frage gibt, die wir nicht beantworten können, ist sie unsinnig oder falsch gestellt." Das ist weder Übertreibung noch Selbstgefälligkeit. Man kann hinzusetzen, daß die Mitarbeiter der Kongreßbibliothek jedes Anliegen, mit dem sich Politiker, Forscher, Reporter oder wißbegierige Laien an sie wenden, zu dem ihren machen.

Die Mayo-Klinik; das größte Unfall-krankenhaus und die Herzverpflanzungen von Kapstadt

Rochester ist eine kleine Stadt von knapp 40 000 Einwohnern. Sie liegt in der Schale des Zumbro-Tales im südöstlichen Minnesota inmitten von Maisfeldern und freundlichen Hügeln. Vor 113 Jahren baute sich hier ein Farmer ein Blockhaus und schleifte einen Klotz durch den Busch, um eine Art Straße zu schaffen. Heute beherbergt die Stadt am Zumbro eines der Weltwunder unserer Zeit, die Mayo-Klinik. In ihr werden jährlich rund 200 000 Kranke untersucht, die mit Flugzeugen, Expreßzügen, Autobussen und Privatwagen nach Rochester kommen.

Der legendäre Ruf der Mayo-Klinik geht auf den englischen Auswanderer William Worall Mayo zurück, der Arzt, Goldsucher, Landvermesser und Bauer war. Im Bürgerkrieg gehörte er einer Musterungskommission an, operierte Verwundete und kam 1863 nach Rochester, das damals noch nicht zweitausend Einwohner hatte. Um diese Zeit erhoben sich die Sioux-Indianer und rächten Untaten der weißen Siedler durch noch größere Greuel. Nachdem sie niedergeworfen waren, wurden 38 Anführer bei Mankato gehängt und am Ufer des Minnesota-Flusses verscharrt. Dr. Mayo, der sich bei der Verteidigung von Neu-Ulm gegen die Indianer ausgezeichnet hatte, grub den Körper des Häuptlings Cut Nose (Gespaltene Nase) aus, präparierte ihn und lehrte seine beiden Söhne William und Charles an dem Skelett Knochenkunde. Auch mußten sie ihm, bevor sie noch lesen und schreiben konnten, bei Operationen durch kleine Handreichungen helfen.

Im Jahre 1883 wurde Rochester von einem Zyklon heimgesucht, wobei 22 Menschen getötet und viele verletzt wurden. Man übertrug Dr. Mayo die Leitung eines Notspitals, in das der Franziskanerorden ein paar Schwestern als Pflegerinnen entsandte. Einige Jahre danach baute der Orden ein 40-Betten-Krankenhaus und berief Dr. Mayo als Chefarzt. Zuerst gab es stürmische Auseinandersetzungen, weil katholische Schwestern auch Protestanten betreuten. Ein neueröffnetes protestantisches Spital mußte jedoch mangels Patienten wieder schließen, weil die Kranken alle zu Dr. Mayo wollten — sein Ruf war bereits über die Grenzen des Landes gedrungen. Als sein Krankenhaus, das St.-Mary's-Hospital, auch mittellose Patienten aufnahm, waren sogar die schlimmsten Fanatiker versöhnt. Zwischen 1889 und 1892 wurden schon über tausend Kranke behandelt, 1904 führten Dr. Mayos Söhne William und Charles über 3000 Operationen aus.

Um diese Zeit hatte sich Dr. Mayo sen. von der Leitung des St.-Mary's-Spital zurückgezogen. Er blieb aber bis zu seinem Tode — er starb 92jährig im Jahre 1911 — der hochangesehene Berater aller jungen Ärzte, die nach Rochester kamen. Schon zu Beginn des neuen Jahrhunderts wurde ja die Mayo-Klinik in einem Atemzug mit dem Allgemeinen Hospital in Wien, der Berliner Charité und dem Bellevue Hospital in New York genannt. Der Vater Mayo erlebte es noch, daß sein Sohn William zum Präsidenten der amerikanischen Ärztevereinigung gewählt wurde.

Ein medizinisches Imperium

Allmählich wuchs die Mayo-Klinik zu einem medizinischen Imperium heran. 1912 errichteten die Brüder Mayo mit dem Schilddrüsenspezialisten Dr. Plummer — ihrem ersten Teilhaber — ein Krankenhaus mit eigenen Laboratorien. Hier arbeiteten die Fachärzte zum Nutzen der Kranken so eng zusammen, daß ihnen kaum die Natur eines Leidens entging. Während anderswo die Patienten von einem Spezialisten zum anderen geschickt wurden, wobei der eine dem Befund des anderen oft mißtraute, wurden sie in der Mayo-Klinik von einer Ärzteschaft untersucht, die alle Ergebnisse und Erfahrungen untereinander austauschte. Diese Gruppenmedizin sollte in Amerika Schule machen.

William Mayo spezialisierte sich auf Magen- und Darmerkrankungen und führte Hunderte von Magenkrebsoperationen mit Erfolg durch. Ein tragisches Schicksal fügte es, daß er 1939 selbst an Magenkrebs starb. Zwei Monate früher war sein jüngerer Bruder Charles nach mehreren Schlaganfällen einer Lungenentzündung erlegen. Charles Mayo war der führende Kropfspezialist Amerikas gewesen. Dank seiner Kunst und Technik konnte der Prozentsatz der Todesfälle bei Kropfoperationen auf die Hälfte herabgesetzt werden. Im Weltkrieg waren beide Brüder Brigadegeneräle im Ärztekorps der amerikanischen Armee und übten abwechselnd die Funktion des Chefs der chirurgischen Dienste aus.

Die Brüder Mayo waren nicht nur hervorragende Ärzte, sondern, wie ihr Vater, auch glänzende Geschäftsleute. Ihre Rechnungen paßten sie dem Geldbeutel der Patienten an — wer vermögend war, mußte auch für Bagatelle-Eingriffe viel bezahlen. Dafür wurden Arme umsonst behandelt, und jeder konnte die Rechnung in Teilbeträgen begleichen. Auch heute wird jeder 7. Patient umsonst behandelt, viele zahlen für eine Operation weniger als für das Füllen ihres Benzintanks. Trotzdem verfügten die Brüder Mayo schon vor dem Ersten Weltkrieg über ein Millionen-Bankkonto. 1915 gründeten sie mit einem Kapital von 2,5 Millionen Dollar die Mayo-Stiftung für medizinische Erziehung und Forschung. 1928 errichteten sie ein 20 Stockwerk hohes Gebäude. Es ist ebenso wie der moderne Aluminiumbau mit seinen 12 Stockwerken nur für die Untersuchungen der Kranken bestimmt. Pro Tag werden 2000 Patienten durch die Warte- und Sprechzimmer dieser Wolkenkratzer geschleust. Große amerikanische Firmen schicken ihre leitenden Angestellten jährlich einmal zu einer Generaluntersuchung in die Mayo-Klinik.

Was macht nun die Besonderheit dieser Klinik gegenüber ähnlichen Instituten aus? Und dank welcher Vorzüge dürfen wir sie zu den Wundern der modernen Welt rechnen? Sehen wir einmal davon ab, daß die Mayo-Klinik die hervorragendsten Ärzte anzieht und über die besten medizinischen Apparate, Geräte und Instrumente verfügt, so ist es das einzigartige Zusammenspiel der Internisten mit den Spezialisten und den Chirurgen, das Rochester zu einem Mekka der Kranken gemacht hat. Während

Männer wie z. B. Prof. Sauerbruch*) in ihren Krankenhäusern mehr oder weniger diktatorisch herrschten, wird die Mayo-Klinik von einem Führungsausschuß von 11 Ärzten geleitet. Ihm gehört der Mayo-Enkel Dr. Charles Mayo jun. nur als eines der gleichberechtigten Mitglieder an. Oft beraten zwei Dutzend Ärzte über Diagnose und Behandlung eines Kranken. Wenn der Befund feststeht, weisen sie ihn in eines der 9 Spitäler von Rochester ein. Hier werden von den Mayo-Chirurgen die kühnsten Herzoperationen unter Einsatz der Herz-Lungen-Maschine gewagt; hier werden Krebsgeschwülste, die anderswo als nicht mehr operabel angesehen werden, entfernt, und Patienten, die sonst kaum eine Chance hätten, im Sauerstoffzelt oder in der Eisernen Lunge am Leben erhalten.

Den Ärzten der Mayo-Klinik stehen rund 2000 Verwaltungsbeamte, Krankenschwestern und Laboratoriumsangestellte zur Seite. Sie sorgen dafür, daß „die Mannschaft" — dem Klinikstab gehören fast 400 Ärzte an! — sich ausschließlich und ungestört ihren Patienten widmen kann. Jeder Mayo-Arzt wird zu den für ihn wichtigen medizinischen Kongressen geschickt. Bedeutende Ärzte aus aller Welt werden zu Vorträgen nach Rochester eingeladen und tauschen ihre Erfahrungen mit den Mayo-Ärzten aus. In der Mayo-Klinik werden aber auch Hunderte von Assistenten zu Fachärzten ausgebildet. Und schließlich ist die Mayo-Klinik ein medizinisches Forschungszentrum von höchstem Rang. Ihm verdankt die Welt großartige Entdeckungen und eine Anzahl von Nobelpreisträgern.

Viele Untersuchungen werden in Rochester mit Hilfe von Elektronenmaschinen durchgeführt, so z. B. die Zählung der roten und der weißen Blutkörperchen, die Blutkalziumbestimmung u. m. Die Anschaffung der teuren Apparate — einer davon kostet rund 30 000 DM — ist für die Mayo-Klinik kein Problem. Schon in den zwanziger Jahren belief sich das überschüssige Ver-

---

*) Ferdinand Sauerbruch (1875—1951), einer der großen deutschen Chirurgen, ist besonders durch seine willkürlich bewegbare künstliche Hand und seine Unterdruckkammer bekannt geworden, mit deren Hilfe Operationen in der Brusthöhle ermöglicht wurden.

mögen der Mayo-Brüder auf 10¹/₂ Millionen Dollar. Getreu dem Grundsatz ihres Vaters, daß reich zu sterben eine Schande sei, überantworteten sie das Geld der Mayo-Gesellschaft, die von 9 Treuhändern geleitet wird. Die Universität von Minnesota übernahm die Patenschaft. Der Reingewinn der Gesellschaft wird alljährlich der Mayo-Stiftung überwiesen, keiner soll einen persönlichen Nutzen davon haben.

Allerdings verdanken die Besitzer der 38 Hotels und der 76 Restaurants von Rochester ihren Reichtum ausschließlich der Mayo-Klinik. Und auch die Andenkenindustrie, die in der Hauptsache greulichen Kitsch feilbietet, profitiert von dem Ruhm des größten medizinischen Zentrums der Welt. Aber dafür sind die menschenfreundlichen Stifter nicht verantwortlich. In einem Brief Dr. William Mayos an die Universität von Minnesota hat der geniale Arzt ausgedrückt, was seinen Bruder und ihn zu der großzügigen Stiftung bewog. In diesem Brief schrieb Dr. Mayo:

„Nachdem wir unsere Häuser gebaut und Lebensversicherungen abgeschlossen hatten, entschlossen wir uns, etwas Sinnvolles für die Kranken zu tun. Deshalb legten wir alles beiseite, was eine angemessene Entlohnung unserer Arbeit überstieg. Nur zu leicht führt Reichtum zu Zeitverschwendung, zur Aufgabe oder zum Wechseln des Lebenszieles und zur Entfremdung von weniger glücklichen Freunden. Wie viele Familien sind durch einen Überfluß an Geld zugrunde gerichtet worden — das Geld nahm den jungen Leuten die Lust zu arbeiten und etwas zu erreichen; sie sind verschwendungssüchtig oder gar liederlich geworden. Das Kapital, das wir aufgebracht haben, stammt von den Kranken. Wir glauben, daß es den Kranken auch wieder zugute kommen soll — in Form von besser ausgebildeten Ärzten und fruchtbaren Forschungsergebnissen."*)

Natürlich hat die Mayo-Klinik auch Kritiker gefunden. Die „diagnostische Mühle" und das „Fließbandverfahren", dem die Patienten unterworfen werden, sind nicht jedermanns Sache. Es

---

*) Freie Übersetzung aus zwei Absätzen des Briefes von Dr. W. Mayo an die Universität von Minnesota.

gibt Männer, die behaupten, daß nur einem kleinen Prozentsatz der Kranken die komplizierten und zeitraubenden Untersuchungen zugute kämen, und das seien Kranke mit sehr seltenen Leiden. Die Masse der Patienten würde von einem guten Hausarzt schneller geheilt werden. Als solche Vorwürfe seinerzeit Dr. Charles Mayo zu Ohren kamen, sagte er: „Mag sein, wir übertreiben unsere Untersuchungen. Aber besser eine zuviel als zu wenig — es kann den Unterschied von Leben und Tod bedeuten."

IM GRÖSSTEN UNFALLKRANKENHAUS DER WELT

Vor einigen Jahren erregte ein Experiment des russischen Arztes Wladimir Demichow Aufsehen und Abscheu: Er setzte dem Hals eines narkotisierten Schäferhundes den Kopf eines anderen Hundes auf. Der Hund mit den zwei Köpfen lebte noch einen Monat. Beide Köpfe reagierten und handelten selbständig. Während der eine fraß, träumte der andere vor sich hin oder bellte jemanden an oder spitzte aufmerksam die Ohren. So unnötig der grausige Versuch erschien, hat er doch dazu geführt, daß mancher hoffnungslos Kranke oder Verletzte heute gerettet werden kann. Demichow und andere russische Chirurgen haben bewiesen, daß man praktisch alle Organe, Knochen und Gewebe überpflanzen und auch das Blut von Toten auf Lebende übertragen kann.

Professor Demichow wirkt am Moskauer Sklifossowskij-Institut, dem größten Unfallkrankenhaus der Welt. Es ist ein langgestrecktes Gebäude, das einen halben Straßenzug einnimmt, die nüchterne Architektur wird durch neoklassizistische Giebel und Säulen aufgelockert. Aber das äußere Bild, das dieses Institut bietet, ist unwichtig; bedeutsam ist nur, was innen geschieht: Die besten Ärzte der Sowjetunion retten scheinbar verlorene Menschenleben. Prof. Demichow leitet im Sklifossowskij-Institut die Klinik für experimentelle Pathologie. Nach dem Gelingen seines bahnbrechenden Experimentes widmete er sich vor allem der Wiederherstellung von Unfallopfern. Er ersetzt zerstörte Organe und Gewebe durch die Organe und Gewebe von plötzlich Verstorbenen. Am geeignetsten sind Ersatzteile von Menschen, die nach einem Herzinfarkt oder einem Unfall sterben. Die Entnahme muß unmittelbar nach dem Tode des Spenders erfolgen, so lange die Lebenskraft der Körperteile noch erhalten ist. In Sowjetrußland brauchen die Ärzte dazu nicht die Einwilligung der Betroffenen oder ihrer Angehörigen. Ein Gesetz erlaubt die sofortige Obduktion jedes Leichnams. Dazu erklärte Professor Tarassow vom Sklifossowskij-Institut dem Redakteur der Hamburger Zeitung „Bild am Sonntag", Hans W. Lenhard: „Die russischen Menschen wissen, was sie der Wissenschaft und ihren Mitmenschen schuldig sind."

In allen größeren sowjetrussischen Kliniken werden die Knochen, Gewebe, Adern, aber auch Nieren, Lebern, Lungen, Augen und das Blut von Toten in tiefgekühlten Behältern bei Temperaturen bis — 78° unter Kohlensäure-Eis aufbewahrt. Wie Prof. Demichow dem obengenannten deutschen Redakteur sagte, haben sich die Ersatzorgane bei der Heilung von Nieren- und Leberkranken glänzend bewährt. Sie werden entweder überpflanzt oder von außen an den Kreislauf der Patienten angeschlossen. Das erkrankte Organ wird dadurch entlastet, es kann inzwischen durch ein operatives Verfahren geheilt oder aus dem Körper entfernt werden.

Dem Moskauer Arzt ist schon mehrmals die Heilung klinisch Toter gelungen. „Wir schließen ihre Blutbahn an eine Batterie von Leichenorganen an und bringen mit diesem künstlichen Kreislauf ihr Herz wieder zum Schlagen", schildert Professor Demichow den Vorgang. Im Moskauer Sklifossowskij-Institut werden 85% des Blutes, das täglich für Transfusionen gebraucht wird, Toten entnommen.

310

Der russische Forscherchirurg geht aber weiter. Er ist überzeugt, daß sich die Lebensdauer des Menschen auf 160—180 Jahre verlängern läßt. Mit Adern aus Kunststoff haben die Ärzte Organbatterien mit dem Blutkreislauf von Kranken verbunden. Diese Anlagen können, wie Demichow in dem bereits angeführten Interview bekanntgab, nach Belieben ein- und ausgeschaltet werden. Schon durch eine 1—2 Monate dauernde Einschaltung während der Nachtzeit erholt sich der alternde Organismus und gewinnt wieder jugendliche Kraft. Diese revolutionierende Verjüngungsmethode wird jetzt auch in einigen Staaten der USA angewandt. In den Ostblockstaaten, aber auch in Italien, gibt es bereits solche Gewebebanken wie in der Sowjetunion. In Deutschland erklärte laut „Bild am Sonntag" Prof. Fromm, der Präsident der Bundesärztekammer: „Ich kann mir nicht vorstellen, was gegen die Entnahme von Leichenblut oder -organen sprechen soll. Ich glaube nicht, daß es Sünde ist, mit den Organen oder dem Blut eines Toten ein bedrohtes Leben zu retten."

In Amerika erhoffen sich die Ärzte von künstlichen Organen die Rettung Schwerverletzter und die Verjüngung alternder Menschen. Es werden schon Nasenbeine und Luftröhren aus Silikon-Gummi verwendet, keramische Kiefer und Hüftgelenke, Augenhornhaut aus Plastik, Knochen aus Metall u. v. m. Mit Herzklappen aus Kunststoff hat man bereits große Erfolge erzielt. Es handelt sich dabei um einen Silikonball, der in einer Art Käfig mehr als hunderttausendmal am Tag auf und niederhüpft; dabei öffnet und schließt er die Herzklappe.

Ein beispielloses Experiment, das der Phantasie eines Gruselautors würdig wäre, ist aus Phoenix in Arizona gemeldet worden. Ein an Krebs verstorbener Patient, James Bedford, wurde nach Eintritt des Todes sofort künstlich beatmet, seine Herztätigkeit durch Massage wieder angeregt. Sein Blut ersetzten die Ärzte durch eine Kühlflüssigkeit. Dann hüllten sie den Leichnam in eine Aluminiumfolie und ließen ihn mit flüssigem Stickstoff einfrieren. Bei einer Kälte von — 104,4° wurde er schließlich in einen Stahlsarg eingeschlossen. Sobald ein Mittel gegen Krebs gefunden worden ist, wollen die Ärzte den Leichnam auftauen und versuchen, James Bedford wieder ins Leben zu rufen. Die Mitglieder der „Gesellschaft für die Einfrierung von Toten" — auch das gibt es bereits in den USA — sind überzeugt, daß Bedford in 20, 50 oder 100 Jahren weiterleben wird . . .

Im Herbst 1967 wurde noch ein anderes Krankenhaus in den Blickpunkt der Öffentlichkeit gerückt: Das Groote Schuur Hospital am Tafelberg in Kapstadt (Südafrika). Hier verpflanzte Dr. Christian Barnard das Herz einer tödlich verunglückten Frau in den Brustraum des litauischen Einwanderers Louis Washkansky, dessen eigenes Herz so geschädigt war, daß ihm die Ärzte nur noch eine Lebenserwartung von wenigen Tagen einräumten. 18 Tage lebte Washkansky nach der aufsehenerregenden Operation, dann machte eine Lungenentzündung seinem Leben ein Ende. Da der Körper erfahrungsgemäß fremdes Gewebe abzustoßen versucht, hatten die Ärzte das überpflanzte Herz mit Strahlen und Medikamenten gegen diese Abwehrreaktion schützen wollen. Dadurch wurde aber auch die Widerstandskraft des Organismus gegen Infektionen so geschwächt, daß Washkansky, dessen Befinden 12 Tage lang zufriedenstellend war, dem Ansturm der Bakterien erlag.

Am 2. Januar 1968 übertrug Dr. Barnard dem 58 jährigen Kapstädter Zahnarzt Dr. Philip Blaiberg das Herz des Negers Clive Haupt, der nach einem Verkehrsunfall gestorben war. Als Blaiberg nach wochenlanger Betreuung und Isolierung im Krankenhaus Ende März nach Hause entlassen wurde, schien das größte medizinische Wagnis in der Geschichte der Menschheit geglückt. Obgleich erst wenige Versuche erfolgreich verlaufen sind, werden Herzverpflanzungen früher oder später zweifellos in allen erstklassigen Spitälern vorgenommen werden können. Auch die moralischen Bedenken gegen solche Eingriffe, die vielerorts laut wurden, werden verstummen. Manche Kritiker wiesen auf die Gefahr hin, daß Ärzte einen unheilbar Kranken früher sterben lassen könnten, um sein gesundes Herz (oder andere Organe) einem hoffnungslos erkrankten reichen oder bedeutenden

Patienten einzupflanzen. Wo das ärztliche Ethos solche Praktiken nicht ausschließt, müßten neue Gesetze uns vor ihnen schützen. Hingegen dürfen Fragen, ob denn ein Mann mit einem fremden Herzen noch dieselbe Persönlichkeit wie vor der Operation ist, als Spitzfindigkeiten abgetan werden. Ein endgültiges Urteil über alle Probleme, die in diesem Zusammenhang aufgetaucht sind, wird allerdings erst möglich sein, wenn Ärzten in aller Welt so viele Herzverpflanzungen geglückt sind, daß man nicht mehr von einem Glücksfall, sondern von einem normalen chirurgischen Wagnis sprechen kann.

Naturschutzpark Serengeti

Ein glutheißer Tag in Ostafrika. Unabsehbare Steppe unter dem 1700 m hohen Ngorongoro-Krater in Tanganjika. Weit verstreut stelzen ein paar Giraffen und Strauße durchs Gelände. Eine kleine Zebraherde grast gleichmütig neben einem halben Dutzend Gnus. Plötzlich hebt der Leithengst, ein kräftiges, prachtvoll gezeichnetes Tier, lauschend den Kopf. Dann prescht er davon, donnernd schlagen seine Hufe den Boden. Mit Gedröhn und Geklapper folgt ihm die Herde.

In der Ferne hört man den Lärm eines Motors und das Knattern von Auspuffgasen. Hüpfend und schwankend jagt ein Geländewagen im 50-km-Tempo über die weglose Steppe. Zuerst sind die Tiere weit voraus, aber allmählich verringert sich der Abstand. Nach fünf, sechs Minuten rumpelt das Auto schon dicht hinter dem keuchenden Leittier her; es ermattet mehr und mehr.

Da springen zwei Männer aus dem jetzt langsamer fahrenden Wagen, beide groß und kräftig, der eine um die Fünfzig, der andere Anfang Zwanzig. Hinter ihnen drei aufgeregt schnatternde Neger. Während die Schwarzen das Zebra am Schwanz packen und festhalten, legen ihm die beiden Weißen ein buntes Halsband um. Dann geben sie das Tier mit einem aufmunternden Schlag auf die Flanken wieder frei; wiehernd galoppiert es der Herde nach.

Die Männer steigen wieder ein, das Auto rattert weiter. Vorn schrecken ein paar Antilopen auf und setzen davon. „Die sind zu schnell für uns", sagt der ältere der Männer. Er greift nach seinem Gewehr, zielt kurz und schießt dann auf ein zierliches Tier mit hohen, schlanken Beinen. Anscheinend hat er es verfehlt, denn die Antilope springt mit eleganten langen Sätzen davon. Aber nach ein paar Minuten wird ihr Lauf langsamer und unsicher, dann schwankt und taumelt sie und trottet nur noch, wie berauscht, dahin. Auch ihr wird ein Halsband umgelegt, sie wehrt sich kaum dagegen. Der Jäger hat sie doch getroffen, aber nicht mit der Kugel, sondern mit einer Injektionsnadel; das Betäubungsmittel lähmt das Tier für ein paar Minuten. Dann schnellt es wieder auf und jagt davon.

Wochen hindurch wiederholen sich diese Szenen Tag für Tag. Hunderte Tiere werden so gekennzeichnet. Die friedlichen Jäger sind Dr. Bernhard Grzimek, der Zoodirektor von Frankfurt, und sein Sohn Michael. Im Auftrag der Nationalparkverwaltung von Tanganjika erkunden sie Ende der fünfziger Jahre die Wanderwege der Serengeti-Herden. Außerdem wollen sie nachweisen, wie stark der Wildbestand in der Serengeti und in ganz Ostafrika zurückgegangen ist. Sie sagen, daß daran die Schießwut reicher Großwildjäger und „der unstillbare Hunger der Eingeborenen", für die es weder Schonzeiten noch Schutzgebiete gebe, schuld seien. Dagegen behauptet die Parkverwaltung, daß in der Serengeti immer noch Millionen wilder Tiere leben.

Durch Aufklärungsflüge und Autofahrten durch die Steppe stellen Vater und Sohn Grzimek fest, daß es in der Serengeti nur noch rund 360 000 Wildtiere gibt, darunter 60 Elefanten und 54 Nashörner! Der Film, den sie drehen, wird unter dem Titel „Serengeti darf nicht sterben" weltberühmt, Hollywood wird ihn später mit einem Oscar auszeichnen. Mit diesem Film und dem gleichnamigen Buch haben die Grzimeks der brüderlichen Kreatur eine ebenso liebenswerte wie erschütternde Dokumentation gewidmet. Tausende Tiere verdanken ihr das Leben, denn durch sie wurde das Gewissen der Weltöffentlichkeit in ungeahntem Maße aufgerüttelt und der Ausrottung des Wildes wenigstens in den Schutzgebieten ein Ende gesetzt. Für dieses Ziel hat Michael Grzimek sein Leben geopfert. Bei einem seiner Flüge stieß ein Gänsegeier gegen den Tragflügel seines Aeroplans, der dadurch verbogen wurde und die Steuerung blockierte. Beim Absturz fand Michael Grzimek den Tod.

Die Krönung seines Lebenswerkes war zweifellos das Aufspüren der Wanderwege der Serengeti-Herden. Niemand hatte bisher den Zügen der Wildtiere folgen können. Denn in der Regenzeit, wenn sie zwischen den abgeweideten Niederungen am Victoria-See und dem Ngorongoro-Krater aufbrachen, versank alles im Morast. Mit dem Flugzeug folgten ihnen Vater und Sohn Grzimek. Auf schmalen Trampelpfaden marschierten die Gazellen, Gnus, Zebras, Antilopen und Büffel auf der Nahrungssuche bis weit in die Steppen außerhalb des Schutzparks. Waren schon viele innerhalb der Serengeti den ihnen folgenden Löwen, Schakalen und Hyänen zum Opfer gefallen, so wurden sie nun erbarmungslos von weißen und schwarzen Jägern hingemetzelt.

Bernhard und Michael Grzimek wiesen nach, daß sich die Wildtiere auf ihren Wanderungen in großen Schlingen und Kreisen fortbewegen. Das war der Grund dafür, daß die Wildhüter der Parkverwaltung die Herden mehrmals gezählt und die Zahl der Tiere um das Vier- bis Fünffache überschätzt hatten. Mit den Einspielergebnissen seines Films wollte Dr. Grzimek die an den Schutzpark angrenzenden Steppengebiete aufkaufen und so die Serengeti vergrößern, damit die Tiere auch auf ihren Wanderzügen geschützt blieben. Wenn sich dieser Plan auch zerschlug, so wurde doch die Kontrolle über den Naturpark so verstärkt, daß nicht nur der blindwütige Tiermord aufhörte, sondern auch die erlaubten Abschußziffern in den anschließenden Ländereien herabgesetzt wurden. „Wir sind keine Träumer", erklärte Dr. Grzimek dazu, „wir wissen, daß die Massai und die anderen afrikanischen Stämme das Fleisch der Herden brauchen. Und wir wissen auch, daß die Schutzgebiete nicht etwa eine doppelte Anzahl wilder Tiere ernähren können. Aber die bestehenden Parks mit ihren frei lebenden Tieren müssen erhalten bleiben. Ebenso wie die Peterskirche in Rom oder die Akropolis in Athen gehören sie zu den Schätzen der Menschheit, ohne die unsere Kultur verarmen müßte."

Die Serengeti reicht von den Ufern des 1133 m hoch gelegenen Victoria-Sees bis zu dem Hochland der Vulkankrater im Nordosten Tanganjikas. In dem Ngorongoro-Krater hätte eine der großen Weltstädte Platz. Aber dieser Krater und der östliche Teil der Serengeti-Ebene wurden noch von der britischen Kolonialverwaltung von dem Schutzgebiet abgetrennt. Die Regierung versprach zwar, die wilden Tiere auch in diesem Bezirk zu schützen, doch müsse der Mensch den Vorrang haben. So kam es, daß die Massai-Neger viele Nashörner mit ihren Speeren erlegten, weil sie ihren Mädchen imponieren wollten und die Hörner an Schwarzhändler verkaufen konnten. Unter dem neuernannten Direktor der Nationalparks von Tanganjika wurden diese Mißstände glücklicherweise wieder behoben. Zählungen der Tiere, die zwischen 1961 und 1963 vorgenommen wurden, ergaben sogar einen höheren Bestand als 1959 — die Zahl der Gnus hatte sich um rund 40% erhöht.

Als Tanganjika selbständig wurde, gelang es Dr. Grzimek, den Präsidenten Nyerere und Forstminister Tewa von der großen kulturellen Aufgabe der Erhaltung des Wildbestands zu überzeugen. Bald wurden zwei weitere Nationalparks, am Manjara-See und im Ngurdoto-Krater, errichtet, und drei andere Landschaften sind als Wildschutzgebiete vorgemerkt worden. So kann sich Dr. Grzimek rühmen, mehr für die Tierwelt Afrikas getan zu

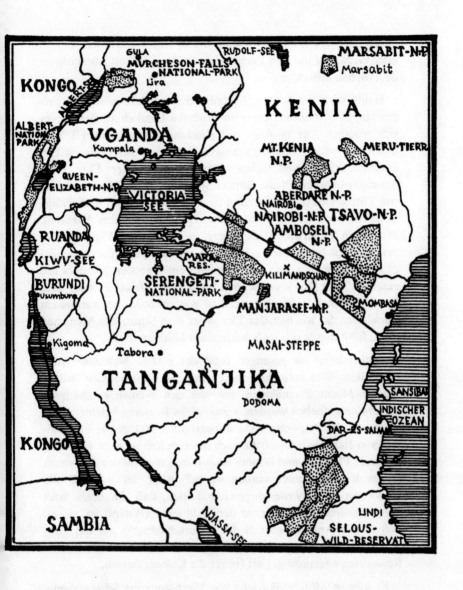

haben als Generationen vor ihm, die in einem Elefanten, Löwen oder Geparden nur den Feind oder die der Eitelkeit schmeichelnde Trophäe erblickten.

Heute wird die Serengeti alljährlich von Zehntausenden aufgesucht. Hier, inmitten einer unberührten Landschaft, findet man sich plötzlich Aug in Auge mit gleichmütig-würdevollen Löwen und den kraftstrotzenden, sehnigen Geparden. Ihr Gang ist Unerschütterlichkeit und Gelassenheit, ihr Lauf der Flug eines fleischgewordenen Pfeils. Schwer stampfen die Elefanten daher, wie Türme stelzen die Giraffen über die Steppe, und leichtfüßige Gazellen huschen wie hellbraune Träume über den Horizont. Welch ein Unterschied, die Tiere in der freien Wildbahn der Serengeti zu beobachten oder ihnen im Zoo gegenüberzustehen! „Es ist, als würde man das Gemälde eines großen Meisters mit einem billigen Druck vergleichen", sagte ein Afrikareisender nach seiner Rückkehr. „Die Serengeti ist wie ein Stück des verlorenen Paradieses. So wie hier das Tier unter dem Schutz des Menschen steht, fühlt dieser sich im Schutze einer höheren Macht."

Natürlich ist die Serengeti nicht der einzige Naturschutzpark Ostafrikas. Wer gefürchtet hatte, daß die Eingeborenen, sobald sie die Macht übernähmen, die von den Weißen geschaffenen Reservate aufheben würden, wurde eines Besseren belehrt. Allerdings war der Argwohn nicht unbegründet. Hatten die Eingeborenen in Italienisch-Ostafrika nach ihrer Befreiung nicht Hunderttausende Pflanzen und Bäume ausgerottet, die von den Italienern mühevoll aufgezüchtet worden waren? Aber sei es, daß die Schwarzen mittlerweile eingesehen hatten, daß die Basis ihres Lebens untrennbar mit jener der Wildtiere verknüpft ist, sei es, daß sie die Anziehungskraft der Naturschutzparks auf die Touristen erkannten, jedenfalls schützen sie heute das Wild in den Reservaten eifersüchtiger als früher die Kolonialherren.

Es gibt in Mittelafrika jetzt ein Viertelhundert Schutzgebiete. Unter ihnen sind der Tsavo-Nationalpark in Kenia, der Albert-Nationalpark im Kongo und das Selous-Wildreservat in Tanganjika noch größer als die Serengeti-Steppe. Aber die Serengeti ist zum Symbol des unschuldigen und brüderlichen Zusammenlebens von Mensch und Tier geworden. Sie ist ein Land von verhaltener Schönheit und tiefen Horizonten, ihr Lebensraum schließt die ganze Schöpfung ein. Daß Dr. Grzimek sie zu den 7 Wundern unserer Welt rechnet, ist ihm als Übertreibung und Schwärmerei ausgelegt worden. Sollten dazu aber im 20. Jahrhundert nur noch Triebwerke und Wolkenkratzer gehören?